建築環境設備学
新訂版

紀谷文樹 — 編

紀谷文樹
堀江悟郎
関根　孝
木村千博
大野隆造
田中正敏
朴　俊錫
中村芳樹
田村明弘
水野　稔
小瀬博之
梅干野晁
藤井修二
成田健一
小竿真一郎
寺尾道仁
池田耕一
関　五郎
佐土原聡
近藤三雄
酒井寛二
湯淺和博 — 著

彰国社

まえがき

　かつて建築が，単体としての美しさや，機能性のみで評価される時代があった。そこでは設備は付帯的なものとして扱われ，周囲の環境とは調和しないものも見られた。しかし現在においては，総合的な調和を求めて，人をめぐる環境を整備していくことが実現されつつあり，将来は一層これを高度化することが必要となっていくであろう。

　人を中心とし，シェルターとしての建築を有効に機能させ，その集合としての都市を質の高いものとして形成していくために，人，建築，都市を総合した環境の把握と，環境計画論の確立が求められている。そして，これを実現していく環境計画の総合的プランナーの養成が必要であると考えられている。

　建築のなかで環境工学の分野が独立してすでに久しく，この間，多くの教科書が出版されてきた。にもかかわらず，あえて1988年に初版としての本書を世に送ることを決意したのは，本文中の歴史の解説を見てもわかるように，しばしば人のための建築から工学技術優先への傾向が見られ，複合的取込みよりは各論的アプローチが多く，上記のような建築を超えた環境計画の総合的プランナー養成のための問題提起が必要であると考えたからである。今回，それを新訂版として改編し，内容をさらに充実して作成することとした。

　本書は，類書に見られない5編の構成となっている。すなわち，第Ⅰ編「建築環境設備学の概念」，第Ⅱ編「人と環境」，第Ⅲ編「都市の環境」，第Ⅳ編「建築環境設備学の技術」，第Ⅴ編「総合的環境デザイン」という組立てであり，これによって今後の建築環境設備学のあり方を提案している。全体としてのページの制約から，基礎的な部分に内容を限定し，非定常などの応用的部分は含まれていないが，大学，高専等の建築系や住居系の学科における教科書として企画したものである。

　彰国社の依頼を紀谷が受けて企画し，さらに多くの方がたに無理をお願いして執筆していただいたものである。編集の主旨を理解して，学習の指針として活用していただければ幸いである。

2003年10月

編者　　紀谷文樹

目 次

まえがき 3

第I編 建築環境設備学の概念

1章 建築環境設備学の展望……………………………12
- 1-1．はじめに　12
- 1-2．総合学としての建築学と建築環境工学　12
- 1-3．建築と環境設備　13
- 1-4．建築環境設備学への指向　14

2章 環境問題へのアプローチ…………………………16
- 2-1．都市環境の特異性　16
- 2-2．都市内の自然　17
- 2-3．自然の一部としての都市　18
- 2-4．環境計画の理念　20

3章 生物における環境の意義と建築…………………22
- 3-1．生命と環境　22
- 3-2．行動調節と学習　22
- 3-3．構築環境の効果　24
- 3-4．環境工学の課題　26

4章 建築環境設備学の歴史……………………………27
- 4-1．欧米19世紀の状況　27
- 4-2．明治における建築衛生論　30
- 4-3．大正時代における住居衛生の開拓　32
- 4-4．計画原論から環境工学へ　35

第 II 編　人と環境

- **1 章　生理・心理・行動** …………………………… 42
  - 1-1．環境のとらえ方　42
  - 1-2．人間のとらえ方　44
  - 1-3．環境と心理　47
- **2 章　人と水環境** …………………………………… 51
  - 2-1．体内の水分　51
  - 2-2．水質と人体　54
  - 2-3．水と感覚心理　58
- **3 章　人と温熱環境** ………………………………… 61
  - 3-1．体内の熱バランス　61
  - 3-2．人の温熱反応　64
  - 3-3．温熱への感覚心理　67
- **4 章　人と空気環境** ………………………………… 70
  - 4-1．人体と空気　70
  - 4-2．室内空気汚染　71
  - 4-3．必要換気量　74
- **5 章　人と光環境** …………………………………… 77
  - 5-1．光と視覚　77
  - 5-2．光環境の側面　84
- **6 章　人と音環境** …………………………………… 89
  - 6-1．音環境　89
  - 6-2．聴覚器官　89
  - 6-3．音の知覚　90
  - 6-4．音空間の知覚　92
  - 6-5．騒音　93

第III編 都市の環境

1章 都市インフラと建築……98
- 1-1．都市を機能させるインフラ整備 98
- 1-2．近代的都市の始点と発展 99
- 1-3．環境問題と都市 100
- 1-4．システム化が不十分な現代都市 101
- 1-5．代謝系としての都市 104
- 1-6．これからの都市インフラと建築の関係 104

2章 都市の水環境……107
- 2-1．都市の水環境とは 107
- 2-2．地球上の水資源 108
- 2-3．世界の水需要 108
- 2-4．日本の水需要 109
- 2-5．都市における多様な水循環システムの構築 111
- 2-6．熱源としての水の活用 113
- 2-7．親水と環境 114

3章 都市の熱環境……117
- 3-1．都市気候の特徴 117
- 3-2．ヒートアイランド現象の形成要因と特徴 118
- 3-3．太陽放射エネルギーの熱収支メカニズム 120
- 3-4．リモートセンシングでとらえた都市の地表面温度 121
- 3-5．土地被覆状態と表面温度の関係 123
- 3-6．建築外部空間の熱環境 124
- 3-7．これからの都市づくりに向けて 124

4章 都市の空気環境……127
- 4-1．地球規模の大気環境 127

         4-2．大気汚染　128
         4-3．都市の風　134
　5章　都市の光環境 ………………………………………137
         5-1．昼の光環境　137
         5-2．夜の光環境　142
　6章　都市の音環境 ………………………………………147
         6-1．都市の音源　147
         6-2．音環境の創造　148

第Ⅳ編　建築環境設備学の技術

　1章　水の技術 ……………………………………………154
         1-1．水の機能と水環境計画　154
         1-2．水の物性　159
         1-3．水の用途と水質　160
         1-4．水処理と汚水処理　162
         1-5．負荷　163
         1-6．水の力学　165
　2章　熱の技術 ……………………………………………169
         2-1．建物と熱環境　169
         2-2．熱移動の基本プロセス　170
         2-3．断熱と日射遮へい　178
         2-4．高断熱・高気密，パッシブデザイン，環境共生　184
　3章　空気の技術 …………………………………………186
         3-1．室内空気汚染の防止　186
         3-2．換気力学の基礎　192
         3-3．換気計画　198

4章 光の技術 …………………………………………207
　4-1．光の基礎　207
　4-2．照明計算　211
　4-3．光源　215
　4-4．光環境の設計　219
5章 音の技術 …………………………………………226
　5-1．音の基本　226
　5-2．吸音　231
　5-3．遮音　232
　5-4．室内の音場と音響設計　235
　5-5．建物内外での音環境計画　241

第Ⅴ編　総合的環境デザイン

序章 複合問題への取組み ……………………………250
1章 窓の多様な機能 …………………………………252
　1-1．窓の基本要件　252
　1-2．窓の計画　252
2章 高気密化と室内空気汚染 ………………………255
3章 人の健康と環境 …………………………………259
4章 シックハウス症候群と湿気問題 ………………262
　4-1．シックハウスとは何か　262
　4-2．湿気問題　263
　4-3．結露問題　264
5章 負荷の変動特性と稼働制御 ……………………265
6章 メンテナンスを考慮した環境設備設計 ………267
7章 防災と情報 ………………………………………270

8章 都市・建築と緑の効果……………………………273
9章 ライフサイクルエネルギーと地球環境……………276
 9-1．建築のライフサイクル　276
 9-2．ライフサイクルエネルギー　276
 9-3．地球環境問題と持続可能な発展　277
 9-4．持続可能なエネルギー　277
 9-5．環境の世紀に適合した建築　278
10章 都市エネルギーシステムの適用と課題……………279
 10-1．都市活動を支えるエネルギーシステム　279
 10-2．エネルギーネットワークの構築　280
11章 アメニティと建築環境設備学…………………………281
 11-1．アメニティとは　281
 11-2．都市・建築におけるアメニティ　281
 11-3．建築環境設備学が取り組むべきアメニティの向上　282
12章 総合的環境デザイン……………………………………284
 12-1．多感覚に訴える環境デザイン　284

索　引　287

執筆分担 (執筆順)

紀谷文樹　各編（扉）前文，第Ⅰ編1章，第Ⅳ編1章，第Ⅴ編序章・5章
堀江悟郎　第Ⅰ編2章・3章
関根　孝　第Ⅰ編4章
木村千博　第Ⅰ編4章
大野隆造　第Ⅱ編1章，第Ⅴ編12章
田中正敏　第Ⅱ編2章・3章，第Ⅴ編3章
朴　俊錫　第Ⅱ編4章
中村芳樹　第Ⅱ編5章，第Ⅲ編5章，第Ⅳ編4章
田村明弘　第Ⅱ編6章，第Ⅲ編6章，第Ⅳ編5章
水野　稔　第Ⅲ編1章
小瀬博之　第Ⅲ編2章，第Ⅴ編11章
梅干野晁　第Ⅲ編3章
藤井修二　第Ⅲ編4章，第Ⅴ編2章
成田健一　第Ⅳ編2章
小竿真一郎　第Ⅳ編3章
寺尾道仁　第Ⅴ編1章
池田耕一　第Ⅴ編4章
関　五郎　第Ⅴ編6章
佐土原聡　第Ⅴ編7章
近藤三雄　第Ⅴ編8章
酒井寛二　第Ⅴ編9章
湯淺和博　第Ⅴ編10章

● 第Ⅰ編──
建築環境設備学の概念

とかく工学技術への取組みは各論に深入りし，視野が狭くなる危険がある。本来各論は，必要条件ではあるが十分条件ではない。特に建築環境設備学への取組みと環境計画の総合的プランナーへの指向は，全体を貫く思想と洞察力をもたなければ容易ではない。

第Ⅰ編は，そのような観点からの問題提起である。

1章は本書の意図する建築環境設備学の体系化へ向けての紀谷の提案であり，2章，3章は環境へのアプローチと環境の意義に関する故堀江悟郎先生の遺稿である。4章は関根孝先生がかねてからまとめてこられた建築環境設備学をめぐる歴史論の展開を基に，木村が取りまとめたものである。

これらによって，時間的・空間的理解を深め，環境計画の総合的プランナーを目指していただければ幸いである。

●第Ⅰ編——1章
建築環境設備学の展望

1-1. はじめに

　昭和39年に，日本建築学会では建築計画のなかから建築環境工学の分野を独立させ，それまでの計画原論と建築設備をまとめた新しい分野を設定した。以来約40年を経て，内容は拡充し，研究者や学生の数も増加した。しかしなお，前者に属する者は分析的に，後者に属する者は技術的に走り過ぎる傾向がみられ，総合的な取組みは十分とはいえない状況である。また，建築以外の他の分野との連携もなかなか進まず，建築設計の立場からも，建築環境工学の研究成果はなかなか活用できないという批判が出たこともあった。このような状況を改善するためのさまざまな努力もなされてきてはいるが，ここでは総合学としての建築学のなかに位置づけられてきた建築環境工学にとどまらずに，総合学としての建築環境設備学を提案する。それは，一つの建物を美しく機能的に完成させるという時代が去り，地球環境の時代を迎えて省資源・省エネルギーが課題となり，人を中心とした，建築とその集合としての都市をめぐる環境の保存と新たな創造が求められており，それに携わる総合的プランナーを養成する必要があると考えられるからである。

1-2. 総合学としての建築学と建築環境工学

　建築学とは何かと問うと，必ずしも一つの答えが返ってくるとは限らない。大学での学科形態をみても，アメリカやフランスのように，デザイナー養成を建築学科の基盤とし，環境設備に関するものはメカニカル・エンジニアリングやシビル・エンジニアリングの分野で教えている国と，ドイツとわが国のように，建築に関わる計画，歴史，意匠，構造，材料，施工，環境，設備など総合的な内容を盛り込んでいる国とがある。さらにわが国では，各大学によって建築学科と建築工学科のいずれか，または両方が設置されており，他に住居学科などがある。建築学科と称している場合は，特に計画・意匠系が強い傾向にあるのが従来の一般的な学科形態である。そこでは，計画系は建築を総合するものとして教えられて

いる場合が，なお多い．他方，建築工学科という場合には構造の分野が力をもっている場合が多い．いずれの場合にも建築環境工学は後発の一分野であるため，スタッフも少なく，カリキュラムも不十分なところが多い．特に建築設備学は多くの大学で非常勤の技術者によって教えられているのが実状である．そして学生一般に対して建築の教養として教えることのほうが重視され，環境設備を専門とする分野へ進むことを希望する学生に対しては，高学年のゼミや卒業研究および大学院などで補われている．

これらの学科形態は，それぞれに長所と短所が考えられるが，実際の建物が芸術と技術を総合したものとして位置づけられる以上，建築学も総合的な学問として組み立てられ，教育されてしかるべきであろう．特に学部レベルのような入門段階においては，建築に関わることを浅く広く学ぶことが適当であると考えられる．ここでは，このような総合学としての建築学をまず前提とする．このような建築学の良さは，美しさと機能性を総合し，トータルな考え方と技術の各論とを並行して学べる点にある．技術の国際化が進むなかで，一層総合的な理解を身につける必要が生じている．

1-3．建築と環境設備

理想的には総合学としての建築学を考えたいところであるが，現実は専門の細分化が進み，デザイン，構造，環境などに分かれ，相互の理解が不足する事態になっている．

実務のなかでは，各分野が協力して総合的な取組みをすることによって優れた建築が造られている事例もあるが，大部分はなお，建築と環境設備との融合はほど遠いと言わなければならない状況である．総合建築業と設備専門業の上下関係は厳として存在している．総工事費に占める設備関係費の割合はかなり高くなってきているが，それに見合ったバランスはとれていない．

近代建築がアクティブに設備を導入してきたのに対して，オイルショック以来パッシブな発想が取り上げられるようになり，地球環境時代を迎えて，省資源・省エネルギーの要求は高まり，まず建築的な対応によって機能性を考える傾向も強くなってきている．そして，この機能性を明確に説明することができるのが，環境設備学の知識であり，建築と環境設備の両分野を理解した技術者がますます必要になってきている．

一方，環境設備学の分野は進歩，拡大し，もはや建築学のなかにとどまることなく，独立して一つの分野をなすべきであるとの認識もある。そのような環境設備学のなかでは，建築を教養として教えることになるであろう。従来の一級建築士が大学卒業後2年の実務経験で取ることができ，そのなかの建築計画の一部として環境設備の問題が出されていたのに対して，昭和61年度から発足した建築設備士の制度は，大学卒業後8年の実務経験を必要とし，その問題の一部に建築の一般常識が出題されているのも，この間の事情をよく表してきたものと考えられる。ただし残念ながら，この資格制度は十分に機能してきたとはいい難く，むしろ後退し，2年の実務経験に変更された。

1-4. 建築環境設備学への指向

上記の環境設備学の独立は，ともすると環境をつくるための技術といったハード面の教育に偏る傾向があり，総合よりも各論に重点が置かれる可能性も考えられる。このような状況を排し，人間と自然を尊重する環境の保存と創造というソフト面を基本とし，健全な技術の発展を目指すことが今後の課題である。そのためには，建築を環境の一環としてとらえ，人と住まいの環境衛生および快適環境の実現を基盤として環境計画を体系立て，そのなかで人を中心とした環境設備教育を実現することが妥当であると考えられる。

図1.1は建築環境設備学を実現した場合に，関連すると考えられる諸分野をまとめたものである。人に関わる学問と，技術に関わる学問とを総合し，人を中心として建築，地域（都市），環境の共存を図っていく体系として建築環境設備学は位置づけられる。ハード面に偏ることなく，ソフト面を重視することから，あえて「工学」としないことにも意味がある。

本書では，このような建築環境設備学の基礎的部分として，人と建築・都市の関連を考慮しつつ，それぞれのレベルで水，熱，空気，光，音などの環境要素をいかに学ぶべきか，またそれらの複合問題への取組みによる総合的環境デザインはいかにあるべきかを示している。また，環境に関する基礎的理解と歴史的理解が重要であることから，それらの解説を加えている。

さらに応用的部分として，環境設備の計画・設計に関わる具体的な内容が，次のステップとして示されることによって建築環境設備学の体系は完成すると考えられる。

1章　建築環境設備学の展望　15

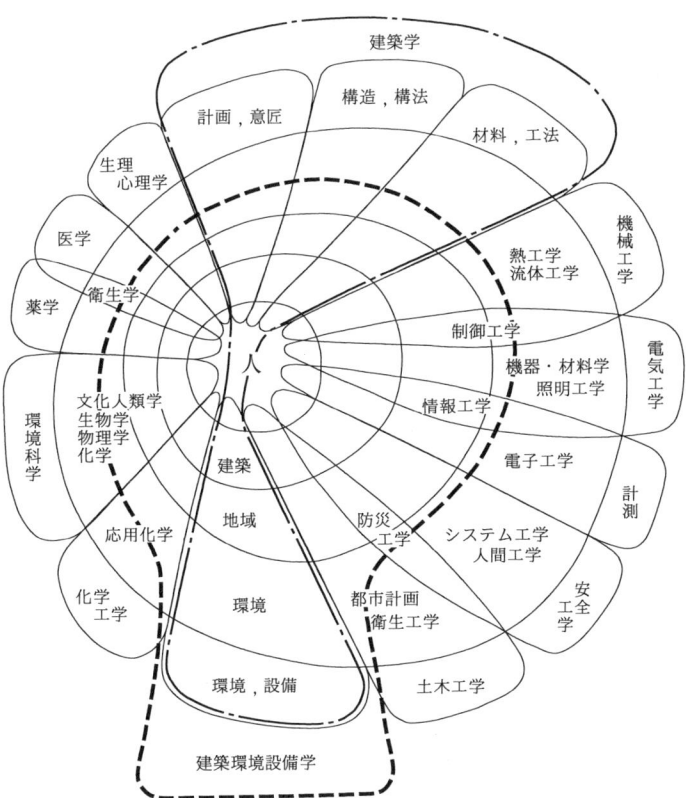

図1.1　**建築環境設備学の内容**

●第Ⅰ編——2章
環境問題へのアプローチ

2-1. 都市環境の特異性

　もし人口増加率が今のままならば，21世紀の終わらぬうちに，やがて人口は地球容量の限界に達するであろう。それが，どういうかたちで訪れるかは予想し難いが，現在のさまざまな環境破壊や変化は，実は，その予兆であるという見解が環境問題の本質であろう。

　増加しつつある人口を吸収し得るのは都市である。一次生産の労働人口比率は技術の進歩とともに減少の道をたどり，文明的先進諸国では今世紀半ばまでに二次・三次産業人口との比率が逆転している。これが，すなわち都市化進行の実態であり，技術の進歩によって人口増加が都市に吸収されることを可能にしているのである。それゆえ，都市は今や人類本来の棲息所(ハビタート)となりつつあり，将来も当然そのように進展してゆくであろう。

　しかし都市は生態学的にみて二つの点で特異なものと考えられる。その一つは，都市を人間のテリトリーとみたとき，それは他の一切の生物を排除するという傾向をもつことである。ペットとして許された動植物——街路樹や花壇を含め——は別として，自然の生物は都市のなかでは邪魔物として嫌われる。都市内における環境のすべては人間の意志によって管理されるべきであるという思想が支配的だからであるが，皮肉なことに人間のつくり出す環境要因が，かえって管理が困難であるような状況も数多い。

　もう一つは，都市という人工の開放系が巨大となったために，その代謝を自然の連鎖回路に組み込むことができなくなりつつあることである。開放系とは一般に自己維持のため外から物質とエネルギーを取り込み，外へ向かって廃棄物を排出するシステムのことであるが，都市にはこれに加えて情報と人口の流れがあるといわれる。都市の外縁には資源とエネルギーの供給源があり，かつ廃棄物処理システムがなければならない。究極的にはこれは自然の容量に依存しているわけで，今のところ，いくら技術的に効率を上げても都市という開放系をいくらでもふやすことはできないのである。

2-2. 都市内の自然

　第一の問題に対しては，都市がアスファルトとコンクリートのみの砂漠と化すことが非人間的であるというので，公園や空地を多く造って緑や自然をとり戻そうという考え方がある。しかしこれも当然，人手による管理の枠のなかでの話であって，本来の自然とはいい難く，どれほどの自然度のものが都市生活にどれほどの効果をもつかもよくわかっていない。都市が自然を締め出したのは，一つには都市のいろいろな生活の場における個人の占有面積がだんだん小さくなった結果である。距離をおくことは隔離，すなわち絶縁の役割を果たすことであって，かつて身分の高下は対話の際の隔たりによって象徴された。民主化により隔たりが解かれ，コミュニケーションの価値が高くなるとともに人びとの間の距離は縮小するが，一方，個人のプライバシーは守られねばならない。これは距離に代わって堅固な壁をつくり，空間を細分化することによって達成されたが，その結果個人の占有面積は小さくなった。そのうえ空間の機能を単一化することで効率的利用が図られ，都市の人口密度増加を可能にして，さらなる人口集中に加担することとなった。そのため，都市に多様な意味での空間的ゆとりを残すことが困難となって，自然が締め出されるに至ったのである。

　ここで用いられる「自然」という言葉を定義しておく必要があろう。広義には，生物を含めた地球上のすべての相のなかの物質循環系の完結する流れを指している。地球は閉鎖系であるから，循環する物質はすべて地球由来であり，その流れは太陽エネルギーによって運転されている。そのネットワークは複雑かつ巨大なので，その節の一つに人間の営みである都市が組み込まれても，これを補償するバイパスがあって流れ全体に変化を及ぼすに至らなければ，都市は自然によって支えられつつ存続するが，都市の規模がこの機構の均衡を破るほどになると，広域にわたって自然は荒廃する。

　都市の要求する物質は自然のなかの限定された種類のものではあるが，輸送の発達によって遠隔地からの供給が可能になり，都市からはるかに離れたところで，都市による自然の荒廃が見られるようになった。熱帯等における森林破壊と砂漠化がそれである。生態系は多種の生物が相互に関与する大変デリケートなものであるから，サブシステムの一部が切断されたとき，修復されたとしても，なお変化の残る別の生態系に遷移するが，背後に安定した広域の自然があれば変化は少なく，乱れが相対的に大きければ変化はドラスティックなものとなる。その

場合は砂漠や極地のような単純な系とならざるを得ないが，その意味では都市は人間によって極端に単純化されたサブシステムといえるであろう．もし，ここに豊かな自然をもち込むとすれば，連鎖の欠けた部分を人工的に補う必要がある．街路樹を植えたり，プードル犬を飼ったりするのとは違って，正当な意味での都市のなかの自然は，この補完部の管理が困難すぎるという問題がある．都市の管理問題はもっと小さな単位にもあって，イヌやネコの飼育を禁じるアパートは数多いし，狭い庭に木を植えても落ち葉が舞い込むとか，毛虫がわいたとか，近隣から嫌われる．

以上述べたように，都市が人間以外のすべての生物——ときには同じ人間までも——を疎外し，すべての環境を人間の意志による支配下に置くことを要求するのは，つまりは空間の余裕を失った，いわゆる「混み合い」の結果である．都市が今のようにできるだけ多くの人口を吸収し得る機構のハビタートであろうとする限り，都市内にも自然をもとうとするのは一つの矛盾である．もし都市が何がしかでも一般の住民に自然のイメージを与える必要を認めるとしても，住民に安らぎを与えるというような単なる情緒的要求に応えることで満足するのでなく，都市空間にゆとりを回復するための一つの戦略的意味をもたなければ，都市環境改善の役には立たない．

2-3. 自然の一部としての都市

第二の問題は，都市の存在が今や地球の環境全体に関わらざるを得ないものとなってきたことである．1987年に地球人口は50億を超えた．すでに都市化の進んでいる先進地域に加えて，発展途上国の都市化が急速に進行しているので，21世紀に入って全人口の6〜7割が都市居住者となるであろうといわれている．これに供給すべき物資とエネルギーをどうするか，またその廃棄物をどう処理するかは大変困難な問題となるであろう．個々の都市において，それらの居住環境の悪化を緩和するために自然の一部を取り入れたとしても，これは都市の代謝を補助する役割としては何ほどの意味をももち得ない．現在すでに，都市からはるかに隔たったところで，それらの都市への物資供給のために自然の荒廃や海洋汚染などが進行しているのは前に述べたとおりであるが，さらに現在の数倍に及ぶ数の巨大都市が各大陸に散在するようになったとすると，これらが，自然の物質循環リズムを狂わせ，次々と生態系の不可逆変化が波及して，地球上の自然が現在

とはまったく違ったものになってしまうおそれがある。そして，その新しい自然の循環リズムが70億〜80億という人口を支えるような高い効率の方向に落ち着くという見込みはないものと考えられるのである。そこで人間の都市が生き残るためには，それ自身の物質とエネルギーの代謝を自然に任せず人工によって可能な限り補完してゆかねばならないが，今のところ，そのために都市の外縁にこのような巨大システムを創設し得る可能性は少ない。しかし事態は切迫しているので，できればごく小さい単位，例えば個々の建築や居住単位まで引き返して，このような補完システムを備えようという試みがある。省エネルギー，省資源といわれるものもそれであるし，エコロジカル・ハウスなどもそうである。

1973年のベリーの著書[*1]には，現代の都市・工業化社会を前工業化社会と対比して表示してあるが，わずか10年余り後の1984年にルッツ[*2]は工業化社会の価値観と後工業社会の価値観とを対比表示している。多少取り上げ方が違うが，抄録比較したものを掲げておく（表2.1）。

ここに掲げられた後工業化社会とは，もちろん発展途上の前工業化社会と，す

表 2.1 (脚注文献*1，*2より抄録)

	ベリーによる社会的特徴		ルッツによる価値観	
	前工業化社会	都市・工業化社会	工業化社会	後工業化社会
人口	高死亡率，高出生率	低死亡率，低出生率		
行動	特殊的，慣例的 多様な個人役割	普遍的，機械的 専門化した個人役割	物質的成長 自然との対立	精神的成長と結合した物質的節度 自然との共存
社会	血縁集団	原子化，専門家集団	合理主義 巨大複雑な住・労単位	合理と直観 小さく単純な生活・勤労環境
経済	少ない下部組織 手工業，専門未分化	広い相互依存 工場生産，資本集約	専門分化，分業 標準規格，大量生産	統合・多面的就業 手工業，耐久財単一生産
政治	非現世的権威，慣習合法性，個人的コミュニケーション	現世的政治組織 マスメディア，合理官僚制	中央集権，国家規制	地域コミュニケーションによる地方分権，地域管理
地理的空間	狭域関係 至近環境と強い絆 細胞網目状社会 空間集団の並列	広域依存関係 都市空間システム内 専門化空間	文化的等質性 競争思想，効率思想	文化的異質性 調和，宇宙船思想

[*1] Berry, Brian J. L. : The Human Consequences of Urbanization, 1973 （邦訳：都市化の人間的結果，鹿島出版会，1976）
[*2] Lutz, Rüdiger : Das ökologische Paradigma und die Zukunft der Architektur, arcus 1984-3

でに工業化社会を通り越そうとする先進国諸都市とを止揚するものとして解釈すべきであるが，いろいろな面で前工業化社会への後戻り的な発想がみられ，これを爆発的な人口増の吸収とどう折り合わせてゆくのかが最も大きな問題となるところであろう。ルッツは別に，ある程度の自給再循環ができる生態建築の都市を提案しているが[*3]，ほかにもこのような個別の試みは各所で行われている。日本でもこうした例は数多いが，思想的根拠が確立されていないうらみがあり，少しうまくゆかないと挫折することが多い。都市の環境問題を，このように最小単位のサブシステムから改変してゆこうとする努力は，持続的な積み重ねがないと効果が見えてこないものであるから，確然とした理念に支えられた大局的な見通しのうえに立ったものでなくてはならない。

2-4. 環境計画の理念

環境問題に対する技術者側からのアプローチは，得てして目前の状況に向かっての救済策にとどまることが多い。それはそれで必要なことではあるが，都市に関しては，これまで技術的施策が成功したように見えたとき，むしろ，これがさらに人口の流入を呼び，いわゆる都市化を進行させて，次段階の環境悪化を促進したと考えられる。

21世紀へ向けて増加する人口を吸収するには都市化によるしかないということと，これまでのような都市の発展過程では都市における居住環境の悪化が避けられないということとは明らかな矛盾であって，これからの技術的アプローチはこの矛盾をどのように解決するかという方向に向けられねばならないであろう。都市の巨大化と過密は，さらに消費される物資とエネルギーの効率を下げ，無駄を多くするから，当然環境保全に対する危機の到来を早くする。前に述べたように都市の内に空間的余裕をとり戻し，物資とエネルギーの流れを自然循環のリズムに調和させることが，都市と自然との共存であり，地球規模の環境保全の意味でもある。これからの環境技術はこうした理念の下で展開されるべきであると考えられる。

[*3] 前掲書（脚注2）

参考文献

半谷,松田編:都市環境入門,東海大学出版会,1977
磯村英一:都市問題の系譜,東海大学出版会,1982
ブライアン・ベリー:都市化の人間的結果,鹿島出版会,1978
ピーター・ウィルシャー,ローズマリー・ライター:爆発する大都市,鹿島出版会,1976
Helfrich Jr., Harold, W. : The Environmental Crisis, Yale Univ., 1970
Berry, Brian J. L. : Contemporary Urban Ecology, Macmillan, 1977
Lyle, J. T. : Design for Human Ecosystems, van Nostrand, 1985
P. M. インゼル,H. C. リンドグレン:混みあいの心理学,創元社,1987

● 第 I 編 ── 3 章
生物における環境の意義と建築

3-1. 生命と環境

　生物は，その生命の継続，発展および活動のエネルギーを代謝によって得ているのであるが，代謝は化学反応であるから，その速度はアレニウスの関係に従って絶対温度に左右される。生物にとって体温を支配する周囲の温度が最も重要な環境要因の一つであるのは，この理由によるのである。恒温であると変温[*1]であるとを問わず，すべての生物は，その生活環境の長期あるいは短期の温度状態に応じて自身の生活を遂行しやすくするようなシステムを獲得している。これは適応の一つであって，遺伝的に獲得した体制である生物学的適応のほかにも，風土に対する順応とか，刻々の変化に応じる生理的調節や行動性の適応などの能力を含むものである。

　人間の場合，例えば著明な人種的特徴は気候に対する生物学的適応の結果であるとする説[*2]があり，一方では，人間の皮膚表面温度 33°C という値は，人類発祥のときの環境温度から決められたもので，今なお，われわれの衣服下においてそのまま守られているともいわれている。それは人類が早くから環境温度の変化に対して火の使用や衣服やシェルターなどという行動調節の方法を発達させたためであって，それゆえ生理的調節の限界を超えた環境へも居住範囲を広げることができ，人類特有の文化・文明を育てることになったのである。原始人がシェルターをつくったのは，動物の巣づくりよりも，さらに体温維持のための手段としての意義が大きく，建築の始まりはシェルターであるといわれるのも，建築の目的の一つが，今日，意識されているか否かを別として，われわれの日常生活における体温調節の一助にほかならないというのが厳然たる事実だからである。

3-2. 行動調節と学習

　行動調節そのものは別に人類特有のものではなくて，ほとんどすべての動物に

[*1] 一般には恒温（Homoiotherm），変温（Poikilotherm）と呼ばれているが，最近は内温（Endotherm），外温（Ectotherm）というほうが適切だとの説がある。
[*2] Coon, C. S., Garn, S. M., and Birdsell, J. B. : Races, C. C. Thomas Pub., Ill., 1950（邦訳：人種，みすず書房）

おいて，あたかも合理的な意志によるのかと思われるほど合目的的な行動がよく知られている。イナゴは早朝，気温の低いとき体軸を太陽に対し直角方向に置き，日射を受ける体表面積を最大にすることによって，気温より 15 K も高い体温を得て活動を始める。ミツバチの働きバチは巣内の卵の温度調節のため，寒いときは巣に密集してとりつき，暑いときは羽ばたきで風を送り，水滴を運んできて蒸発熱を奪うなどして，外気温と巣内温度との差を 10 K 以上に保ち得るといわれている[*3]。

けれども，こういう動物の行動は，いかに合理的に見えようとも本能というプログラミングによるもので，おいそれと修正の利くものではない。適応は環境の変化に追いつくことはできるかもしれないが，追い越すことは絶対に不可能である。したがって，環境が安定したかにみえるとき適応は頂点に達し，その生物の生活は最も容易となり，繁栄の極に至るであろう。しかし，そのときには環境の次の変化が始まっていて，適応が追いつき得ないまま，その差による生活の困難が最大となったとき，その生物は種としての絶滅の危機をはらむこととなる。「環境との戦いに勝利する生物は自らを滅す」[*4]といわれるゆえんである。

人間の行動調節は，本能ではなく，もっぱら学習によるもので，単なる合目的性と効率だけに着目するなら，むしろ本能に比べて見劣りがするかもしれない。なぜなら，学習によることの合理性の特質は，環境変化に応じる柔軟性，すなわち代替の用意と，予測すなわち環境変化を追い越す対策の用意という知性の働きであるが，そのためには非常に多量の情報の蓄積を必要とするので，たっぷりと余裕のある知識の容量と一度も使用されないかもしれない無駄とが含まれているのが当然だからである[*5]。本能は生起確率の大きい事象に対しては有効なので，種の保存のために個体数を多く用意し，個体差を少なくする方向に進歩する。学習は生起確率の小さい事象に際しても個体が生き延びることができるためのもので，個性が尊重され，その豊かな多様性が発展され得るのである。人類が文化を育て，文明を開花させたのは，先に述べたように行動調節と大きな関係があるが，その調節能力も本能の代わりに学習を選んだという例外的な生物学的適応のためであるということができよう。

[*3] Richards, S. A. : Temperature Regulation, Wykeham Pub., London, 1973
[*4] Bateson, Gregory : The Roots of Ecological Crisis ; Steps to an Ecology of Mind, Harper & Row Pub., 1972（邦訳：精神の生態学，思索社）
[*5] 冗長性（Redundancy）と呼ばれるものに通じる。

ただし、学習という語はもっと単純な場合にも用いられている。ネズミやブタを寒い部屋に入れて採暖のために赤外線ランプのスイッチを押すことを容易に学習させることができる。スイッチを入れても照射は数秒間持続するだけなので、ブタは頻繁にスイッチを押すが、室温が10℃以上になると反応頻度は顕著に減少してゆく。金魚を水温の徐々に上昇する水槽に入れ、冷水を出すバルブを開くことを学習させると、水温を 35 ± 1.5℃ に保ったという実験もある[*6]。

これら学習によって身につけた記憶は一代限りで、遺伝的刻印となることはできないが、それは人間も同様である。人間が本能を脱却し得たのは、学習能力そのものによるばかりでなく、経験で得たものを他の個体に伝達し、それらを知識として各自が集積し得たことによるのである。その代わり人間は、社会的義務として、その知識とその具体的成果とを次代に伝えなければならず、そのため生涯を通じて膨大な量の教育と学習を続けざるを得ない。それはちょうど、恒温動物が内環境の安定によって自律性と活動の自由を獲得した代わりに、摂取エネルギーの80%をただ体温維持のために消費しなければならないという代償を払うことになったのと似たような進歩の道程であるとも考えられる。いずれにせよ人間は、地球上のすべての生物のなかで例外的な適応進化を達成していて、その例外性は環境に対する柔軟かつ多様な反応を確保していることに最も著しく現れており、それゆえ変化する環境をも克服して繁栄を続けているとの見方もできよう。

しかし、どんな例外も、そのさらに上の段階の包括的規則には従わねばならない。われわれの学習行動が果たしていつまで繁栄を約束するものなのかについて、われわれは今深刻な疑問に到達したと考えるべきであろう。

3-3. 構築環境の効果

建築とは、人間自身が自らの生活のためにつくり上げた、あるいは手を加えた環境の一つである。その要求の一つに、原初的であり、それゆえに本質的でもある体温保持のための行動調節がこめられていることはすでに述べた。太古よりわれわれは住居の中に火を持ち込み採暖法を発達させたが、近代的な建築設備としての中央暖房や空気調和装置が発明されたのは20世紀に入るころで、広く用いられるようになったのは、ようやくその後半からである。

近代技術によって商品化されたものは、性能の向上と大量生産とによって販路

[*6] 前掲書（脚注3）

を拡張確保しようとするので，このような環境機器も，精密なコントロールができて，個人的な生活環境にも普及するように発展してゆく。こうしてわれわれは今や自分の生活環境を容易に恒常化できるようになった。例えば，わずかな外乱にも即応して室内の温湿度を意のままに保ち得るコントロール・システムは存在するが，その制御の主旨は単に設定値を維持するというような画一的で固定化された場合が多い。これは，快適性とか最適値というものが標準的人間にとって一定不変であるというような幻想にとらわれているためで，人間―環境系に最も大切な多様性と柔軟性という観点からすれば本末転倒である。重要なのは要求される環境のプログラムなのであって，コントロール・システムはそれが実現できるものであればよいし，相当の許容幅も見込み得るものであろう。

それならば，われわれの生活に最も良い環境プログラムとは何であろうか。残念ながら，その答えはいまだ得られていない。最も一般には健康状態が維持されることを，その目的と考えてよいが，健康が脅かされているときには，この目的が意識に上るものの，健康に何の心配もないときは他の目的のための環境づくりが優先する。生産施設，余暇施設，公共施設，その他に対して，上述のような環境調節設備がまず使用され，次いで病院，最も遅れて住宅へと普及していった近代建築設備史の物語は，われわれが環境制御というものをどのように考えてきたかを示すものといえよう[*7]。

われわれが自らの適応能力を働かせる努力を惜しんで，環境を最も抵抗の少ない状態に改変するような行動を選びつつあることに対して，これもまた適応の頂点に至る生態学的な自滅過程に通じるのではないかという疑問を初めて投げかけたのは，もう古典となったカレル博士の著書である[*8]。しかしわれわれは，環境要因のストレスをなくすことはできない。ストレスは，時と場合に応じて多種多様に作用するばかりでなく，潜在的にはいくらでもあって，顕在するものを解決すると次位のものが浮上してくるからである。

建築的には，物理的な環境状態が望みどおりに維持されるようになったとすると，次には，例えば空間における社会的あるいは個人的な葛藤などが環境ストレスとして顕在化してくることは，多くの実例が示すとおりである。

そしてむしろ，こうしたストレスに立ち向かう気力，または活力というものが

[*7] Banham, R. : The Architecture of the Well-tempered Environment, The Architectural Press, London, 1969（邦訳：環境としての建築，鹿島出版会）
[*8] Carrel, Alexis : L'Homme, cet inconnu, Paris, 1937（邦訳：人間，この未知なるもの，三笠書房）

われわれの健康の証であって,その意味では多様な適応潜在力を絶えず鼓舞するような環境が最適プログラムといい得るのではないかと思われる。これは明らかに,自然界における適応進化を否定するものでもないし,適応の頂点で自滅に至る道程を肯定するものでもない。

3-4. 環境工学の課題

　現在,地球規模での都市化が進行しているとき,人間のみが密住する都市は必然的に人工環境化せざるを得ない。そしてわれわれは,それをおよそ望みどおりに構築し,制御し得る技術を身につけるようになったが,最良のプログラムがいかなるものかについては,いまだ確然たる知識をもっていない。このような構築環境についての功罪を述べる学説は多く現れているが,明らかな指針を示すには至っていないのである。しかし,密住による居住環境の悪化を人工的に環境設備機器によって補修してゆくのでなく,できるだけ自然的な余裕を残しておくことには,上述の適応のプログラムから明白な利点を認めることができる。そうでなくとも,都市環境は当然その大部分が設備機器によって人工化されねばならないが,そこには技術的や経済的などの限度があっても,それは早晩打ち破られるから歯止めにはならない。それよりも,人間の生存に関わる適応の在り方についての制約があるものと考えるべきであろう。そして設備機器は,建築に利便を賦与したり,建築の欠陥を使用者が補うために用いるものではなくて,建築と一体不可分となって柔軟な一つの環境を創造するように計画されるべきものであり,そのために建築計画は,人間環境の意義を十分に先取していなければならない。

　われわれの生活時間のほとんどの部分をおおう都市および建築内の環境を造成し,制御する建築技術,とりわけ建築環境工学は,盲目的な自然的・社会的適応要求に追従してゆくのみの環境づくりに手を貸すのではなく,正しい予測によって,必要な環境とはいかなるものか,われわれの適応能力をいかに導くか,という創造的環境を計画するための研究と実践とを目的とすべきであろう。

●第Ⅰ編──4章
建築環境設備学の歴史

4-1. 欧米19世紀の状況
a. イギリス産業革命と人間環境

18世紀後半から19世紀へかけてのイギリス産業革命の進行（1760～1830年）は紡績機械と蒸気機関の二大技術を主柱にマニュファクチュアから機械制工業への大きな転換がなされたことでよく知られる。その一方，工業地帯の人口の急増，作業および居住環境の悪化が新たに起こった[*1]。加えて，産業革命の結果としての蒸気動力の発達，盛んな人口移動はインドからコレラを西欧にもたらし，1830年代初めの大流行以来，西欧全土に大きな脅威をふるう。こうした社会情勢を背景に，イギリスでは近代的給排水設備の条例，公衆衛生法などが1840年代に制定され[*2]，ドイツの大学では1860年代から衛生学教室の設立が相次いで起こる（表4.1参照）。

アメリカでは南北戦争（1861～65年）の後，北部工業資本の勝利とともに工業が伸長，東部の都市人口の急増等で環境衛生が悪化し，その改善に向けて1870年，ワシントン市の給排水関係規則を初めとする対策（市条例の制定や改訂）が行われ，それに伴う研究も進められたことは，すでに文献[*2～*4]に詳しい。

b. 19世紀の環境調整技術

従来は，ややもすれば機械中心に述べられていた19世紀の暖冷房と換気の発達史を，建物の環境調整の観点から明らかにされたのは故石原正雄博士（当時京都工芸繊維大学の教授）の「環境調整の技術史」であった。同博士の急逝（昭和59年10月）により，その研究は一本にまとめられる機会は失われたが，多くの論文が残されている[*5～*13]。そのうちから，今日まであまり知られていないリード（英）とビリングス（米）の業績についての同博士の所論を次に紹介する。

[*1] 状況は，例えば，次の文献に記される。チャドウィック, E.「英国労働者階級の保健状態について」1843, エンゲルス, F.「英国における労働者階級の状態」1845
[*2] 篠原隆政：諸外国，わが国の給排水・衛生設備（給排水衛生設備の実務の知識，改訂2版）オーム社，1977
[*3] 紀谷文樹：給排水設備の変遷（前出書，脚注2，改訂3版），オーム社，1985
[*4] 篠原隆政：給排水設備の歴史（建築学大系27），彰国社，1982

表 4.1 略年表（1800～1920 年代）

欧　米	年代	日　本
69) ワット蒸気機関車の特許 イギリス産業革命(1760～1830) 89) フランス大革命	1700	74) 杉田玄白ほか：解体新書出版 94) 江戸の蘭学者、おらんだ正月を祝う 99) 伊能忠敬、エゾ地測量
22) フーリエ：熱の解析的理論(熱伝導・フーリエ級数) 24) トレッドゴールド：暖房と換気の原理 43) チャドウィック：イギリス労働者群の保険状態 44) リード：換気の理論と実際の図説 45) エンゲルス：イギリス労働者階級の状態 47～48) イギリス上水道条例、公衆衛生条令 58) ペッテンコーフェル：住居と換気 60) ペクレ：熱の論説 61～65) アメリカ南北戦争 65) ベルナール：実験医学序説 68) ボックス：熱に関する実験的論説 66～85) ドイツの大学に衛生学教室開設（66年ミュンヘン、78年ライプチヒ、85年ベルリン大学)70～71) 普仏戦争 76～80年代炭疽菌、チフス菌、コレラ菌など細菌の発見相次ぐ 70年代にワシントン市給排水設備規則施行 79) 炭素電球の発明(エジソン) 79～84) ステハン・ボルツマンの法則 84) ビリングス：換気と暖房の原理 87) 通風乾湿計の製作(アスマン) 93) リーチェル(独)：換気暖房設備の計算と計画入門 94) アメリカ暖房換気工学会 ASHVE 設立 98) ハワード(英)：明日の田園都市 99) 電子の発見(トムソン)	1800 (1868)	55) 幕府、洋学所開設→68) 東京開成学校→ →77) 東京大学→86) 帝国大学→97) 東京帝国大学、(京都帝国大学設立) 66～72) 福沢諭吉：西洋事情 明治元) 明治政府発足、70) 工部省設置、77) 太陽暦採用 73) 工部省工学寮開設→77) 工部大学校→86) 帝大工科大学 73) 銀座レンガ街着工、73～) ベルツ、コンドルら来日 [70年代より西欧先進国への追いつき型近代化政策を推進、軍需型重工業と輸出型軽工業を中心に殖産興業の振興] 81) 高田商会創業(設備機器の輸入)、86) 帝国大学令 86) 造家学会設立→97) 建築学会→1974) 日本建築学会 87) 横浜市に上水道（鉄管による有圧水道） 88) 森林太郎：日本家屋説自抄、89) 陸軍衛生教程、89) 市区改正は衛生上の問題に非ざるか、93) 造家衛生の要旨講演、97) 衛生新篇 90) 水道条例公布、93) 帝大講座令 94～95) 日清戦争
00) セイビン：室内音響の研究 03～) キャリア：工場の空調装置実現 07) ショー：気流と換気の法則 13) 国際照明委員会設立(CIE)、10年代に温冷感の研究が始まる 14～18) 第一次世界大戦 20) ハリソン・アンダーソン、光束法(ルーメンメソッド)発表 23) ヤグロー、ホートン：温熱指標発表(ASHVE) 20～) アメリカ給排水設備の規格化(英・独は40年代から) 23) ニューヨーク州立換気委員会報告 29) アメリカ音響学会設立	1900 (1912＝ 大正元)	明治33) 下水道法、汚物清掃法、07) 東宮御所(旧赤坂離宮)竣工 04～ 5) 日露戦争 16) 照明学会設立、17) 東洋陶器創業 17) 暖房冷蔵協会設立→27) 衛生工業協会→62) 空気調和衛生工学会 20) 市街地建築物法、都市計画法施行、21) 水洗便所取締規則(最初の浄化槽の規定) 20) 柳町政之助：暖房と換気・上(下は22年)、20) 京都帝大に建築学科 21) 倉敷労働科学研究所発足、22) 東京三河島汚水処理場完成(東京下水道1期工事) 23) 戸田正三「国民衛生」を創刊、23) 関東大震災、エスカレーター初めて輸入 20年代に藤井厚二(京大)、住宅の研究実施、28) 藤井厚二：日本の住宅 27) 大沢・桜井：台所便所湯殿及井戸、29) 中村達太郎：換気暖房計算必携

リードの思想　　産業革命の進展とともに低下してゆくイギリスの生活環境のなかにあって，居住・作業環境の重要さを社会的に訴えた学者がリード（Ried, T.）で，その著『換気の理論と実際の図説』（Illustrations of the Theory and Practice of Ventilation, 1844）は，換気技術の最初の専門書である。実験と経験の蓄積を多くの図とともに平易に説明したもので，次のような内容である。①健康の改善に関する序言，②換気の本質と有効に行う手段，③熱と光の発生と伝達および燃焼，④現在の議事堂の換気，⑤換気に関する各種の図説，⑥船の換気，⑦鉱山の換気，全447ページ，図321個である。この書のなかでリードは，建物の（物理的）室内環境を調整することが建築の主要な目的であることを力説した。彼の計画，施工した設備は臨時下院議事堂（1836年），St. George's Hall（1854年）で，その考えを実践した。リードは物理的機能主義の立場から，建築は住むための機械，という考えに到達していたといわれる。有名なル・コルビュジエより100年前のことである。

ビリングスの視点　　近代的暖房設備は19世紀初めに実用の域に達し，世紀半ばには公共建築や工場建築に普及，世紀後半には製品化と洗練化が図られるというふうにレベルが上がった。ここにアメリカの軍医ビリングス（Billings, J.S.）はジョンズ・ホプキンス病院の暖房換気に優れたシステムと運営法をつくったが，彼の著作『換気と暖房の原理』（The Principles of Ventilating and Heating, 1884年）は19世紀の換気技術の代表的なものとなった。彼の換気技術は機械換気一辺倒ではなく，自然エネルギー利用も重視し，自然換気装置や地中ダクトによる冷暖房も記している（このことは当時は保守的傾向を示すものとされた）。上の著書にある計画指針の重点は，主に在室者と室内環境に置かれ，個人の制御による機器を重視，集会室での均等な室温を目標とする技術を批判して，個人のまわりを個別制御により好む温度に維持し得る技術の可能性を示唆した。全体として

---

*5　石原正雄：環境調整の技術史，(1) 暖房の技術 (1〜3)，同 (2) 換気の技術 (1〜4)，日本建築学会近畿支部研究報告集，1976年6月〜1980年6月
*6　日本建築学会大会梗概集計画系・環境工学部門，1976〜84年の毎号
*7　窓に関する環境調整の歴史的展望，建築環境工学論文集，4号，1982年
*8　環境調整の技術史，(3) 空気調整技術 (1〜4)，空気調和衛生工学会講演会論文集，1977〜80年
*9　温感研究史 (1〜7)，空気調和衛生工学会近畿支部発表会論文集，1980年3月〜1983年3月
*10　（以下は各学会誌所収）空気調整技術の歴史的展望，空気調和衛生工学，1981年1月
*11　換気技術の歴史的発展1, 2，同上，1981年10, 11月
*12　環境工学技術史委員会報告，第1章，建築雑誌，1984年11月
*13　19世紀末までの建物における熱・空気環境調整の絵技術史序説，科学史研究，23巻152号，1985年2月（前出脚注5〜6をまとめたもの。著者没後に刊，これは日本科学史学会機関誌）

上の著書は，衛生と健康に価値基準を置く医学者の立場と限界で書かれ，機械技術者に欠ける人間側からの評価を技術の基礎にした点が特徴である。

以上に摘録したように石原の「環境調整の技術史」は，建築環境工学の専門家による本格的な研究で，独自の見解を示しているところが少なくない。関心のある向きには脚注[5]～[13]の原文（特に[13]）を勧めたい。なお上述の時代の概観をつかむために19世紀を中心とした略年表を表4.1に掲げた。

4-2. 明治における建築衛生論
a. 西学東漸と明治の日本

幕末からわずかに西洋と接触していた日本は，1868年，明治政府の成立とともに正式に開国する。そのころ欧米の換気，暖房，給排水の技術は著しく進み，空気機械の建物への装備，給排水の都市への施工が広がっていた。日本は富国強兵と殖産興業を目指して，それらの先端技術の吸収，設備の輸入に積極的で，国の施策に関係する建物などに，それら設備が比較的早く取り入れられる。例えば，明治10年に中央式暖房装置が工部大学校[14]本館に設置され，明治20年には横浜の外人居留地に上水道（有圧鉄管式）が敷設[15]，また明治21年には明治宮殿に温風暖房が敷設されている。

明治の初期，建築学は造家学と称され，主としてイギリス人のコンドル（明治10年来日）に指導されつつ工部大学校造家学科で講述され，卒業した技術者が集まって明治19年，造家学会を結成，翌20年より機関誌「建築雑誌」を発行する（造家学会は今日の建築学会の前身）。「建築雑誌」では温室暖房法など西欧技術の紹介や設計報告が早くから載るが，総じて即物的・実際的記事が多い。同じ時期（明治20年代）に，環境衛生は医学部出身で衛生学を志した人びと，特に森林太郎の着目するところであった。

b. 森林太郎と環境衛生

森林太郎[16]は明治14年東京大学医学部を卒業，同年末陸軍に奉職，17年よ

---

[14] 明治6年工部省工学寮で発足，10年工部大学校。お雇い外人を教師に，予備・専門・実地科各2年，計6年の課程。学科は土木，機械，電信，応用化学，造家，鉱山，冶金の各科。造家学科は明治12年最初の卒業生4人（辰野金吾，片山東熊，曾禰達蔵，佐立七次郎）を送る。工部省の廃止（明治18年12月）後の明治19年，帝国大学令により東京大学工芸学部と併合して帝大工科大学となる。

[15] 前出脚注1～3および「建築設備年譜」(空気調和衛生工学会，1973) に詳しい。

[16] 森林太郎（1862～1922年）。鷗外の号により文豪として有名。軍医学校教官・校長の時代に公衆衛生と医事についての論説が多い。1889～94年の間，東京家屋建築条例の取調委員を務める。1907年軍医総監。1916年退官。以下の引用は岩波版『鷗外全集』28～35巻（昭和49～50年）による。

り21年の間，陸軍衛生制度と衛生学研究のためにドイツに留学し，ホフマン，ロート，ペッテンコーフェル，コッホなど第一流の衛生学者について学び，特にペッテンコーフェルの学風に敬愛の念を抱いた[*17]。ペッテンコーフェル[*18]は従来の衛生学を理化学に基礎を置く近代衛生学とすることに尽力し，在職したミュンヘン大学の衛生学教室設立にあたり初代教授（1865年）となる。当代の学匠であり，また「疫城」（伝染病の市）を「衛生都城」にした功績でミュンヘン市名誉市民に推された。

森林太郎が留学の間に発表した論文の一つに「日本における家屋の民俗学的衛生学的研究（1888年）」[*19]（原文はドイツ語）があるが，帰国後の明治21年12月「読売新聞」に，そのあらましを「日本家屋説自抄」と題して寄せた。約5,600字の抄録であるが，その末尾で次のように衛生の必要を論じる。

「今日日本にて立都建家の改良を計らんとすれば宜く根底より一新するの大事業を起こすべし，是れ地中汚水の排除を以て着手第一点として次で市区家屋に及ぶの法なり……十分の水を給するに非ざれば，たとひ精良の暗渠を敷くも十分に汚物を洗ひ去ることを得べからざればなり。（下略）」。

c．市区改正は衛生上の問題に非ざるか

政府は明治21年8月，東京市区改正条例を勅令[*20]として公布，これと翌22年施行の東京市区改正土地処分規則が日本の都市計画法制の発端となる。こうした状況のなかで，森林太郎が22年1月から「東京医事新誌」という雑誌に連載した論説が「市区改正ハ衛生上ノ問題ニ非サルカ」である。そこでは，都市計画事業にあたり，その以前の基礎作業として採光換気，上下水道の精査をやり，その結果をよく検討して計画を立てなければならぬ。市区改正論者のなかには東京市を不健康の地としているのは貧しい階層の市民だから彼らを追い出せ，という者がいるが，その論は誤りだ。公衆を忘れて公衆の衛生は成り立たない，ということを約1万5,000字にわたり表明した。この見解は翌23年の「市区改正論略」（初出「国民の友」誌）でも展開される。これらの文章から，西洋追随の文明開化の時にあたり，都市は外観や経済効率からではなく，人の住生活と保健を中心に

[*17] 森林太郎「独逸日記」。関根孝：ペッテンコーフェルと森鷗外（建築の研究，昭和56年11月）
[*18] Max von Pettenkofer（1818〜1901年）。化学出身。衛生学上許さるべき炭酸ガス濃度限界は0.07%（長く居住のとき），短時間では0.1%以下と提案（1858年）。このことは建築換気のほうで後に応用される。
[*19] この内容は「日本の家屋，住宅と公共建物における通風，暖房，照明，水利とごみ処理，日本住居の一例，結論」。原文は『鷗外全集』28巻に所収。
[*20] 勅令とは議会の協賛を経ずに天皇の大権により発せられる命令。旧憲法の時代に行われた。

置いた衛生都市であるべきだとする若き日の衛生学者・森林太郎の情熱が読みとれる。ただし現実の市区改正事業は，その方向に進まなかったことは，すでにいくつかの都市論に詳しい。

さらに10年後の明治32年，「ペスト予防談」において森は次のように述べている。「当局は真実に我邦の衛生事業，防疫事業に尽力することを怠っている。それは下水や上水の設備の類である。英国諸港のごとくあらゆる熱帯地方から往来するところでも，ペストも入らず黄熱病も入らぬのは下水上水等を始めとして設備の完全なるためではないか」。

森林太郎は明治26年3月，造家学会に招かれて「造家衛生の要旨」と題する講演をする。このなかで「造家衛生」と「建築衛生」という言葉が使われている。二つとも公衆を前にして発表された語として最初である。講演の主旨は前述の諸論説とほぼ同じであるが，造家衛生の実現には法律の力を借りることが必要で，だから建築条例というようなものをつくらないといけないが，その際「衛生というものを度外視される事のないよう希望する」と熱心に説いた[*21]。

上述のような活動から，森林太郎は今日の建築環境工学の先駆者，と筆者は位置づけたい。ただし，このような活動が市区改正に実際に反映することがないままに終わった。

4-3．大正時代における住居衛生の開拓
a．大正の動向

欧米の1890〜1910年の20年間は「空気技術の技術革新の時」（石原正雄，前掲）であった。日本では第一次世界大戦（大正3〜8年）前後において建設業が拡張したが，暖房や給排水設備の主な機材は輸入品の時代であった。そこで，それら機器の国産化の促進，工事の発達を促進する目的で大正6年暖房冷蔵協会が誕生した。これは現在の空気調和衛生工学会の前身である。

一方，日露戦争後から急成長した紡績業の労働環境が大正に入って社会問題となり，大正10年倉敷労働科学研究所が発足，ここで工場の温熱状態と疲労および能率の研究が開始される。

[*21] 森林太郎は明治22年10月から東京建築条例取調を嘱託されていて，その衛生事項の審議に尽力した。森の残した文章では「屋制新議」（明治24年）にその片鱗がうかがえる。『鷗外全集』29巻所収。また石田頼房：日本近代都市計画の百年，自治体研究社，1987，p.73参照

建築界では明治年代に多かった公共的単体建物の設計・施工中心から，資本主義社会の発展に伴い，庶民住宅や都市を対象に含めるようになり，さらに居住性を問う姿勢が起こる。

　建築学会が創立以来行ってきた催しに「学会講演会」があるが，大正8年の学会講演会の主題は「都市と住宅」[*22] で，そこでは新しい都市の問題と住宅の在り方が取り上げられる。次いで大正10年の主題は「建築と文化生活」。いずれも当時の風潮を表すものと思われる。それぞれの次第を脚注[*22] に略記した。

　早稲田大学で建築学と機械工学を学び，海外で設備工学を修得して帰った大沢一郎（1891～1972年）は，大正5年から早稲田大学建築学科で建築設備を開講，以後，設備の研究と教育を大正9年卒の桜井省吾（1897～1977年）と共に続ける。

　後年，大沢一郎は「日本の建築設備100年の歩み」（建築雑誌，77巻，1962年5月）において「米国のHarding教授がMechanical Equipment of Building (1916) なる書物を出し，筆者は1920～22年の間直接その教へを受け，帰国後「建築設備」という名称のもとに講義を行って来た。そのことは著書『建築機械設備』（丸善）を通じて一般に行われてきたように考へる」と述べている。

　今日の給排水設備にあたることを当時「衛生工事」と呼んでいたが，大正時代後半から衛生工事が各種建物に施工され，また同じころから設備専門の設計事務所の開設をみる。米国商務長官Hoover, H. C. の名を冠する「フーバー・レポート」（給排水設備に関する勧奨最低要項，1923～28年）の一部が，「衛生工事条例」の題で大沢一郎訳により日本に紹介されたのは1931年である。以来，この道の技術者に好個の資料となる。ただし，わが国では給排水設備の本格的な研究はほとんどなされず，このときより30年あとの昭和35年において，小川誠耳[*23] は「わが国で今日まで工業化されてきた衛生工事は，すべてアメリカの文献のコピーで間に合わせてきたといっても，強い反対を唱え得る程自信実績をもつ人はあるまい」と評している。

　この分野の研究活動が，やや活気を呈するのは1970年代以降であるが，今もなお建築と水利用については多くの課題を残している。

[*22]　（大正8年）「都市と住宅」。開会の辞（曾禰達蔵）／住宅問題と建築法規／都市の住居地域／都市の細民住宅／住宅に対する我々の態度／細民住居について／都市学理的完成の必要／規格統一。
　　　（大正10年）「建築と文化生活」。開会の辞（中村達太郎）／建築と文化生活／文化生活より人の生活へ／文化生活と家具／文化生活と建築生活／文化生活／建築物の電気設備／現代建築と文化生活／石工組合。
[*23]　小川誠耳：衛生工事の排水と通気，第1巻，日本管工事工業会，1960

b．日本の住宅の研究

そのころ，内外の医科大学の衛生学教室では細菌学の研究が大きな関心の的であった。京都帝大もそうであったが，大正5年，戸田正三[*24]教授は衛生学教室で日本の風土と衣食住の研究に着手，多くの研究者を指導した。その業績の積み重ねは既存の医学誌に頼っていられず，新しく雑誌「国民衛生」を創刊し，大正12年9月より月刊にし，研究成果の公表を始める。大正9年から京都帝大建築学科に奉職した藤井厚二（後述）も，研究の初期に指導を受けた一人であった。

「国民衛生」について後年，佐藤鑑[*25]が次のように語っている。「私は昭和4年東大建築学科卒であるが，強度以外の建築物の物理性状など唯一人として教えてくれなかった。（中略）ただ京大衛生学教室の「国民衛生」に極めて多くの建築衛生の研究発表があり，これに刺激されたことは間違いない」。

では，どんな論文があったのか。同誌から住居の衛生学に関するものを摘録して表4.2に掲げる。方法論は医学部衛生学と工学部の建築学とで異なるが，着眼とテーマは今日からみれば建築環境工学に属することである。

同誌の3巻9号から4巻7号（1925～26年）に発表されたの

表4.2　「国民衛生」所収の論文の一例

（防暑・防寒等）
ばらっく生活ノ冬ト夏　（戸田正三）　1巻4，8号
亜鉛ばらっく建築ノ室温ノ変化　（三浦運一）　1巻6号
本邦建築材料ノ比熱(熱容量)測定　（三浦運一）　2巻6号
建築材料ノ吸湿性放湿性ニ関スル衛生学的研究　（上野俊昌）　2巻11，12号
防暑防寒的効果ヨリ見タル本邦各種造構家屋ノ比較研究　（三浦運一）　3巻9，4巻1，2号
（換気・暖房・採光等）
家屋ノ自然換気ニ及ホス気流ノ影響ニ就テ　（野村仁）　1巻5～10号
こたつノ衛生的研究　（田川八朗）　1巻6号
室ノ高低ト暖房体ノ位置トニヨル暖房能率ノ関係ニ就テ　（池田東洋）　2巻3号
室壁材料ノ通気量及ビ透湿性係数，理論的換気量及ビ換気回数ニ就テ　（大井好成）　3巻4号
日本家屋ノ自然換気ニ関スル総合的研究　（大谷佐重郎）　5巻11号，6巻2，5号
本邦ノ気候ト家屋ノ採光方法ニ就テ　（中村寿盛）　2巻10～12号
壁ノ色合ト室内照度トノ関係　（中村寿盛）　3巻6号
散光ノ室内分布ニ就テ　（中村寿盛）　3巻6号

注）このほか衛生学の見地からの上水，下水に関する論文が含まれる。

[*24] 戸田正三（1885～1961年）。大正1～5年の間，独英仏米に留学ののち，大正5年より戦時中まで京都帝大教授，戦後は金沢大学長。「国民衛生」は昭和38年終刊。
[*25] 佐藤鑑：私の回想と環境工学の生い立ち，私家版，昭和50年。佐藤鑑（1904～81年）。公衆衛生院建築衛生学部長，横浜国立大学教授を歴任。建築環境（衛生）学，公害対策に尽力。
[*26] 藤井厚二（1888～1938年）。大正2年東大建築学科卒，竹中工務店勤務ののち欧米視察，大正9年京大工学部に。10年助教授，15年教授，建築学第4講座（建築設備）担当。

が藤井厚二[*26]の論文「我国住宅の改善に関する研究」であった。この論文は日本の気候に適応した住宅を目指して，各種の壁の熱，換気，通風の性状を調査，さらに京都府内に次々と家屋を建てて温・湿度を測定，それらの結果をもとに改善の方法を論じたものである。これは建築学出身者による（今日の）建築環境工学的研究の初めての取組みといってよい。

この論文の主旨をより一般向きに書き改め，「建築学上より実験的あるいは理論的に考察して，我々の生活に適合すべき住宅に説いて見た」著作が『日本の住宅』（昭和3年，岩波書店）となった。

次に，当時の建築学の傾向に対し，藤井は別の著書[*27]で次のように述べている。「建築学のうち構造・意匠装飾・歴史の三学は古くから多くの人々により多大の研究があるが，設備の学は他学を究むる人々に全く任せて建築家は顧みなかった。近来建物に対する社会の要求は多種複雑になったきたので，設計に際しては設備についても深い注意を払わねばならぬ。設備における諸種の問題も建築家としての立場から更に考究する必要がある。……衛生上の問題を基礎として吾人の健康を維持し快感を享有するにはいかなる設備を為せば適当なるかを考究するのが衛生設備である」（傍点筆者）。

広義の「建築衛生」は先の森林太郎を先駆とするが，その後の展開はないままに明治を過ぎ，大正の時代に上述の先学により開拓された。今日の建築環境工学からみれば藤井厚二は先達と考えてよかろう。

同じ時期，東大で長く設備関係の講述をした中村達太郎（工学大学校4期生）は，『換気暖房の計算必携』（昭和4年）および『給水給湯消火設備』（同6年，共に丸善）を著し，広く利用されて版を重ねた。

4-4．計画原論から環境工学へ

a．計画原論の名称

一般に，昭和ひとけたの時代は，いろいろな意味で建築の学問全体が新しい方向づけを行った時期，といわれる。当時の建築学の集大成に昭和7年から10年にかけて刊行された『高等建築学』（佐野利器監修，全26巻）があるが，その第13巻は『計画原論』（渡辺要，長倉謙介著）と題された。ここに「計画原論」とは

[*27] 藤井厚二：衛生設備（建築学会パンフレット1集8号），建築学会，昭和3年

同書緒言によれば「初め設計に関する基礎的事項は凡ゆる建築物の設計に共通する要素だから，これを包含したものを建築設計計画原論としたが，その悉くを網羅することは難しいので本書では物理的事項と計画上の基礎知識を扱って計画原論とした」。これが計画原論（略して原論）なる名称の由来で，脚注*28に示すような内容であった。その後，そのうちの1章から8章に掲げられた，いわば物理的事項の研究発表の分野として「計画原論」の名称が建築学のなかで使われる。

昭和12～20年の戦時下における，主に学術振興会第32小委員会（防空科学に関する研究）による諸研究は，戦後の建築環境技術に大小の寄与を残すものであったが，ここでは省略する（文献として建築学会編『建築学の概観〈1941-45〉』日本学術振興会発行，昭和30年，がある）。

90以上の都市が焦土となった戦後，ようやく復興が緒についた昭和23年，佐藤鑑は『建築環境学』*29を執筆（新紀元社），この書で建築環境とは「都市計画も含みつつ建築により造られる環境の科学・工学」という意味で用いられ，内容は「戦前の計画原論を幅広く解釈しながら生活の環境造成という立場から新しい試みとして」執筆されたものである。著者は後年「余りに広範な叙述はかえって急所を不明確にさせる結果となった」と述懐するが，都市が戦災で荒廃の時期に，建築環境の新たな造成を意図した著者の意欲を反映したもの，と思われる。

b. 建築環境工学としての展開

昭和24年，新学制（六三制）の発足とともに，建築系の学科で前述の計画原論に関する講述も漸次広がるが，このころ著者によりいろいろな名前の教科書が現れた。例えば，建築設計理論，建築衛生計画，設備原論，室内環境計画などである。

これら多様な名称は，一般の理解，国際交流をはじめ，この分野の発展の妨げになるから統一した名称にすべきだ，との議論が昭和30年代の初めに建築学会の原論関係者の間で起こり，やや長い議論ののち，従来の計画原論と設備の分野を合わせて「建築環境工学」と称することに決まり，昭和39年以来，建築学会で公式に用いられている。

---

*28 昭和9年初版，相模書房。内容は次のとおり。執筆は渡辺（1～8章），長倉（9～12章）。第1章室内気候（その1）／第2章室内気候（その2）／第3章自然換気／第4章伝熱／第5章日照の基礎事項／第6章日射／第7章昼光照明／第8章音響／第9章開口および建具／第10章家具／第11章間取／第12章廊下広間及階段。
*29 その目次。第1章総説／第2章国土的環境の特性（災害，気象，疾病）／第3章創造的環境 1. 建築的環境／第4章創造的環境 2. 設備学的環境／第5章創造的環境 3. 住居環境学（都市住宅の規模，規模の恕限度等）

ところで，市中の建物の状況は昭和20年代の終わりから各種建物に空気調和設備が普及しはじめ，それに伴い室内環境が自然または暖房設備のみの状態から空調の室内気候に拡張された。そこで，この関係の問題の研究が昭和30年以降急に増加する。一方，戦後の住宅政策のなかではコンクリート造集合住宅の建設が推進されるが，昭和30年日本住宅公団（住宅・都市整備公団の前身）の発足により大規模宅地に大量の共同住宅が計画，建設され[30]，都心のビルは大規模，高層化する傾向がふえた。これらの状況は原論，設備，計画のいずれにも居住性のうえに多くの課題をもたらすものとなった。したがって，建築環境工学の基礎的および応用的研究も盛んになる。

昭和40年代（1965～）に入ると，大都市周辺の大気汚染，水質汚濁，日照確保などが社会問題として取り上げられるようになった。建築の研究者は公害の被害者であると暢気に構えてはいられず，建築の学問的，技術的発展が社会生活において，公害や私害の原因になっていることに対する自己反省が社会的に強く求められていることを認識する。昭和46年（1971）の建築学会環境工学研究協議会[31]では「健全な都市環境を考える」というテーマについて議論され，「建築の内部環境問題から，その外部環境へと視野を広く持ち，建築自体の発展と，それが社会全般の中で占める位置付けに付いて深く考えなくてはならない」[32]ことを確認し合っている。建築環境工学の研究活動も，そうした社会動向を背景に，室内環境・設備から建物周辺および市街地にわたる諸問題に対象を広げ，そしてそれぞれの分野（音，光，熱，空気，水，環境心理）に専門化していったのである。

昭和48年（1973）に起きたオイルショックは，それまでの大量エネルギー消費のうえに成り立っていた良好な環境の形成・維持から，省エネルギーを第一に考えるものへと転換せざるを得なくなる契機となった。建築学会の環境工学委員会および建築設備分科委員会では，昭和49年（1974）に「省エネルギー小委員会」を設置している。昭和54年（1979）の同研究協議会では「省エネルギーと環境の質」というテーマを取り上げ，化石燃料の使用をできる限り抑えながら環境の質を向上させることを建築環境工学研究の基本的課題としたのである。

---

[30] やがて団地，DK（ダイニング・キッチン）の用語が広く定着するが，木造に比べて格段に気密性の高いコンクリート集合住宅に慣れていない住民の間には，換気不足による事故，結露の被害などの問題が起こった。
[31] 研究協議会とは，同学会が毎年一度開いている会員の集会（大会とも呼ばれる）の際に行われる討論会であり，部門ごとにその時代のニーズに即したテーマが取り上げられる。
[32] 小林陽太郎：協議会の趣旨（建築雑誌，昭和46年9月号，p.807）

表4.3　2003年分の「環境工学研究協議会の主題」（日本建築学会）

年　代	環境工学研究協議会の主題	参考事項
1958（昭和33）	計画原論の進むべき道	
1959（　　34）	採光に関する諸問題	
1960（　　35）	室内換気計算について	設計資料集成2集および6集
1961（　　36）	騒音対策	
1962（　　37）	不燃住居の防湿	東京都の人口1000万突破
1963（　　38）	採光設計について	カーソン：沈黙の春（64年邦訳）
1964（　　39）	建築設備の将来	この年より名称を建築環境工学に
1965（　　40）	換気設計，熱湿気の研究，音響設計，照明	名神高速道路完成
1966（　　41）	公害と建築	
1967（　　42）	環境基準のありかた	公害対策基本法公布
1968（　　43）	都市設備・主としてエネルギー計画からみた	都市計画法／騒音規制法公布
1969（　　44）	環境工学はいかにして設計計画に寄与するか	東名高速道路完成／アメリカ環境政策法（NEPA）
1970（　　45）	環境工学の諸問題と建築基準法改正	建築基準法改正／ビル管法（通称）公布
1971（　　46）	健全な都市環境を考える	環境庁発足／新宿の超高層ビル（46〜）
1972（　　47）	環境工学と境界領域	国連人間環境会議
1973（　　48）	環境破壊・1　都市の日照	48〜49年　石油危機
1974（　　49）	環境破壊・2　騒音の現状と評価	
1975（　　50）	環境破壊・3　都市の風害と挨傍汚染	
1976（　　51）	環境破壊・4　環境汚染と都市設備	建築基準法改正（日照規制）
1977（　　52）	いわゆる酸欠問題をめぐって	
1978（　　53）	寒地系住居と暖地系住居計画	新版建築設計資料集成1集
1979（　　54）	省エネルギーと環境の質	第二次石油危機／エネルギー使用の合理化法（通称，省エネ法）成立
1980（　　55）	建築環境評価の方法論をめぐって	
1981（　　56）	環境工学と建築，設備設計・接点と融合	建築基準法改正（新耐震設計法）
1982（　　57）	環境工学教育の現状と在り方	
1983（　　58）	住宅における環境性能の評価	
1984（　　59）	超高層住宅を考える	
1985（　　60）	設備技術者・教育の視点と資格問題	建築士法改正（設備技術者制）
1986（　　61）	建築環境工学の過去と未来	建築学会創立100年
1987（　　62）	動的評価に関する諸問題　—環境変動をどうとらえるか—	
1988（　　63）	都心における居住空間の設計	
1989（平成 1）	コンピューターによる地域・建築環境情報の視覚化	
1990（　　 2）	地球環境と都市・建築	
1991（　　 3）	(1)高齢化社会における環境工学の役割と課題 (2)都心居住を保障する環境基準のあり方	
1992（　　 4）	(1)建築の地域性と環境工学 (2)リニューアルにおける環境工学の役割	リオデジャネイロ会議
1993（　　 5）	(1)都市の緑とアメニティ (2)持続可能な都市・建築のためのエネルギー供給システムは何か？	環境基本法成立 省エネ法改正
1994（　　 6）	(1)建築環境の物理・生理・心理　—設計とのつながり— (2)環境設備工学の教育はいかにあるべきか	
1995（　　 7）	環境工学の立場からみた大震災	阪神淡路大震災／耐震改修促進法成立
1996（　　 8）	(1)大震災と環境工学の諸問題 (2)地域の室内環境改善にどう取り組むか	
1997（　　 9）	地球環境時代における建築環境工学の使命と役割	京都会議
1998（　　10）	(1)建築計画における環境シミュレーション　コンピューターを利用した建築環境の予測はどうあるべきか (2)VOC，ホルムアルデヒド等の化学物質による室内空気汚染問題	
1999（　　11）	環境性能規定とアカデミック・スタンダード	省エネ法改正
2000（　　12）	(1)環境工学における職能の方向性と教育のあり方 (2)都市環境のクリマアトラス	
2001（　　13）	(1)シックハウス問題　室内化学物質汚染　—WHOの人権宣言と日本の動き・世界の動き (2)若手研究者が語る21世紀の環境工学	
2002（　　14）	(1)建物管理ガイドラインのあり方と今後の展開（建築経済） (2)地球環境時代における住環境教育のあり方　環境工学研究者はいかに貢献できるか（地球環境）	
2003（　　15）	(1)建築環境関連の法的トラブルの現状と今後の研究課題 (2)防災の視点からのリスクマネジメントと環境対策について　—東海地震を控えて	

他方，国際的には1972年の国連人間環境会議（ストックホルム会議）の人間環境宣言以後，地球的規模の環境問題に対する認識が高まってきた。人間の諸活動が自然環境に何らかの影響を与えていることは意識しながらも，その影響範囲をせいぜい都市域程度のスケールで考えていたに過ぎなかったのが，1980年代に入ると，人びとは現実の環境問題は地球規模の気候変化を引き起こす大きさになってしまったことに気づき，環境工学研究の立場においても，その基本姿勢の再検討が迫られる時代を迎えた。このような状況を受け，1990年（平成2年）以降，同研究協議会では数回にわたり「地球環境」を取り上げ，建築環境工学の立場からの使命や役割について議論を重ねている。

　昭和30年代からの建築環境工学研究の取組みを概観するために，表4.3に建築学会環境工学研究協議会の主題を列記する。

　かつては，主として建物の室内環境設計の科学的基礎の理解のための「計画原論」および，建物の衛生と機能の向上を目標とした「建築設備」から発展してきた建築環境工学であるが，現代においては，工学のみならず人間の心身に関わる知見も総合し，室内から外部，都市へと，より良い環境づくりを目指す学際的学問としての体系が求められると同時に，人類の急務の問題である地球環境の保全に大きく寄与する重要な分野である，という認識を共有することが必要となってきている。

参考文献
中村泰人：環境物理学の歴史（「新建築学大系」10巻），彰国社，1984
関根孝：鷗外私記，ほか（雑誌「建築の研究」18, 19, 28号，1979〜81）
堀越哲美・堀越英嗣：藤井厚二の体感温度を考慮した建築気候設計の理論とデザイン，日本建築学会論文集，386号，1988
後藤滋編：住居衛生の視点，鹿島出版会，1996
小林陽太郎：森鷗外の住居衛生論（「建築雑誌」Vol. 112, No. 1407），日本建築学会，1997

● 第II編 ──
人と環境

工学技術の体系を理解するためには，その基礎となる各論をまず理解することが必要である。

第II編は，そのような基礎として，人と環境の結びつきを柱としながら，環境要素のとらえ方を解説したものである。

1章で，まず人と環境の関わりについての基本的アプローチを解説し，2章以下は水，熱，空気，光，音の五つの環境要素について，それぞれ人との関わりの意味と取組み方の基本を解説している。

これらによって，人を尊重した建築と都市の環境を指向する一助となれば幸いである。

● 第II編──1章
生理・心理・行動

1-1. 環境のとらえ方

a. 環境の概念

「環境」は物理学的な物質的世界とは違い，生体の存在を前提としている。そこでは図1.1に示すように動物や植物などの生命体の生存に関わる物質やエネルギーのやり取りが行われる。人間の環境では，物理的環境だけでなく対人的な社会的環境を指す場合もあるが，ここでは主に物理的環境，なかでも構築環境を扱う。

b. 環境の意味

ここで純粋な物理学的な世界と環境の違いを考えてみる。図1.1の中心にどんな生命体を想定するかによって，物理学的には同一の物質世界であっても，その環境としての意味は異なる。アメーバの環境，アリの環境，小鳥の環境は，人間の環境と同じではない。心理学者ギブソンは，環境やその中の事物が動物の特定の行動を可能にするために（提供すべく）備えている特性を「アフォーダンス」[2]と呼んだ。例えば，硬くて平らな地面は人が歩いて移動することを可能にするアフォーダンスを備えている。しかし他の動物，例えば魚などの水生動物の移動に対して地面はアフォーダンスを備えていない。このように，ある環境が備えているアフォーダンスは動物の種類によって異なるが，また同種であっても個体の能力によって異なる。例えば扉の取手のデザインを考えてみると（図1.2），大き過ぎる握り玉は子どもには握ることに対するアフォーダンスをもたないし，また小さ過ぎては力の弱い人には回すことをアフォードしない。環境デザインは，人間のさまざまな行

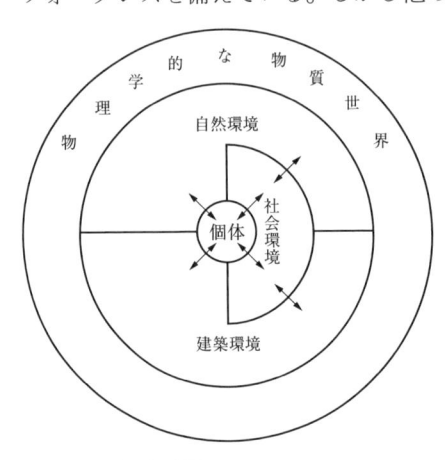

図1.1　環境の概念図[1]

動を支える環境と器物のアフォーダンスを創造し，それによって行動的可能性を高める行為だと言い換えることもできる。

われわれは物の形状によって，そのアフォーダンスを読み取って行動する。いろいろ試さなくても形状によって可能な使い方がわかる。しかし，一つの物からさまざまなアフォーダンスが読み取られることもある。外国を旅行して戸惑うのがトイレの水洗金具の操作である。見慣れない金具に，押すのか，引くのか，回すのか，金具の形状がどの行為も可能に見える場合は戸惑ってしまう。アフォーダンスが限定されているほうが初めての者に操作法を示してくれるので好都合である。

図1.2 扉の取手のデザイン

c．空間の階層性

人間を取り巻く空間は，物理的には連続的な広がりをもっているが，私たちが意識する環境にはあるまとまりがある。自分のデスクまわり，室内，建物とそのまわり，近隣，都市，国土，地球というように，スケールの異なる空間ごとに意識され，それが何層もの入れ子状の階層構造を成している。環境のあるスケールの問題に着目した場合には，その上位と下位のスケールにも目を配る必要がある。建築学で扱うスケールは，あくまで感覚器官を通して直接見たり聞いたりできるレベルであるが，このスケールでの現象を理解するには，直接感知できない顕微鏡下のミクロスケールや地球規模のマクロスケールまで踏み込む必要がある場合も多い。

d．時間性

環境と物理学的な世界とのもう一つの重要な違いは時間である。物理学的な時間は等間隔目盛りの数直線で表現される連続的で均質なものであるが，私たちが日常体験する時間は違う。一瞬，1日，1週間，1年，そして生涯にわたる時間というように，それぞれ意味付けられた，あるまとまりに分節化してとらえている。それは，日変動や季節変動といった自然現象による環境の周期的な変動や，週変動などの社会文化的な人為的周期と対応して時間が分節化され，それと関連して人の生理・心理・行動が影響されている。

人間に限らず，生物はほぼ1日周期で活動と休息のリズムをもっている。生物時計によってコントロールされている体温やホルモン分泌のリズムなど，生体の

日変動をサーカディアンリズムという。しかし，人間の生体時計の周期は地球の自転周期である24時間と同じではない。外界の影響を遮断した実験室に閉じ込められた人の体温などの変動周期を測定すると，1日に1時間ほどずつ長くなることから，われわれのリズムは環境からの光刺激などによって24時間周期に調整されていることがわかる。

　人が一つの環境から別の環境に移ると，時間が経つのに伴って環境からの刺激に順応して感覚の強さが変化することがある。例えば，ある場所のにおいを嗅ぎ続けていると，そのにおいを感じなくなったり，色めがねをかけた直後は，まわりの風景の色が変化するが，しばらくすると，その偏った色味を感じなくなったりする。これは感覚器官が継続的に受け取る同じ刺激は，時間が経過すると感じなくなってしまう現象である。前述の例の嗅覚や視覚以外にも，味覚，温冷感覚，痛覚，触覚，聴覚などにも順応現象がある。ある環境で定常的な刺激が存在する場合，その刺激には情報的な価値がないので，それに対する感度を弱めても支障がない。むしろ，そのような刺激は無視して，もっと有用な他の情報を受け取ったほうが好都合なのである。このように，一般に順応は感覚器が環境からの刺激にさらされる時間が経過するに伴って反応が減衰する現象を指すが，明るいところから暗いところに入った際に徐々に目が慣れて物が見えるようになる暗順応の場合は，逆に感度が増大する数少ない現象である。

1-2. 人間のとらえ方
a. 生理的側面：生物としての人間

　人間の身体は皮膚に包まれた海のようなものである。私たちの細胞の祖先は，もともと原始の時代に海で発生し進化したが，海は栄養の供給や安定した温度環境でそれらを守り育ててきた。今日，高度に発達した私たちの細胞は，海の代わりに，移動可能な体液に浸された身体という環境で生存し続けているといえる。しかし広大な海と違って，閉鎖系としての人体は，環境から食物を摂取して消化，吸収してエネルギーを得る必要がある。そのための代謝を円滑に行うためには，体内の温度やpHなど物理的，化学的に安定した状態を保つ必要がある。これを身体の恒常性維持（ホメオスタシス）といい，自律神経系と体液調整系によって調整されている。

　自律神経系は消化・呼吸・循環系の働きを無意識的，反射的に調整する。運動

時に各器官の働きを促進する交感神経と，休息時に働きを抑制する副交感神経の2系統のバランスによって調整される。体液調整系は，内分泌腺から分泌されるホルモンが特定の器官に選択的に作用し，電解質の濃度や血液中の糖分の調整などを行う。環境の変化，すなわち暑熱，寒冷や，空気中の汚染物質などによる物理的・化学的ストレスや細菌，微生物による生物的ストレスに対する抵抗力や適応性，回復力などもこれらの自動的な調整機能による。このような生命維持の仕組みは植物的機能とも呼ばれ，呼吸系，循環系，排泄系，物質補給系がある。

b．行動的側面：動物としての人間

　動物は前述の植物的機能に加えて，中枢神経系，感覚系，運動系があり，より能動的な活動を通して個体の生命と子孫（遺伝子）の継承を行っている。植物は旱魃に見舞われると死滅するが，動物は水場を求めて移動することができる。さらに動物は，環境から一方的に影響を受けるだけでなく，環境に働きかけ，それを改変する。鳥が巣を作ったり，ビーバーがダムを築いたりするように，それぞれの生息環境を調整することができる。人間は，今日見るように，建築や都市を築いて，その生活可能な環境を整備，拡大してきた。

　人間が環境の状況を正しくとらえるためには，能動的な行動が不可欠である。例えば，見慣れないある対象物が何であるかを把握しようとする場合を考えてみる。その対象を同定するには，固定した視点から見た静止像だけでは不十分である。観察者は，最初に得られた像と自分がそれまでの経験により蓄積した知識（図式）とを照合して「あれは多分〜だ」という仮説を立て，次に視点を移して観察する行動により新たな像（情報）を得て，それと仮説を照合して仮説が正しいかを確認する。もし，それが仮説に反していれば新たに仮説を立て直し，視点を移動させ，新たな情報を得て新仮説と照らし合わせる。この「仮説→行動→情報取得→仮説の確認」という能動的な連鎖的行動は知覚循環[3]と呼ばれ，環境知覚の基本的な過程を示している。

c．社会文化的側面：集団の一員としての人間

　人間は1人では生きてゆけない。誕生直後の人間は他の動物に比べて，とてもひ弱である。肉体的に弱いだけではなく，他の動物のように生き延びるための先天的な行動プログラムである本能が完備していない。人間は本能ではなく，学習することによって，さまざまな状況に対処するための適切な行動が取れるようになる。この時間のかかる学習を通して，本能だけでは伝えられない高度な知恵が

蓄積され，文明として発展してきたのである。

　家庭内において，また社会において学習する内容は，その人が属する文化に固有である。生活様式，習慣，社会規範などは，その文化が育まれた気候風土などの自然環境に適合した行動に導く。また文化が成熟すると，こんどは環境を生活に適合するように改変するようになる。今日のわれわれの生活環境は，もはや野性の自然環境ではない。われわれの生活環境は祖先が改変を繰り返してきた歴史的，文化的な営みの集積であり，それが文化景観（cultural landscape）[4]を形成しているのである。

　身のまわりの環境に対する感受性も文化によって異なる。日本語には雨の降り方について非常に多くの表現があり，エスキモーは雪原のわずかな状況の差も見逃さないという。かつて日本を訪れた西欧人が日本旅館に滞在して，日本人の聴覚的なプライバシー感覚の欠如を指摘したことがある。清潔さに対する感受性についても，また照明の明るさに対する好みやまぶしさに対する反応，またにおいに対する好悪の受け取り方も文化によって違う。さらに対人距離（パーソナル・スペース）[5]や混み合いに対する許容度についての差異など，今後の国際社会の環境デザインにおいて考慮すべき点は多い。

d．個人差

　環境からの情報は認知的・情緒的意味を含んでいるが，その意味の読み取り方は人によって異なる。専門家には有用な情報であっても素人には見逃されて役に立たない場合がある。また人は環境から自分にとって有用な情報を選択的に取り出そうとするので，そのときの欲求や目的などによって，同じ環境でも取り出す情報が異なり，したがって異なって知覚される。P. シール[6]は環境からの刺激に対する3層のフィルターによって，環境の見方の個人差を説明するモデルを提案している。そのフィルターは，外側から①生理的特性，②情報選択特性，③心理的構えで，外界から人間に到達する情報の差異を説明する。第一番目の「生理的特性」は，年齢などによって異なる身体の大きさや感覚器官の感度などであり，子どもや老人，ハンディキャップなど環境に対する身体的なコンピテンス（能力）の差異によるものである。第二番目の「情報選択特性」は教育程度，知識，職業のほか，環境に対する見方や好み（都市志向か田園志向かなど），あるいはその環境における立場の違いによるものなどである。建築の見方が建築設計者と一般の人びととで違うことはよく指摘される。第三番目の「心理的構え」は，その

時点での欲求状況や覚醒状態によって異なる。家のない人にはどんな家でも良く見えるが，家を持つとより安全な家を求め，さらに快適な家，立派に見える家へと欲求が階層の上位に進み，家に対する見方も変化する。環境デザインに携わる人は，人間を定型的にとらえず，個人差の存在を理解して，設計している空間の使用者の特性を十分に吟味する必要がある。

1-3. 環境と心理
a. 感覚の諸様相

　視覚，聴覚，嗅覚，触覚，味覚の，いわゆる五感のほか運動感覚なども含めて，主観的経験の違いによって分類した各感覚を様相（モダリティ）と呼ぶ。われわれの感覚世界は，感覚器官（受容器）によって特殊化した様相の総合として成り立っているが，各感覚様相は情報を運ぶ，光，熱，音といった物理化学的媒体が違うだけでなく，環境からの情報の受取り方や役割においてもそれぞれ特徴がある。

　嗅覚や触覚は人間進化の過程で最も早く発達した器官であるといわれている。それらは知覚対象についての漠然とした情報しかとらえられないが，情緒的な反応や古い記憶を呼び起こす作用がある。一方，視覚は進化の最終段階において著しく発達した器官であるといわれ，知覚対象についての詳細な情報を処理して知的理解をもたらす。しかし嗅覚が環境のどの方向からの情報も扱えるのに対して，視覚は注意が向けられた限定された視野の範囲で，しかも注視によって焦点が当てられた局所的な情報が主に処理される。聴覚はそれらの中間にあり，視覚ほど情報源に対する指向性は強くないが，注意して聞くべき音源を絞ることができ，また言葉の聞き取りといった知的理解と音楽を楽しむといった情緒的反応の両側面の働きをしている。

　これらの諸器官が連携して働くことによって，私たちは行動に必要な情報を環境から円滑に受け入れることができる。嗅覚や聴覚は，特に注意を払っていなくても環境の変化を知覚し，一種の警報装置として働いて，注意の喚起と視覚的探索の方向づけを行う。そして，方向づけられた視覚によって詳しい情報を獲得する。人間の視覚系は解剖学的にみて他の感覚系に比べて非常に発達した情報処理能力を有するが，日常の生活において常に優位であるとは限らない。どの感覚器官による環境情報が重要であるかは，そのときどきの人間の欲求や必要性，ある

いは人を取り巻く環境状況などによって刻々変化するからである。

b. 精神物理学

科学的心理学の先駆けは、19世紀後半の生理学者フェヒナーが「精神物理学」と呼んだ、刺激と感覚（弁別）反応の定量的実験研究である。この精神物理学は環境からの人間へのエネルギーの入力（刺激）と、それに対する生理・心理反応の定量的な関係を扱い、人の感覚反応の大きさを刺激の大きさ、持続時間、回数などの関数として表そうとするものである。

精神物理学による重要な発見の一つは、人間が弁別可能な刺激の変化量（弁別閾）は一定ではなく、そのときに与えられている刺激量によって変化するという関係である。例えば、1gと2gの差は気づくが、10gから同じ1gだけふえた11gの差は気づかれにくい。ウエーバーは、刺激Sに対する弁別閾ΔSの比が一定であること（$\Delta S/S = K$）を重量弁別の実験で明らかにした。フェヒナーはこの関係を積分して、感覚量Rと刺激の大きさSとの関係として（$R = K \cdot \log S$）と表した。つまり、感覚量が刺激の大きさとではなく、その対数と比例することを示したのである。このウエーバー–フェヒナーの法則と呼ばれる関係は、重量感に限らず、光や音など種々の刺激に対する感覚においても成り立つ一般的関係であることが示され、今日の種々の感覚量を基準値に対する比率（デシベル等）で表す基となっている。

c. 環境心理学

従来から「環境」は心理学の重要な研究対象であったが、そこで論じられるのは、例えば子どもの発達における教育環境など、主に対人的な社会環境であった。一方、環境の物理的な側面については、実験室において限られた対象が扱われているに過ぎなかった。

日常的な生活空間を対象とした環境心理学は、都市への人工集中に伴う居住環境の悪化（公害、犯罪）や労働環境の多様化、あるいは医療施設などの公的施設における使用者の行動に対する関心など、主に人工的な環境のなかに含まれる心理的、行動的な諸問題に対処する要請から1970年ころ成立した。近年では、このような問題解決の取組みだけでなく、住環境のアメニティ（快適性）や街の景観など、より好ましい環境の創造を目指す研究も行われている。

伝統的な知覚心理学では、抽象化した物体や空間を対象とした実験を行い、感覚刺激と、それに対する被験者の受動的な反応の関係を求めてきたが、現実の場

表 1.1　環境知覚の基本的特性[7]

① 環境からの情報は，すべての感覚様相（モダリティ）を通して受け取られる。
② 空間を自由に動き回る人間が知覚する環境は時間的，空間的に境界づけはできない。それを境界づけるのは人間である。
③ 環境からの情報は人間の積極的な行為を通して受容される。知覚循環と呼ばれる能動的な連鎖的行動は環境知覚の本質である。
④ 環境からの情報は，注意が向けられた中心だけでなく，その周辺からも受け取れる。
⑤ 環境の情報量は物の情報量よりはるかに多く複雑である。
⑥ 環境からの情報には認知的，情緒的，審美的な意味が含まれている。
⑦ 環境の体験はばらばらではなく，ある秩序（時間的・空間的文脈）をもっている。

面での複雑な知覚現象はほとんど扱われてこなかった。心理学者イテルソン[7]は従来の実験室で扱ってきた物の知覚と対比して，表1.1に示すような環境知覚の基本的特性を指摘している。ここで強調されているのは，環境からの刺激に対する人間の受動的な反応では説明できない，相互浸透的（トランザクショナル）な環境と人間との関係である。

環境に対する人間の意識によって，環境の評価が左右される説明として，「コントロール意識」理論が知られている。これは，不快な環境に対するストレスは，環境に対するコントロール意識（perceived control）によって軽減されるというものである。コントロール意識には，以下の三種がある。

（1）行動的コントロール（behavioral control）：環境の状態を望むなら，いつでも変えられる手段をもっている場合。例えば，今居る部屋の明るさや温度調整が自分でできないと，さほど嫌ではない状態でもストレスを感じるが，いつでも自分で変更できる状況では我慢できる範囲が広くなる。

（2）認知的コントロール（cognitive control）：環境の状態を招いた原因や，それが継続する時間などの情報を知っている場合。例えば，自宅の前で急に始まった道路工事などについて，その目的や継続期間を事前に知らされていれば騒音もそれほど気にならないが，知らされていない場合にはストレスは大きくなる。

（3）決定コントロール（decisional control）：いくつかの選択肢から自らの選択によって現在の環境の状態を招いた場合。例えば，近所に清掃工場など，いわゆる迷惑施設の建設の話がもち上がった場合，最初から行政に押し付けられたのではなく，住民が納得したうえで決めた場合には受け入れやすい。

公共施設の建設において，住民の合意形成のためのワークショップなどを通して，その施設に対する知識が得られれば，認知的コントロールをもつことにな

り，またその施設に何か不都合なことが生じた場合に苦情が言える先が周知されていれば，行動的コントロールの意識がもてることになる。

　人の環境に対する評価は必ずしも物理的な状態のみによって左右されず，環境に対する見方，意識，関与などによっても変化する。この環境と能動的な人間とのダイナミックな相互作用は，「環境」対「人間」という独立した二つの要素間の関係としてではなく，統合された一つのシステムとして生態学的（エコロジカルな）関係としてとらえるべきである。

参考文献・図表出典
1) 日本建築学会編：人間環境学，朝倉書店，1998
2) ギブソン，J. J.：生態学的視覚論，古崎敬他訳，サイエンス社，1985
3) ナイサー，U.：認知の構図，古崎敬他訳，サイエンス社，1978
4) Rapoport, A.: Human aspects of urban form, Pergamon Press, 1977
5) ホール，E.：かくれた次元，日高敏隆，佐藤信行訳，みすず書房，1970
6) Thiel, P.: People, Paths and Purposes, University of Washington Press, 1997
7) イテルソン，W. ほか編著：環境心理の基礎，望月衛訳，彰国社，1977

●第 II 編 ── 2 章
人と水環境

2-1. 体内の水分
a. 水分収支と分布

　人間の身体の約 3 分の 2 は水である。人間は食物を摂取しなくとも数カ月は生存できるが，水の摂取なしには 1 週間の生存もおぼつかない。水は人間にとって炊事，風呂，洗濯など日常生活のみでなく，生命維持のために不可欠である。体内の水分量は変動を示すが，その変動幅は狭い。体内の水分は絶えず移動し，やがて体外へと失われ，代わって失われた水分量は口から摂取される水分によって補われ，体内の水平衡が保たれる。

　図 2.1 に一般的な状態でのおよその身体の水収支状態を示す[1),2)]。皮膚や呼吸器から，水分は知らず知らずのうちに蒸発によって常に失われており，これを不感蒸泄という。水分は飲料水や食物中に含まれる水分によって補給され，体内でも食物の代謝過程において水分がつくられ，これを燃焼水という。口，胃，腸などから消化液が分泌されるが，これらの大部分は水分であり，多くは腸管でふたたび吸収される。また血液は腎臓で濾過，浄化され，この 1 日当りの水分量は体重の数倍にのぼるが，その大部分は腎臓の尿細管でふたたび吸収されるので，尿や糞便に含まれて体外に排泄される水の量は全体の水分のごく一部に過ぎない。

　このようにして体内の水バランスは正常に保たれるが，もしこれらの身体での

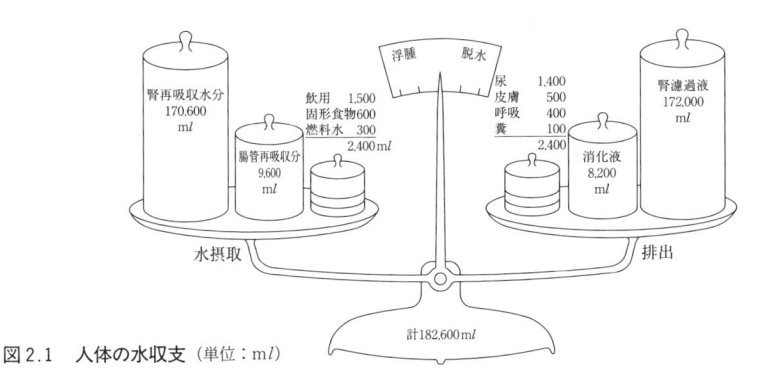

図 2.1　人体の水収支（単位：ml）

表2.1 水分の欠乏率と脱水症状[1]

水分欠乏率[%] (体重に対する概略値)	脱 水 症 状
1%	のどの渇き
2%	強い渇き,ぼんやりする,重苦しい,食欲減退,血液濃縮
4%	動きのにぶり,皮膚の紅潮化,いらいらする,疲労および嗜眠,感情鈍麻,吐気,感情の不安定
6%	手や足のふるえ,熱性抑うつ症,混迷,頭痛,熱性こんぱい,体温上昇,脈拍・呼吸の上昇
8%	呼吸困難,めまい,チアノーゼ,言語不明瞭,疲労増加,精神錯乱
10～12%	筋けいれん,ロンベルグ徴候(閉眼で平衡失調),失神,舌の腫脹,譫妄および興奮状態,循環不全,血液濃縮および血液の減少,腎機能不全
15～17%	皮膚がしなびてくる,飲み込み困難,目の前が暗くなる,目がくぼむ,排尿痛,聴力損失,皮膚の感覚鈍化,舌がしびれる,眼瞼硬直
18%	皮膚のひび割れ,尿生成の停止
20%以上	死亡

表2.2 人体諸臓器の水分分布の割合[1]

臓器,組織	全身体に占める重量[%]	水含有量[%]	全体水分に占める水分[%]	全体重に占める水分の割合[%]
血 液	4.9	83	6.5	4.1
腎 臓	0.37	83	0.48	0.31
心 臓	0.47	79	0.58	0.37
肺	0.69	79	0.86	0.55
ひ 臓	0.18	76	0.21	0.14
筋 肉	41.73	76	43.37	31.7
脳	2.0	75	2.3	1.50
腸	1.8	74.5	2.1	1.34
皮 膚	18.0	72	20.6	13.0
肝 臓	2.26	68	2.4	1.54
骨 格	16.0	22	5.5	3.52
その他	11.6	—	15.1	4.64
計	100.0	—	100.0	62.71

水のバランス機能が障害されたり,摂取水分に過多,過少が生ずると,浮腫(むくみ)や脱水状態を起こす。浮腫は,組織間液が異常に増加し,身体内に水分が貯留した状態である。逆に水分が少なく,脱水状態となる場合には,体重の10%も水分が失われると,精神錯乱から失神状態となり,循環機能や腎機能の不全を起こす。生存可能の限界とされる脱水割合は体重の約20%である(表2.1)。

身体の組織細胞によって水分の含有量が異なり,骨格や脂肪組織には水分が著しく少ない。骨格の水分含有率は約20%,逆に水分含有率の高い血液や腎臓では80%以上であり,他の多くの組織の水分含有率は70～80%である。全身の構成組織としては筋肉や皮膚の全身に占める割合が多いので,全身の水分分布からみると筋肉に全身の水分量の40%以上,皮膚には20%が分布し,次いで血液,骨格に5～6%である(表2.2)。

体内の水分を体液といい,大きくは細胞内液と細胞外液に区分される(図2.2)。細胞内液は細胞内に存在し,細胞の外部や他の細胞との水分の交流は細

外液を介して行われる。細胞内液の水分は多く，体重に対する重量比で約40％に当たる。

細胞外液は細胞外のすべての水分をいい，組織間液，血液中の血漿，リンパ液などから成る。組織間液は血管外の細胞外液であり，細胞間を循環している。血漿は血管内にあり，赤血球や白血球のような血液細胞の細胞外液である[1)~4)]。

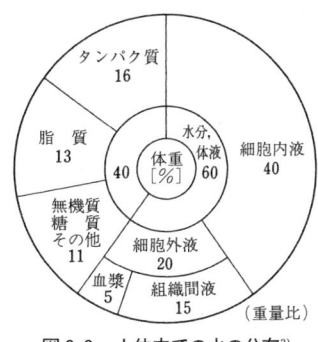

図2.2 人体内での水の分布[2)]

b．体内の水の機能

体内の水分は，食物の吸収，排泄，代謝，栄養素などの運搬，体温調節，恒常性の保持などのため，各器官，臓器においていろいろの役割を果たしている。体液中では，無機質は電解質として，栄養素など多くの物質は水溶液として存在している。生体内の生化学反応は，主として水が媒体となって行われる。口から摂取された食物は消化管内で消化され，ブドウ糖やアミノ酸などとなり，水とともに胃腸から吸収され，血管系に入り全身に運搬される。

体内には血液の流れる血管系と，リンパ液の流れるリンパ系の循環系が分布しており，これらの体液は各循環系により一定方向に循環している。循環系は，体内の各組織に物質を運搬し，細胞膜を通じて栄養分の需要供給を行い，組織で代謝の結果として生じた老廃物を排泄器官へと運搬する。また，組織や細胞が正常な機能を働かせることができるよう，体液は体内の浸透圧やイオン平衡などの恒常性を保ち，代謝活動における酵素反応を維持する。

水の比熱は大きいので，水分を多量に含んでいる人体は熱しにくく，冷めにくく，核心部の体温は大きくは変化しない。しかし，体内では代謝活動によって常に多くの熱が発生しているので，過大な熱は体外に放散され，体内の熱平衡が維持されなければならない。循環系は，この熱の運搬にも重要な働きをなし，暑熱時には，体液循環によって熱を体深部より皮膚面へと運搬し，放熱作用を果たしている。水分が気化するときには，水分1g当り539 kcalの気化熱が奪われるので，暑熱時の放熱に果たす発汗の役割は大きい。

激しい運動や労働によっても多量の発汗が生じる。発汗によって体内からは水分とともに体液に含まれているナトリウムやカリウムなどの電解質が失われる。失われた水分は，その分を細胞内から補給を受け，さらには，その水分を血液中

から補給される。暑熱環境で水分を飲まずに運動などをしつづけると脱水状態となり，血液中の水分が少なくなり，血液は濃縮状態となって循環機能に負担となり，体温は上昇を続けて熱中症になる危険性もある。

　水分を補いながら運動すると，体温の上昇はある程度は抑えられる。しかし，自由に水を飲む条件では身体が体液として急速に補給できる水分の量は，発汗によって失われた水分の1/2～1/3程度に過ぎない。発汗によって失われた水分と等しい水分量を強制的に補給した場合には，体温の上昇はより低く抑えられ，運動能力も保たれる。マラソンなどの場合に途中で水を補給することは，水分の摂取とともに冷水によって体温の上昇が抑えられる効果もある[5]。

　水泳など水中での運動の場合には，運動強度が激しく，体内における産熱量が多くなれば，水温はある程度低くてもよい。しかし水温が低すぎると筋肉の働きが抑えられたり，血液循環機能への負担も大きくなる。プールの水温は原則として22℃以上とされ，一般のプールの水温は27℃前後が適当である。運動量の大きい競泳用には24～25℃，巧緻性を競う飛込み用には26.5～27.5℃のプールの水温が望ましい[6]。入浴時の湯温の違いによっても，人間に与える生理的効果，影響は異なる。40℃未満のぬるい湯の場合には，副交感神経系の働きによって，代謝活動は緩徐となり，筋肉も緩み，全身的にゆったりとし，ストレスの解消ともなり，不眠や神経衰弱，ノイローゼなどの改善に有効であり，これから睡眠をとる，休息をする場合には効果的である。逆に40℃以上の熱めの湯温の場合には交感神経系の働きによって刺激的に作用し，痛みを和らげるので神経痛やリウマチ性疾患に効果がある。肉体的疲労の回復や肩こりにもよい。しかし呼吸や循環機能への作用が強くなるので，高血圧など循環器疾患の人にとっては好ましくない。また体温の上昇も大きく，入浴後においても体温はしばらく上昇を続ける。これから活動，作業を行う場合には効果的である。

2-2．水質と人体

a．安全な水

　水質にはいろいろの評価の仕方がなされる。水に混入している化学的，生物学的物質のみでなく，飲料水としての適否，長期間飲料した場合の健康影響，おいしい水としての要件なども評価の大きなポイントとなる。

　日本の河川水には，一般にナトリウム，塩素，硫酸イオン，ケイ酸などが多く

含まれ，一方で炭酸イオンやカルシウム，マグネシウムなどの濃度が低い，いわゆる軟水である。ヨーロッパ諸国の水は硬水が多い。硬度が高すぎると，下痢などの胃腸障害を起こしやすい。因果関係は明らかではないが，日本では脳卒中の多発する地域の河川水には硫酸イオンが多く含まれ，炭酸カルシウムが少ない傾向がみられる。また心筋梗塞や狭心症などの虚血性心疾患も水の硬度と負の関係があり，飲料とする水が硬水である場合には心臓疾患による死亡が少なく，逆に軟水の場合には心臓死が多くみられ，飲料水のカルシウム量と，脳卒中や心臓病による死亡とに関係がみられるといった報告がある。水中のフッ素は虫歯の予防になるが，多く含まれ過ぎていると小児期には歯が点々と白く，もろくなる斑状歯の原因となる。ある疾患予防に有利としても，他にとってマイナスである場合もある[7]。

水質は地形や地質など自然要因によって影響されるばかりでなく，近年には工場や家庭からの排水などによる水質汚濁の影響が大きく，安全で，おいしい水の確保が大きな課題となっている。

水道基準は，平成4年に大幅な見直しがなされ，平成5年に新施行されている。健康に関連する項目と水道水が有すべき性状に関連する項目，さらに水質基準を補完する項目として，快適水質に関する項目と監視に関する項目が定められている。

おいしい水は，味を良くする成分を含み，味を悪くする成分を含まない水である（表2.3）。水の味を良くする成分として，水中の炭酸は舌や胃の神経を刺激し，消化液の分泌を促進する効果がある。しかし多過ぎると刺激が強過ぎて水のまろやかさを失う。酸素は清涼感，新鮮味を与え，少なくとも5 mg/l 以上が必

表2.3 水質基準における快適水質項目[8]

項　目	目　標　値
マンガン	0.01 mg/l
アルミニウム	0.2 mg/l
残留塩素	1 mg/l 程度
2-メチルイソボルネオール	0.00002 mg/l（粉末活性炭） 0.00001 mg/l （粒状活性炭等恒久施設）
ジェオスミン	0.00002 mg/l（粉末活性炭） 0.00001 mg/l （粒状活性炭等恒久施設）
臭気強度（TON）	3以下
遊離炭酸	20 mg/l
有機物等 （KMnO$_4$ 消費量）	3 mg/l
カルシウム，マグネシウム等（硬度）	10～100 mg/l
蒸発残留物	30～200 mg/l
濁度	給水栓で1度以下 送配水施設入口で0.1度以下
ランゲリア指数 （腐食性）	−1程度以上とし，極力0に近づける
pH 値	7.5程度

要である。カルシウム，マグネシウムなどのミネラルが多過ぎると硬度が高く，しつこい味，さらにはにが味，渋味を感じ，少な過ぎると気の抜けたこくのない味となる。ミネラルとして 10〜100 mg/l が適当とされ，ミネラルのなかではカルシウムが大切で，マグネシウムより多いほうが水の味を良くする。ヨーロッパの水の硬度は普通 200〜400 mg/l であり，日本の 40〜80 mg/l に比較して高く，硬度の高いことがヨーロッパの水の味を悪くしている主な原因と考えられる。

　水をおいしくする成分は，地質や河川の状態など自然的要因によって影響される。また，おいしい水の条件は気象条件や人体側の欲求など，生理的条件によっても影響を受ける。一般に水は冷たいほうがうま味を感じる。低温が口の粘膜に刺激や清涼感を与える。多少嫌な味の水であっても，低温によって舌の味覚が鈍麻し，味や臭気が気にならなくなることもある。適切な水温として 10〜15℃ が挙げられている。

　水道水をまずくする成分としては，有機物や嫌なにおいや味をつける物質がある。これらの原因としては，生活排水や工場排水による水質汚濁の影響が大きい。河川水にアンモニアや大腸菌群がふえ，これを水源として使う場合には，殺菌のために大量の塩素の注入が必要となり，カルキ臭が増してくる。フェノールやシクロヘキシルアミン，アンモニアなどは塩素と反応し，わずかの量でも臭気

表2.4 水質基準における健康に関連する項目[8]

項目名	基　準	項目名	基　準
一般細菌	1 ml の検水で形成される集落数が 100 以下であること	ジクロロメタン	0.02 mg/l 以下
		シス-1,2-ジクロロエチレン	0.04 mg/l 以下
大腸菌群	検出されないこと	テトラクロロエチレン	0.01 mg/l 以下
カドミウム	0.01 mg/l 以下	1,1,2-トリクロロエタン	0.006 mg/l 以下
水銀	0.0005 mg/l 以下	トリクロロエチレン	0.03 mg/l 以下
セレン	0.01 mg/l 以下	ベンゼン	0.01 mg/l 以下
鉛	0.05 mg/l 以下	クロロホルム	0.06 mg/l 以下
ヒ素	0.01 mg/l 以下	ジブロモクロロメタン	0.1 mg/l 以下
六価クロム	0.05 mg/l 以下	ブロモジクロロメタン	0.03 mg/l 以下
シアン	0.01 mg/l 以下	ブロモホルム	0.09 mg/l 以下
硝酸性窒素および亜硝酸性窒素	10 mg/l 以下	総トリハロメタン	0.1 mg/l 以下
フッ素	0.8 mg/l 以下	1,3-ジクロロプロペン	0.002 mg/l 以下
四塩化炭素	0.002 mg/l 以下	シマジン	0.003 mg/l 以下
1,2-ジクロロエタン	0.004 mg/l 以下	チウラム	0.006 mg/l 以下
1,1-ジクロロエチレン	0.02 mg/l 以下	チオベンカルブ	0.02 mg/l 以下

が強くなる。

安全な水としては，人体の健康面と生活環境の保全上からの基準がある。有毒物質を含まないことは基本的である。表2.4は水道基準の健康に関連する項目である。改正により，幾種かの農薬，トリハロメタン，有機溶剤が加えられている。排水としての環境保全については，水素イオン濃度 (pH)，生物化学的酸素要求量 (BOD)，化学的酸素要求量 (COD)，浮遊物量 (SS)，溶存酸素 (DO)，大腸菌群数，油分などのn-ヘキサン抽出物質を基準とし，各水域ごとに定められている[7]~[9]。

b. 水系感染と疾病

人間への感染症の水による感染経路には飲料水などにより病原体が経口的に感染する場合と，川や水田などの水中に生息している微生物が皮膚から経皮的に感染する場合とがある。表2.5に，これら水系感染症の病原体の主なものを示す。水道や井戸などの水源が，これら微生物で汚染されると，水系に沿って下流に爆発的に疾病が広まる。一般に水系感染症の発病までの潜伏期は長く，致命率は低い。かつては，わが国においても水道による赤痢，伝染性下痢症などの大規模な水系流行が見られた。東南アジアなどの開発途上国においては，現在においても安全な飲料水の供給は満足な状態とはいえず，水系感染症の発生が見られる。

水道水に微生物が混入している場合があるが，病原性微生物が混入してはならない。水の衛生学的指標細菌として，わが国では大腸菌を用いている。一般の大腸菌は人間の大腸に常在し，それ自体に病原性は見られない。しかし，もし大腸菌が飲料水中に検出されたとなると，その水が糞便などによって汚染されていることが疑われ，経口感染症の原因となる菌が混入している可能性がある。

健康との関係で大きな問題は，有害性物質による水質汚濁である。微量の有害物の濃度であっても，体内にそれらの蓄積的影響が生じる。九州の水俣湾で発生した水俣病は，工場排水に含まれていた有機水銀が魚介類の体内で生物的濃縮により濃度が高くなり，魚介類を食べた人間に食物連鎖によって発病した場合である。また富山の神通川流域で発生したイタイイタイ病は，鉱山

表2.5 水系による主な感染症

病原微生物	疾病
細菌	腸チフス，パラチフス，赤痢，コレラ，レジオネラ症，緑膿菌症，サルモネラ症，レプトスピラ症
ウィルス	ポリオ，伝染性下痢症，A型肝炎，エンテロウィルス感染症，プール病
寄生虫	アメーバ赤痢，ランブル鞭毛虫症，ツツガ虫症，日本住血吸虫症，メジナ虫症

からの排水に含まれていたカドミウムによって，長年にわたり河川が汚染され，水田の水からイネなどの植物にカドミウムの生物的濃縮が起こり，それを食べていた人間に慢性中毒を起こした場合である。その他，農薬の BHC や DDT による水質汚濁や，ドライクリーニングや機械類の洗浄に大量に使われているトリクロロエチレン，テトラクロロエチレンなどによる地下水の汚染が見られる。近年では水道水中に，殺菌に用いられる塩素と汚れた水に含まれるフミン質によって生じる発がん性のあるトリハロメタンが検出され問題となっている[10]〜[13]。

2-3. 水と感覚心理

身体に加えられた刺激が，その刺激を受け取る特別の器官（受容器）で受け止められ，知覚神経路を通り，大脳皮質のおのおのの感覚領野に至り，これが自覚的な意識体験となるものが感覚である。目による視覚や耳による聴覚などのよう

図2.3 心理面から見た水[15]

に，一定の受容器によって生じるものを特殊感覚といい，快・不快感のように特別の受容器によらないものが一般感覚である。

　水の存在は多様であり，それゆえに人間にいろいろの心理作用を与える（図2.3）。触・視・聴・味・嗅覚の五感においても，手や足を水に浸たす触覚による水の感覚があり，視覚的には滝や川の流れの流動性，静かな動きや，広い湖や海などの広がり，沼の成分によって異なる水の色相，まわりの色反射による水の色彩など多様である。耳からの聴覚面では滝の音，小川のせせらぎ，水を器につぐ音など，その働きに伴う水の音がある。また水は物質を溶解しやすく，無臭で，味のない純水に物質が溶けて，人はそれぞれに味を感じる。無臭の水にも溶解している物質によってはにおいを感じる。それらは快・不快の一般的な感覚になったり，他の要素と複合された感覚として人間に感じられる。昼間は異臭さえ感じる都心の水濠も，夜のとばりに包まれ，街の灯が美しく水面に映し出されていると，また水の別の側面が演出される。滝の躍動する映像を見せながら，ジェット機の騒音を聞かせても，騒音のレベルによって，そして各個人の意識体験によっては，水の映像によって涼しさを感じ，自然のたくましさを感じる。

　水には環境や生活によって必要とされる異なる性質がある。飲み水のように高い清浄度が要求される場合もあり，清掃や入浴，洗濯などに必要とする生活用水もある。そして，都市や建築空間においては，環境の一部として雰囲気を演出し，人びとの感覚心理面に訴える水の役割もある。庭園の池や遣り水，広場の噴水や建物の中での水路の流れ，小さな瀑布など，人工空間の中にさまざまに水を演出する工夫が生かされている[14,15]。

参考文献・図表出典

1) 宮原忍，吉川春寿，越川昭三，小泉明，山本俊一，松信八十男：特集「水と人体生理」（空気調和・衛生工学，Vol.53, No.7, 1979）
2) 市河三太，山下義昭，樋口公男，吉田美穂子：新版図説生理学，建帛社，1985
3) 吉村寿人，緒方維弘編：代謝の生理学Ⅱ（生理学体系Ⅳ-2），医学書院，1972
4) 人間-環境系編集委員会編：人間-環境系下巻，人間と技術社，1973
5) 田中正敏：人と水のかかわり，理工図書，1996
6) 厚生省／文部省監修：水泳プール管理マニュアル，ビル管理教育センター，1992
7) 小林純：水の健康診断，岩波書店，1993
8) 日本環境管理学会編：新水道水質基準ガイドブック，1994

9) 一戸正憲,眞柄泰基,小島貞男,坂本勉:水の質(空気調和・衛生工学,Vol. 57, No. 11, 1983)
10) 萩原耕一編著:水質衛生学,光生館,1985
11) 丹保憲生編著:水道とトリハロメタン,技報堂出版,1983
12) 日本建築学会編:水質を考える,第2回水環境シンポジウム,1985
13) 高橋裕編:水のはなしⅠ,Ⅱ,Ⅲ,技報堂出版,1983
14) 紀谷文樹編著:建物をめぐる水の話,井上書院,1986
15) 日本建築学会編:建築と水のレイアウト(設計計画パンフレット29),彰国社,1984

●第II編——3章
人と温熱環境

3-1. 体内の熱バランス

a. 体温の恒常性

　人体の内分泌系や体温調節系等の諸機能は，活動状態や身体状況などによって変化する。体温は深夜から早朝にかけて低い値を示し，その後，次第に上昇を続け，午後から夕刻に最高値を，そして，のち次第に下降するといった変動カーブを示す。こうした1日の変動パターンを体温のサーカディアン・リズム (circadian rhythm) という。しかし，その変動範囲は狭く，ほぼ恒常性が保たれている。女性の性周期による体温変動はホルモン活動が関与し，低温期には卵胞ホルモンの働きにより体温は平温に保たれているが，排卵後に体温上昇作用のある黄体ホルモンの分泌が高まり，体温レベルは 0.3〜0.5℃ の上昇を示す。これらの体温の変動パターンは，環境や日常生活活動によっても影響されるが，本質的には体温の調節中枢のセット・ポイント (set point) 機構が関係している。

　体温は測定部位により異なるが，安静状態では直腸での体温は約 37℃ が正常とされる。一般に舌下温は腋窩温より 0.3〜0.5℃ 高く，さらに直腸温は舌下温より 0.4〜0.6℃ 高い。

　手足や皮膚の血流や温度は，外部環境の影響を受けやすく，その変化の度合いも大きい。こうした部位を温度分布上から人体の外殻部 (shell) という。内臓や脳などの身体の深部の温度，直腸温などは外部環境の影響を受けにくく，ほぼ恒常性が保たれており，この部位を核心部 (core) という[1),2)]。

b. 産熱と放熱

　図 3.1 に示すように，体内では産熱と放熱のバランスによって体温が正常に維持される。産熱は摂取され

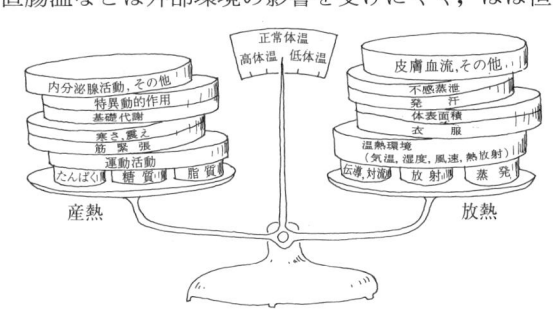

図 3.1　産熱と放熱のバランスによる体温調節

た食物を基とし，糖質，脂肪，たんぱく質の三大栄養素が体内で燃焼することにより行われる。摂取された食物は消化器の働きにより消化吸収され，消化液と混ざって消化されながら下方の腸に移動し，主として腸管で栄養分が吸収され，酵素の働きによりいろいろの中間代謝過程を経た後，不用物は尿，尿となって体外に排出される。

　糖質は最も燃焼しやすい物質で，単糖類となり，腸管から血管系に吸収され，グリコーゲンのかたちで筋肉や肝臓に貯蔵され，必要によりブドウ糖に分解されてエネルギー源となる。糖質の平均発熱量は 4.1 kcal/g である。たんぱく質は身体の構成要素である原形質の主成分である。たんぱく質は物理的に測定すると，5.65 kcal/g の熱を発生するが，体内では完全には分解されず，尿素，アンモニアなどのかたちで排出されるので，実際は 4.1 kcal/g の熱発生となる。脂質はグリセロールと脂肪酸より成り，余分の脂肪は脂肪組織に貯蔵される。これらの物質は体内で消化吸収される割合も異なり，栄養学的にみた場合の平均発熱量は，脂質が 9 kcal/g，糖質とたんぱく質が 4 kcal/g である。体内の生化学反応の多くは熱の発生を伴い，機械的エネルギーに変わる場合にも熱が発生する。

　覚醒状態で至適な環境条件下において生命を維持するのに最小限必要なエネルギー代謝量が，基礎代謝量である。こうした状態においても心臓や呼吸機能は絶えず活動し，骨格筋もある程度の緊張を保ち，脳も代謝水準が高い。基礎代謝量のうち消化器官で消費されるエネルギー代謝量の割合は30％であり，骨格筋での割合は20％，脳脊髄18％，心肺系16％等である。寒さのなかでは筋緊張から震えを起こし，内分泌系の働きも相まって産熱量が増加する。放熱は，放射，伝導，対流および水分の蒸発により行われ，これらは外部の温熱環境による影響が大きい。体表面では目には見えないが，普通の状態でも絶えず水分が失われており，これを不感蒸泄という。不感蒸泄により1日に放熱される熱量は 400〜700 kcal であり，発汗のない状態での総放熱量の 20〜25％にあたる。暑さによる発汗は温熱性発汗であり，精神性発汗を起こしやすい手掌，足蹠を除いた全身に見られる。

　皮膚の血管は暑いときには拡張して放熱を促し，寒いときには収縮して熱を逃がさないようにする。血液は心臓から動脈，毛細血管，そして静脈へと循環する。しかし，極端な暑熱，寒冷時には皮膚を流れる血液量は小動脈と動脈と静脈をバイパスのように直接つなぐ動静脈吻合の開閉の影響を受ける。動静脈吻合が

開くと血液は動脈から直接に静脈に流れ，抵抗の大きい細い毛細血管を通らないので，皮膚における血流量が大きくなる。動静脈吻合は指や足先に多く分布しており，軀幹部には見られないなど，身体部位によって外部の温熱環境に対する生理反応が異なる。暑熱環境下では皮膚温は上昇し，小動脈と動静脈吻合とが開き，皮膚の血管抵抗は低くなり，皮膚血流が増加して体表からの放熱が盛んになる。寒冷環境下では皮膚血管が収縮し，血流量が少なくなり，皮膚温はますます低下する。腕や脚部の内部では並んで走行している太い動脈と静脈との間で熱の交換が行われる。心臓から流れてくる温かい動脈血の熱が，身体末梢部位からの冷たい静脈血を温め，動脈，静脈の間で熱交換が行われ，動脈血の温度は低くなり，核心部と外殻部との温度勾配が生じ，末梢部位での体熱の損失が少なくなる。こうした状態を対向流熱交換という。

図3.1の産熱と放熱のバランスで，放熱因子が大きければ指針は放熱側に傾き，体温は低くなり，産熱因子が大きければ逆に傾き，体温は高くなる。このようなバランスをとるのが体温調節系である。図3.2に体温調節系の構成を示す。外部の回路は外部環境因子で工学的調節であり，建物内での冷暖房や外部の気象もこれにあたる。次の内側のサイクルの行動性調節は，人間が寒暑を感じ，衣服の着脱をしたり，運動をするなり，または場所を移動するといった人間の行動による調節である。点線内は体内でのサイクルであり，放熱・産熱反応による自律性調節は行動性調節や外部環境因子によっても影響される。体表面と体内の温度受容器から寒暑についての信号が発せられ，温冷を感じれば行動性調節にフィードバックされる。

脳の中心部にある視床下部には放熱を促す冷中枢と，放熱を減じ産熱を増加させる熱中枢とがあり，両中枢は相互に支配し合い，一方の中枢が刺激されて働きが強くなると，他方の働きは抑えられ，末梢からの寒暑の信号に対して効果的に作用する。

脳の中枢からは神経系やホルモンの内分泌系によって身体各部に

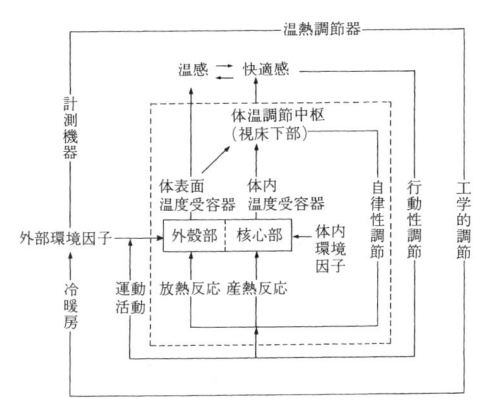

図3.2　体温調節系の構成（H. Henselより，一部改変）[4]

情報が伝えられる。神経系では神経線維によって速やかに情報の伝達がなされ，内分泌系では血液などの体液中に分泌される物質によって情報が各臓器に伝えられ，身体各部で合目的な反応が生ずる。こうして，体温調節中枢では自律性調節により体内での放熱・産熱反応を調節し，体温を正常に保っている[3]~[5]。

3-2. 人の温熱反応

a. 至適温熱条件

至適温熱条件は人間の生活，活動，健康状態などにより異なり，一般に次のように分類される。

　①生産的至適温熱条件
　②主観的至適温熱条件
　③生理的至適温熱条件

生産的至適温熱条件は，作業や活動能率を上げるのに最も適した環境条件である。主観的至適温熱条件は，その温熱条件に対して感じる各個人の感覚的なものであり，同一の温熱条件においても，かなりの個人差がみられる。

生理的至適温熱条件は，体温を一定に維持するのに生体機能に多くの負担を強いず，体温調節反応のためのエネルギー消費が最小となる温熱環境条件である。

図3.3に環境温度と人体の体温調節反応との関係を示す。着衣条件などによっても異なるが，環境温度が高くなると皮膚血管の拡張や発汗などの物理的調節により放熱作用が盛んになる。さらには血液循環，次いで発汗機能もフル稼働し飽和状態となり，体温の上昇がみられる。逆に，環境温度が低下すると産熱量が増加し，化学的調節が盛んになる。化学的調節域の始まる時点が下臨界温であり，血液循環が飽和に達し，蒸発が盛んになる時点が上臨界温である。この二点に挟まれた範囲が中性温域であり，生理的至適温度域はこの温域のさらに狭い範囲

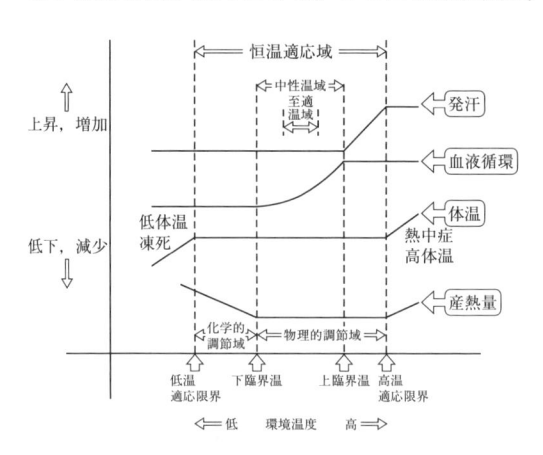

図3.3　環境温度と体温調節反応[7]

である。核心部の体温がほぼ一定に保たれる高温,低温適応限界の範囲を恒温適応域という[6),7)]。

b. 寒暑による障害

図3.4に体温と人体の機能障害との関係を示す[8)]。健康人の安静時における体温の変動範囲は狭い。運動や筋作業により体内で多くのエネルギーが発生し,その多くが熱となり,運動や作業の量の増加とともに体温の上昇がみられる。体温が40℃ぐらいまでは人の体温調節機能は有効に働くが,40℃を超えるころから障害が生ずる。積極的に身体の冷却,特に頭部の冷却を図り,体温の下降処置が必要となる。体温がこの程度に高くなると,熱中症のうちでも,熱射病などのうつ熱症のタイプとなり,脳障害を伴い重篤化する。人間の体温の上限は42℃とされ,長時間このような温度にあると,生体のたんぱく質の変性を生ずる。発熱などでこれ以上の体温に上昇する場合もあるが,あくまでも一時的な場合であり,長時間にわたり耐えることはできない。

逆に低体温の場合,高齢者などで体温調節系の劣っている人では,気温の低い冬の早朝時などには核心部の体温が35℃未満になる場合もみられ,老人性低体温症といわれる。このような高齢者は,身体内での産熱量が少ないうえに,体表面からの放熱が大きく,そして温度識別能力が劣化し,室温が低いにもかかわらず,さほど寒いと感じなかったり,暖房などによる防護も十分でなく,知らず知らずのうちに低体温に陥る危険性があ

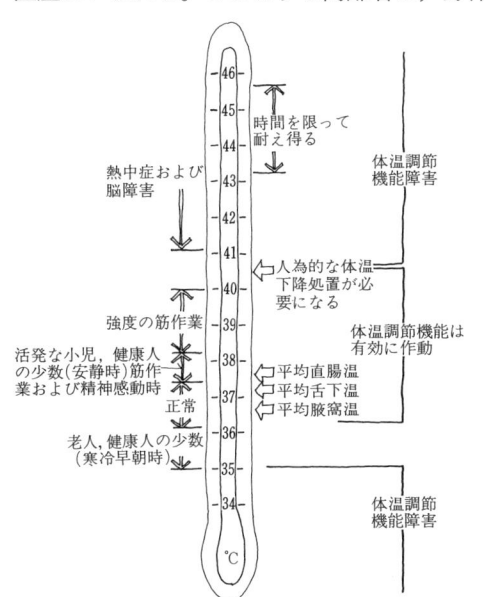

図3.4 体温の範囲と機能障害[8)]

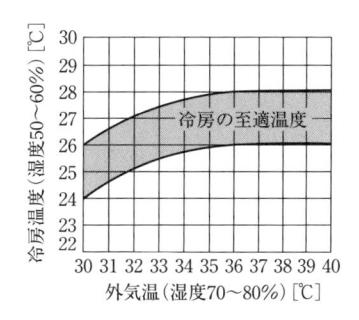

図3.5 外気環境と冷房の至適温度[10)]

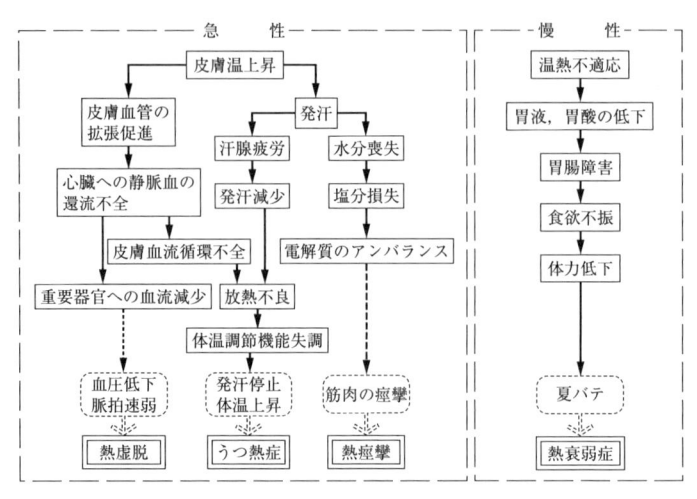

図3.6 暑熱による障害（熱中症）[11]

　る。高齢者の部屋の温熱環境計画において留意すべき点である[9]。
　冷房病は冷房温度が低過ぎる場合や，冷房された部屋と外部の暑いところを頻繁に出入りすることによって温熱ストレスを受け，人間の温熱環境への適応状態が乱されることが主な原因と考えられる。症状として疲労，だるさ，手足などの身体末梢部位の冷え，頭痛，腹痛，神経痛，胃腸障害，さらに女性では生理障害などがみられる。冷房温度を適度にするとともに，室内外の温度差を大きくし過ぎないよう室温の設定に注意する必要がある（図3.5)[10]。
　暑熱条件による障害に熱中症がある。熱中症は，その本態と症状により図3.6のように分けて考えられる。熱痙攣は皮膚温が上昇して発汗が多くなり，体外に水分ばかりでなく塩分などの電解質が奪われ，体内で電解質がアンバランスな状態となり，神経系の興奮性が変わり，筋肉に痙攣を起こすものである。熱虚脱は，発汗によって脱水状態となり，血液が濃縮して，心臓循環器系への負担が大きくなり，さらに循環血流量も減少し，体内での血流分布がアンバランスになる状態である。うつ熱症は，狭い意味での熱射病であり，脳の体温調節中枢の機能失調が本態であり，各要素が複合されたかたちで生じ，体温の著しい上昇をきたす。慢性的な温熱的障害として熱衰弱症，すなわち夏バテがある。暑熱条件への季節的な順応がうまくできず，食欲不振，体力低下，だるさなどの症状が長期間にわたってみられる場合である[11],[12]。

3-3. 温熱への感覚心理

　寒いときに，めらめらと燃える火に手をかざすと暖かさを感じる。ストーブもわざわざ火が見えるようにしたり，照明でいかにも火が燃えているかのように見せるイミテーションもある。しかし，燃え盛る火災時の炎には，迫りくる火の勢いとともに，火を制御できないことによる恐怖感が大きい。温熱感覚には，こうした視覚的な感覚も加わるが，人間が物に触れて感ずる触覚の要因も大きい。人体には温熱を感ずる冷・温受容器が皮膚や体内に分布している。それらの分布密度は身体部位により異なる。皮膚の冷受容器は，温受容器より浅く表層近くに分布し，数にして4～10倍も多い。皮膚の温度受容器からの信号は神経線維を伝わり，脊髄から脳の視床下部を経て大脳皮質に伝えられる。動物実験で皮膚を温熱的に刺激すると，視床下部や大脳皮質のニューロンに信号が送られ，インパルス数の増加となって表れる。

　温覚の強さは，身体部位によって異なり，また刺激面積が広くなるほど上昇する。温熱感覚の鋭敏さは皮膚の温度状態によっても異なり，皮膚温が30℃ぐらいの普通の場合に温熱感覚は最も鋭敏であり，皮膚が冷たくとも暑くとも感覚は鈍麻する。図3.7のように局所的な温・冷覚は皮膚の温度受容器により直接的に感ずるが，全身的な温熱感覚は身体各部からの温熱情報が統合されたかたちで表れる[4]。

　温熱感覚は，「暑い」，「なんともない」，「寒い」などの言語尺度や，暑い，寒いの間を長さ尺度によって感覚の程度が表現される。また，それに伴う快適・不快感や総合的な心地良さを求め，「暑くて不快」，「涼しくて快適」といった複合的な判定がなされる。

　人が物に触れた場合，その物が皮膚と同じ温度であれば温熱感覚は起こらない。温度感覚の

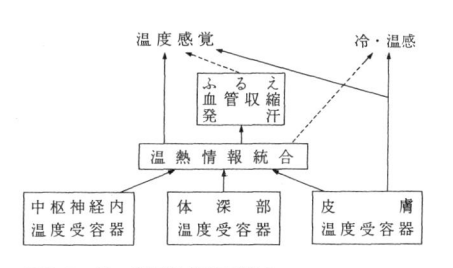

図3.7　冷・温感と温度感覚[4]

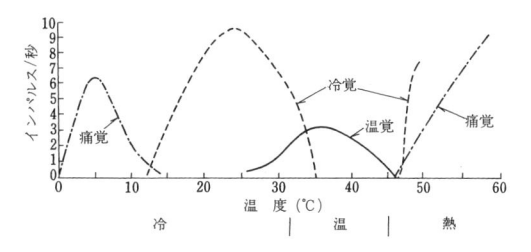

図3.8　冷受容器，温受容器，侵害受容器よりのインパルス頻度と皮膚温の関係[13]

閾値は物の温度レベル，人と接触する物との温度勾配，温度変化の速さ，刺激時間，刺激されている皮膚面積などによって影響される。温度受容器は，高温や低温などの一定化した温度を認識するばかりでなく，温度変化に対して感度が高い。図3.8は皮膚の温度レベルと脳神経系の活動度を示すインパルス数との関係である[13]。極端な冷刺激では痛覚が応答し，これより低い温度には麻痺作用が生じ，痛覚線維も応答しなくなる。皮膚温が15℃ぐらいでは，痛覚の反応がなくなり，冷覚の反応が高まる。皮膚温の上昇に伴ってインパルス数は最大値を示し，冷覚の最大値を少し過ぎると温覚にも反応が現れる。さらに温度が上昇すると，冷覚の反応はなくなり，温覚のみとなる。さらに温度が高くなると，一時的に逆説放電といわれる冷覚の反応がみられる場合もある。より高温では，温覚がなく痛覚が生ずる。

皮膚が急激に冷却された場合にはインパルスの頻度は一時的に増加し，強い興奮性を示すが，すぐに低下を始め，後ゆっくりと一定の新しいインパルス値を示し，定常状態に落ち着く。こうした現象は冷暖房された部屋から急に外部の異なった温熱環境にさらされた場合などに起こり，人は一時的に強い寒さ，暑さなどの温度刺激を感ずる[1),4),13)]。

参考文献・図表出典
1) 中山昭雄編：温熱生理学，理工学社，1981
2) 吉村寿人，高木健太郎，猪飼道夫編：適応協関の生理学（生理学大系 IX），医学書院，1970
3) 入来正躬編：体温調節のしくみ，文光堂，1995
4) Hensel, H.: *Thermoreception and temperature regulation*, Academic Press, London, 1981
5) 臨床体温研究会編：体温の基礎と臨床，医学図書出版，2000
6) 菊池安行，坂本弘，佐藤方彦，田中正敏，吉田敬一：生理人類学入門，南江堂，1981
7) 吉田敬一，田中正敏：人間の寒さへの適応，技報堂出版，1986
8) Edgar, G. and Folk, Jr., C.: *Textbook of Environmental Physiology*, Lea & Febiger, Philadelphia, 1974
9) Adam, James M.(Ed.): *Hypothermia-Ashore and Afloat*, Aberdeen University Press, 1981
10) 三浦豊彦：暑さ寒さと人間，中央公論社，1977

11) 田中正敏，能川浩二，谷島一嘉，曽田研二，稲葉裕：環境と健康，杏林書院，1999
12) 三浦豊彦：暑さ寒さと健康，労働科学研究所出版部，1985
13) Zotterman：Ann. Rev. Physiology, 15, 357-372, 1953

●第II編 ── 4章
人と空気環境

4-1. 人体と空気

人間は空気という流体のなかで生活し，空気を呼吸しなければ5分間と生命を保つことができない。成人1人当り1日に呼吸する空気量は10〜20 m³である。空気の密度を1.2 kg/m³として計算すれば，1日の空気摂取量は12〜24 kgにまで達し，われわれが呼吸する空気の汚れが人の健康に大きな影響を及ぼすことは誰でも直感的に理解できる。都市化や人工環境化が進行している現在，人は1日中約80%以上の時間を室内で過ごすといわれ[1),2)]，人の健康や快適性を考える場合，建築環境要素としての空気は重要なものになる。建築環境要素としての空気は，また温度，湿度，気流などの温熱要因，音に関わる要因とも深く関与するものであり，これらのすべてをここで記述することはそう簡単ではない。そこで本章は，室内空気の汚れと，その汚染物質を中心に空気と人の関わりについて取り扱うものとする。

図4.1は空気や食物，飲料などの体内への1日摂取量を重量比で示したものである。呼吸によって取り込まれる室内空気の量が圧倒的に多いことがわかる。また，食物や水は汚れの少ないものを選んで飲食に使うことが比較的容易であるが，汚れてない空気のみを選んで呼吸に利用することは，きわめてむずかしい。室内空気は，汚れているかどうかを知覚することもむずかしい場合も多く，汚れているからといって，それを吸わないわけにはいかないのである。人体にとっては，これほど重要な室内空気を清浄に維持することは基本的人権の一つとして考える必要がある。

われわれが呼吸する空気の組成を調べると表4.1に示す成分ガスが含まれている。このほかに，空気には水蒸気が含まれてい

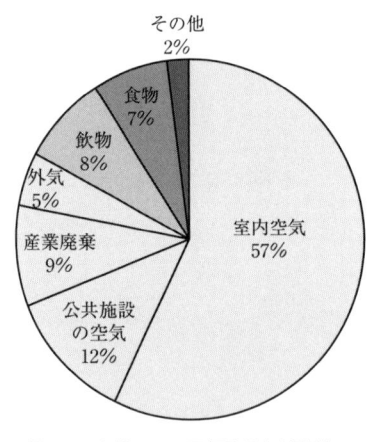

図4.1 人体への1日摂取量（重量比）[3)]

その他 2%
食物 7%
飲物 8%
外気 5%
産業廃棄 9%
公共施設の空気 12%
室内空気 57%

るが，季節，場所，時刻により変動が激しいので，湿度として別扱いをする。地球上の正常な乾燥空気は，窒素 N_2 および酸素 O_2 が約4：1の割合で，その両者で約99％を占めている。地表上では大気が常に攪拌されているので，成分ガスの密度に関わりなく，その組成は，地表上どこでもほぼ同一である。

人体に吸われた空気（吸気）は肺で O_2 と二酸化炭素 CO_2 とのガス交換が行われ，

表4.1 乾燥空気の組成[4]

成分ガス		容積比率 [％]	重量比率 [％]
窒素	N_2	78.03	75.47
酸素	O_2	20.99	23.20
アルゴン	Ar	0.933	1.28
二酸化炭素	CO_2	0.030	0.046
水素	H_2	0.01	0.001
ネオン	Ne	1.8×10^{-3}	1.2×10^{-3}
ヘリウム	He	5×10^{-4}	7×10^{-5}
クリプトン	Kr	1×10^{-4}	3×10^{-4}
キセノン	Xe	9×10^{-6}	4×10^{-5}

表4.2 作業程度別二酸化炭素吐出量[5]

エネルギー代謝率 (RMR)	作業程度	吐出量 [m^3/h・人]	計算採用吐出量 [m^3/h・人]
0	安静時	0.0132	0.013
0～1	極軽作業	0.0132～0.0242	0.022
1～2	軽作業	0.0242～0.0352	0.030
2～4	中等作業	0.0352～0.0572	0.046
4～7	重作業	0.0572～0.0902	0.074

呼気として吐き出されてくるが，O_2 と CO_2 の組成は，かなり幅をもったものとなる。これは呼吸の深さや量とも関係し，一定したものではない。特に CO_2 は人体の新陳代謝や運動によって吐出量は変化し，その基礎となるエネルギー代謝率（RMR）は次式のように定義される。

$$\text{RMR} = \frac{(\text{作業時の全消費エネルギー}) - (\text{安静時全消費エネルギー})}{\text{基礎代謝量}} \quad (4-1)$$

ここで基礎代謝量は，作業や環境条件によって変わるが，生体の生命保持に必要な最小限の代謝量をいう。成人男性では140～155 kJ/m^2・h，成人女性では130～140 kJ/m^2・h 程度である。各作業程度に応じた RMR および CO_2 発生量を表4.2に示す。室内での人体の活動量が多くなれば，CO_2 だけではなく，体表面からの汗の発生も多くなり，空気の入替えを行わないと室内の空気は必然的に汚れてくる。これは人の活動量は少なくても，人が多数在室する場合も同様であり，人体に起因する CO_2 や体臭は室内空気汚染の基礎指標となる。

4-2. 室内空気汚染

a. 汚染物質

室内空気は，上述の人体由来のみならず，人間の生活行為や室内にあるさまざ

まなものによって必然的に汚れてくる。汚染原因としては、床や着衣、布団、ペットからの発じん、ガスコンロやストーブなどの燃焼器具からの有害ガス、喫煙などがある。最近では、いわゆるシックハウス症候群（ある建物の中にいるときだけ気分が悪くなる、だるい、のどが痛い、咳が出るなどの症状が現れること）[6)]の原因の一つとして建築材料や有機溶剤、防虫剤から発生するホルムアルデヒドやトルエンなど有機化合物も新たな室内空気の汚染物質として注目されている。

　広義の人間活動と各種発生源によって生じる有害または不要な物質は室内空気汚染物質と総称されるが、粒子状汚染物質、ガス状汚染物質とともに、その種類は非常に多い。主要なものを表4.3と表4.4に示す。これらの汚染物質は、肺または血液中に取り込まれ、各種臓器、器官などにさまざまの影響を及ぼす。

　アスベストは、自然界に存在する水和化した珪酸塩鉱物の総称であるが、最も一般的なのはクリソタイル（白石綿）である。アスベストは断熱、耐火の目的で1960年代から70年代にかけて吹付け材として多く用いられたが、その汚染による人体影響が明らかにされるにつれて、使用はかなり減ってきた。たばこ煙の場合、喫煙者はもちろん、たばこを吸わない人の受動喫煙も問題になる。

　ガス状汚染物質では、一酸化炭素COによる中毒がよく知られている。COは血液中のヘモグロビンとの結合力が酸素に比べ200倍も強いといわれ、体内の酸素が欠乏するために生じる症状がCO中毒である。その主要発生源は、開放型燃焼器具等の不完全燃焼によるものである。

表4.3　粒子状汚染物質の種類[7)]

種類	主な発生源	健康影響
ハウスダスト（砂じん、繊維状粒子、ダニのふん・破片）	外気、衣服、じゅうたん、ペット、食品くず、ダニ	アレルギー反応
たばこ煙	喫煙	肺がん、その他
細菌	人、外気、その他	病原性のあるものは稀、室内空気汚染の指標となる
真菌（カビ）	外気、建築材料	アレルギー反応
花粉	外気	アレルギー反応
アスベスト	断熱材、耐火被覆材	肺がん、悪性中皮腫、その他

　ホルムアルデヒドは刺激臭のある無色の気体で、化学工業の原料として古くから接着剤として合板などに広く使用されてきた。VOCsは、およそ50〜250℃の沸点をもつ有機化合物である。多くのVOCsの臭気知覚限界は数ppb〜数十ppmで、なかにはスチレンやアセトアルデヒドのように悪臭物質の範囲に入るものもある。空気中にあ

表 4.4 ガス状汚染物質

種類		主な発生源	健康影響
臭気		人体,調理臭,たばこ,カビなど	不快感
無機化合物	二酸化炭素 CO_2	人体,燃焼器具	高濃度でない限り,直接的な害はない。
	一酸化炭素 CO	燃焼器具,大気汚染,たばこ	低濃度でも猛毒である。
	窒素酸化物 NO_x	燃焼器具,大気汚染,たばこ	NO_2 は気管,肺に刺激を与え有毒である。NO は人体に対する害作用は不明であるが,酸化して NO_2 になり得る。
	二酸化硫黄 SO_2	燃焼器具,大気汚染	眼,皮膚,粘膜に刺激
	オゾン O_3	乾式複写機,大気汚染	眼,皮膚,粘膜,上部気道に刺激
	ラドン Rn	土壌,石,コンクリート,地下水	肺がんを起こす。
有機化合物 [8]	ホルムアルデヒド	合板,チップボード,接着剤,家具など	一部物質は高い濃度で眼,皮膚,粘膜を刺激し,頭痛,吐き気などを起こす。トルエンは神経行動機能および生殖への影響がある。その他の物質については人体影響はまだ明確に証明されていない。
	トルエン	接着剤,塗料,家具など	
	キシレン	木材,接着剤,塗料など	
	パラジクロロベンゼン	防虫剤,芳香剤など	
	エチルベンゼン	接着剤,塗料,家具など	
	スチレン	各種樹脂,樹脂塗料など	
	その他の揮発性有機化合物(VOCs)	建材,有機溶剤,燃焼,塗料,木材など	

るこれらの微量有機化合物を長期または大量に摂取することによって,人の自律神経,中枢神経を中心として多くの器官にいろいろな症状が起こる。これを化学物質過敏症 (Chemical Sensitivity, CS)[9] と呼んでいるが,現段階では両者の因果関係について明確には証明されていない。空気中には,天然と合成を合わせて数千もの有機化合物があり,これらのすべての人体影響を確認するには何百年もかかるといわれている[10]。

b. 汚染レベル

たばこ煙その他の悪臭を除いて,人間が直接感覚的に知覚することがむずかしく,知らず知らずのうちに健康障害や不快感に悩まされることが多い。しかし,空気汚染の人体影響は汚染物質の種類によって大きく異なり,空気中にある多くの汚染物質のなかで何を目安にするかはそう簡単ではない。そこで考えられるのは,汚染物質の濃度や被曝量(摂取量)と,人の身体的,精神的な影響から個々の物質の許容レベルを設定することであるが,室内空気質 (IAQ, Indoor Air Quality)の総合的視点から、さらに望ましい状況を狙う方法が使われてきている。例えば、音や臭気などにみられるように、生理的量ではなく、感覚量により、快適性につながる評価方法が使われるようになってきている。

4-3. 必要換気量
a. 換気

室内空気の汚れに対する対策は明確である。すなわち、汚れ原因の排除と汚れた空気の排出である。汚染物質の発生を抑える、あるいはなくすことが汚れ原因の排除であり、最も明快で効果の高い方法である。しかし、呼吸や人間の生活行為など必然的汚染については、室内外の空気の入換えにより室内汚染物質を外へ排出し、室内濃度の低減を図る必要がある。

汚れた室内空気を清浄な外気と入れ換えることを"換気"といい、室内で発生した汚染物質を希釈または排出するためのものである。戸外の清浄な空気を新鮮空気(fresh air)と呼ぶことがあるが、これは単に汚されていない空気というだけではなく、十分な酸素を含み、山や森の空気のような、まだ解明されていないが、何か人に生き生きしたものを与える成分を含んだものを意味している。人間は空気の量ばかりではなく、質に関しても、あるレベルが保証されていることが必要である。すなわち、換気は室内空気汚染の防止の働きをする空気と、室内の人間を生き生きと生活させる空気を取り入れることであり、室内の汚染物質を希釈しつつ、汚れた同量の空気を戸外へ排出させることである。換気は、建築物の省エネルギーや高断熱・高気密化に従う空気汚染問題により、その重要性が増してきている。

b. 必要換気量

室内の汚染物質濃度を換気を行うことによって希釈する場合に、取り入れなければならない必要最小限の外気量、必要換気量 Q は、室内における汚染物質の物質平衡により次式で与えられる。

$$Q = \frac{M}{C - C_0} \qquad (4\text{-}2)$$

ここで、Q は換気量([m³/h])、M は汚染物質発生量([mg/h] または [m³/h])、C は室内許容濃度([mg/m³] または [m³/m³])であり、C_0 は取入れ外気中の汚染物質濃度である。以下では式(4-2)を用いて各空気汚染における必要換気

量を求める。

1) 呼吸からの必要換気量

O_2 消費量は作業強度によって異なるが，軽作業を想定し，O_2 消費量として 0.020 [m³/h・人] をとり，O_2 濃度が通常の 21% から 19% まで低下しても支障がないのものとすれば，必要換気量は以下になる。この場合，発生量 M は酸素消費量，すなわち負の発生量としている。

$$Q = \frac{-0.020\,[\text{m}^3/\text{h}]}{0.19\,[\text{m}^3/\text{m}^3] - 0.21\,[\text{m}^3/\text{m}^3]} = 1.0\,[\text{m}^3/\text{h}]$$

このように，純粋に呼吸による酸素消費量に着目した場合，必要換気量は意外と小さいので，室内 O_2 濃度の点から換気量を求めることはない。

2) 体臭からの必要換気量

換気の必要性に関しては，古くから体臭に着目した研究が多く，アメリカのC.P.Yaglou が 1936 年に行った研究はその代表的なものである。体臭は人種，性別，年齢，生活習慣（特に入浴の程度）などによって異なり，また，その感じ方は在室者と外来者とでは臭気感覚の慣れによる大きな差がある。Yaglou の結果によれば，外来者が臭気を感じないようにするためには，在室者 1 人当り 25 m³/h 程度，在室者が感じない程度とするには 15 m³/h となっている。日本人の場合は欧米人よりやや少なく，外来者を対象として 15～20 m³/h 程度といわれている。

3) CO_2 濃度からの必要換気量

上述のように CO_2 は室内空気の汚染指標の一つとして重要であり，その許容濃度についてはいろいろな見方があるが，建築基準法では 1,000 ppm（0.1%）としている。成人 1 人の静座時の CO_2 発生量は，表 4.2 から 0.022 m³/h とし，外気の CO_2 濃度を 300 ppm（0.03%）とすると，成人 1 人当り必要換気量は 31.4 [m³/h] 程度となる。

$$Q = \frac{-0.022\,[\text{m}^3/\text{h}]}{0.1 \times 10^{-2}\,[\text{m}^3/\text{m}^3] - 0.03 \times 10^{-2}\,[\text{m}^3/\text{m}^3]} \cong 31.4\,[\text{m}^3/\text{h}]$$

4) 喫煙者がいる場合の必要換気量

喫煙によって発生する汚染物質のうち，どれを換気量の指標にするかは，いろいろな考え方があるが，現在ではニコチン，タールなどが主成分として含まれる粉じんとしてのたばこ煙，0.15 mg/m³ を対象とすることが多い。たばこ 1 本の

喫煙による粉じん発生量を 15 mg として，これをまったく粉じんを含まない空気で希釈するとすれば約 100 m³，もし 0.05 mg/m³ の空気（都市の外気濃度は通常この程度のことが多い）で希釈するとすれば 150 m³ もの空気が必要となることが式(4-2)によりわかる。すなわち，たばこ 1 本を吸うだけで，CO_2 濃度により算定した 1 人当りの必要換気量の数倍もの空気が必要となる。

5) 有害物質と必要換気量

　燃焼器具から発生する有害ガスや建築材料などから発生する有機化合物についても，汚染物質の発生量と許容濃度がわかれば，それぞれの汚染物質における必要換気量を式(4-2)により簡易的に求めることができる。開放型ストーブを使用している場合には，一酸化炭素や二酸化炭素の発生量は増大するので，必要換気量が大きくなる。必要換気量は室に対して一律に決まっているものでなく，室の使用状況により変化する汚染物質発生量と許容濃度により決まるのである。室の用途や使用状況を想定し，汚染物質発生量を的確に予測することが重要である。

参考文献・図表出典
1) 日本建築学会編：室内空気汚染，井上書院，1990 年
2) 日本空気清浄協会編：室内空気清浄便覧，オーム社，2000 年
3) 村上周三：講座 I 化学物質による室内空気汚染，日本建築学会，2000 年
4) 芝亀吉：物理学数表，岩波書店，1944
5) 高木健太郎：血液呼吸の生理学（生理学大系 II），医学書院，1968
6) 日本建築学会編：シックハウス事典，技報堂出版，2001
7) 入江建久：空気調和・衛生工学，Vol.72，No.5，p.27〜35，1998
8) 厚生労働省：シックハウス（室内空気汚染）問題に関する検討会，中間報告書，2000 年 12 月
9) Cullen M.：*The worker with multiple chemical sensitivities*, Hanley & Buffes, Philadelphia, 1987
10) 日本建築学会編：地球環境建築のすすめ（入門編），彰国社，2002

●第Ⅱ編──5章
人と光環境

5-1. 光と視覚
a. 目の構造

　光という視点からとらえた環境を光環境というが，光環境が指し示す範囲は，その字句から想像できる範囲よりかなり広い。眼という受容器を通して受け取った外界の光刺激は，脳を含めた視覚系全体によって知覚され，その知覚は明暗（光覚）や色彩の区別（色覚）から，物の形の判断（形態覚）や奥行，遠近，さらには動きにまで至り，それによって得られる情報は，心理や認識などの高次の意識レベルにまで深く関わってくる。

　刺激の受容器である眼は図5.1のような構造で，その大まかな原理はカメラとかなり類似したものであるが，焦点調節のメカニズムや，結像面（カメラの場合のフィルム）の特性などに大きな違いがある。

　カメラのフィルムにあたる眼の結像面は，1億個以上の視細胞が配列された網膜である。視細胞には錐状体と杆状体という二種類があり，錐状体にはさらに赤，青，緑の光に選択的に反応する三種類がある。三種類の錐状体の反応の違いによって色覚が生ずる。錐状体は網膜の光軸から5度ほど離れた少し凹んだ中心窩の部分に集中して存在し，通常の明るさの下では，網膜のこの部分に結像された対象物が知覚の中心となる。この場合，対象物は高い分解能で知覚され，色覚も生じる。このような錐状体だけが働いている眼の状態を明所視という。

　一方，杆状体は中心窩周辺から網膜辺縁部にかけて広く分布し，色覚は生じないものの，明るさに対する感度は錐状体よりきわめて高い。われわれが星明かりの下でも明暗を見分けることができるのは，この杆状体が機能しているからであり，このような杆状体だ

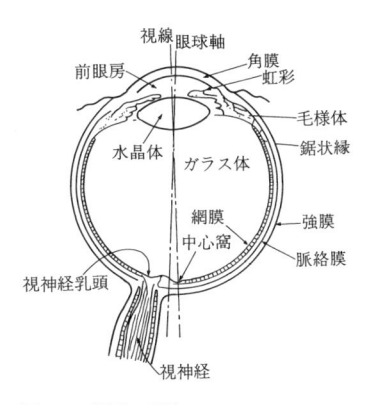

図5.1　眼球の構造

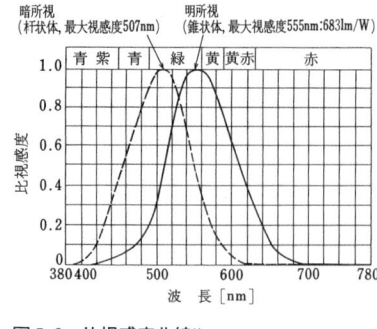

図5.2 比視感度曲線[1]

けが働いている眼の状態を暗所視という。

目に見える範囲の広がり（視野）は両眼視で左右100度，上方向約60度，下方向約70度であるが，すべての部分が均等な見え方をしているわけではなく，対象を鮮明に見ることができるのは中心窩に対応するわずか1度の範囲に過ぎない。そのためわれわれは，無意識のうちに眼球を動かし，外景の鮮明な映像の把握に努めている。

b．比視感度

人間の視覚系は，波長が約380〜780 nm（nm：ナノメーター＝10^{-9}m）の範囲の電磁波を光として知覚し，これより短い波長の紫外線も長い波長の赤外線も知覚しない。しかも図5.2に示すように，波長ごとに視覚系の感度は異なっており，実線で示す明所視の場合，555 nmの黄緑色の光に対して最も感度が高い（最大視感度）。一方，破線で示す暗所視では，507 nmの青緑色の光に対して最も感度が高く，明所視に比べると短い波長の感度が相対的に高くなる。このため，昼の明所視から夜の暗所視へと移行する薄暮の視知覚（薄明視）では，青みがかった対象の相対的な明るさが増加して感じられることとなり，これをプルキンエ現象という。

各波長に対する感度を最大視感度に対する比で表したものを比視感度といい，図5.2の実線は，国際照明委員会（CIE：Commission Internationale de l'Eclairage）により定められた標準比視感度（2度視野，明所視）である。光の物理量（正確には心理物理量）である測光量は，この標準比視感度に基づいて算出される。測光量の詳細は第IV編4章で述べられているが，照度と輝度という二つの測光量が特に重要である。照度は，ある面に入射する光の量を表し，lx（ルクス）という単位をもつ。一方，輝度は，ある方向から目に入射する光の量を表し，cd/m^2（カンデラ毎平米）という単位をもつ。

c．順応

人の感覚器官は，一般に外からの刺激に応じて感受性を変化させ，過度に強い刺激から感覚器官を保護し，非常に弱い刺激に対しても敏感に反応できるようにする。このような感覚器官の感受性の変化の過程，または変化した状態を順応と

いい，視覚系もこのような性質をもつ。

視覚系が明るい状態から暗い状態に慣れる順応を暗順応，逆の場合を明順応という。図5.3に示すとおり明順応はきわめて速やかに行われるのに対して，暗順応は30分程度の時間を要し，最初の5分間程度で錐状体の感度が上昇し，続いて杆状体の感度が上昇する。錐状体は，たとえ順応しても10^{-2}cd/m²以下の光を知覚することはできないが，杆状体は10^{-4}cd/m²程度の光まで知覚することができる。

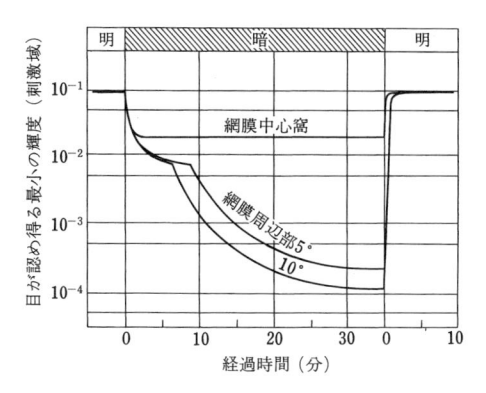

図5.3 明暗順応の経過[1]

d．明るさ

物理的な刺激量(L)と感覚量(S)の関係についての法則の一つにウェーバーの法則がある。ウェーバーの法則とは，刺激量がΔLだけ増加すると，感覚的には$\Delta L/L$に比例した量だけ増加したように感ずる（$\Delta S = k\Delta L/L$）というもので，通常の範囲では刺激と感覚の関係の概略を示すといわれている。フェヒナーは，増分に注目したウェーバーの法則を数学的に変換し，感覚量と刺激量の直接的な関係を導いた（$S = k \cdot \log(L/L_0)$　L_0：知覚できる最小の刺激量（刺激閾））。この関係式はウェーバー–フェヒナーの法則と呼ばれ，感覚量は刺激量の対数に比例するという感覚と刺激の間の一般的な関係を示すものとして有名である。

一方，スチーブンスらは，このような刺激の増分知覚に基づくのではなく，感覚量を直接評価させることにより刺激と感覚の関係を探り，感覚量は刺激のベキ乗に比例するとする（$S = k \cdot (L - L_0)^n$）スチーブンスの法則を導いた。nの値は対象とする刺激によって変化し，明るさを対象とした場合，

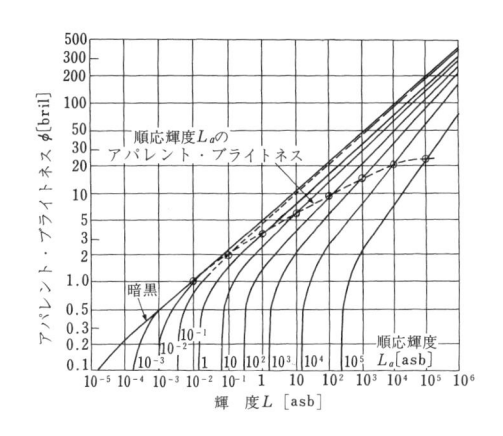

図5.4 見かけの明るさと輝度[2]

$n=0.33〜0.5$ となるという。図5.4 に，スチーブンスらの実験で得られた見かけの明るさ（アパレント・ブライトネス）と輝度の関係を示す。

スチーブンスの研究の後，同じような条件で多くの研究が行われたが，ボードマンらは，それまで行われてきた多くの明るさ研究をまとめ，下記のような明るさ尺度を提案し，現在のところ，この明るさ尺度が最も信頼されている。

$$B = kL^n - B_0 \tag{5.1}$$

B：明るさ，L：輝度，$n=0.31\pm 0.03$，k および B_0：観測条件に依存する定数

e．対比

同じ輝度の対象物であっても，周辺の輝度が高いと，周辺の輝度が低いときに比べて暗く見える。この効果を明るさの対比という。この効果があるため，前項で紹介した明るさ尺度は，そのままのかたちでは照明設計に使えない。

図5.5 (a) に，図5.5 (b) の刺激を使って周辺輝度を変化させたとき，対象輝度と同じ明るさに見える輝度が示されている。周辺輝度の効果がない場合，グラフは水平線となるが，図を見ると，周辺輝度が低い場合，対象は逆にやや明るく見え（同化効果），周辺輝度が対象輝度に等しくなる少し手前から対象が暗く見えはじめ，両者が等しくなる点を超えると一気に暗く見えることがわかる。

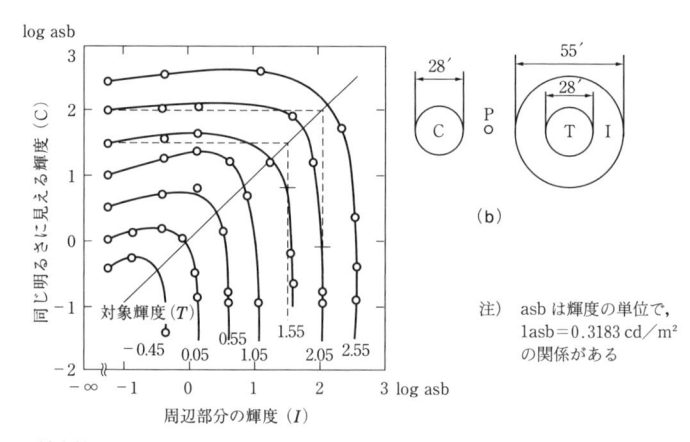

図5.5 明るさの対比効果[3]

f．恒常性

炎天下であっても黒い物体は暗く，薄暗い屋内でも白い物体は明るく見える。これは，ごく一般的に経験することであるが，両者の輝度を比較してみると，前

者の黒い物体の輝度は後者の白い物体に比べて明らかに高い。対象物の輝度は，対象物に照射される光の量（照度）と対象物の色（反射率）によって決まるから，明るさ感覚は光の量に拠らないと解釈することもでき，そのため，このような現象を明るさの恒常性という。

明るさの恒常性は，実験的にも確かめられているが，単純化し，統制された実験条件では必ずしも成り立つとはいえず，複雑な現実の状況下のほうが顕著に現れる。

g．形態の知覚

われわれは視覚を通して自分たちのまわりの環境を把握しているのであって，単純な明暗パターンを見ているわけではない。図5.6は，一見無意味な明暗パターンのように見えるが，木漏れ日のなかを歩く犬であることを説明されると，突然そのシーンが見えてくる。このような視覚系の効果は，心理学では「図と地」の話題としてしばしば取り上げられ，感覚的であると思えるような視覚系の反応であっても，認識と密接に結びついていることがわかる。

h．奥行感覚

われわれの視覚系が，眼の網膜に映る二次元的な明暗のパターンから，どのようにして三次元的

図5.6　形態の知覚[4]

図5.7　動きによる奥行感[5]

な奥行感覚を生成するか，まだ十分解明されてはいないが，左右の眼の網膜上の映像の差（両眼視差），輻輳，かすみの程度，肌理（きめ）の勾配，動きの効果などが知られている．

移動する列車の窓からの景色を示す図5.7を見ると，手前の地面のテクスチュアが奥の地面のそれより粗いこと（肌理の勾配），手前の景色が奥の山に比べて速く矢印の方向に動いて見えること（動きの効果）が，強い奥行感覚を生じさせることがわかる．

i. 色覚と表色系

網膜上に赤，青，緑の光に選択的に反応する三種類の錐状体が存在することによって，われわれは色覚をもつが，三種類の錐状体からの応答は，それぞれ独立して大脳に達する（ヤング-ヘルムホルツの3色説）のではなく，視神経レベルで反対色に変換され（ヘリングの反対色説），大脳に達すると考えられている．

色覚に，このような二つの段階が想定されていることと対応するように，色を表現する表色系には混色系と顕色系という二つの表色系があり，それぞれ独立に整備され，両者の対応関係は現在でも必ずしも明確ではない．

代表的な混色系はXYZ表色系で，CIE（国際照明委員会）が定めた表色系である．XYZ表色系は，波長が700.0 nm，546.1 nm，435.8 nmの単色光を三原色として使った等色実験の結果を基に，扱う量がすべて正となり，かつ原色の一つ（Y）が標準比視感度と一致するように座標変換して求められたものである．

この表色系では，色は原色X，Y，Zの混合比で表現できるが，通常，その色味をx，y（x＝$X/(X+Y+Z)$，y＝$Y/(X+Y+Z)$）という数値に変換して表現する．図5.8に示された色度図は，このように表現された色味と色の見え方の関係を示している．

厳密な光の色は，このようなx，y色度図で表現されるが，大

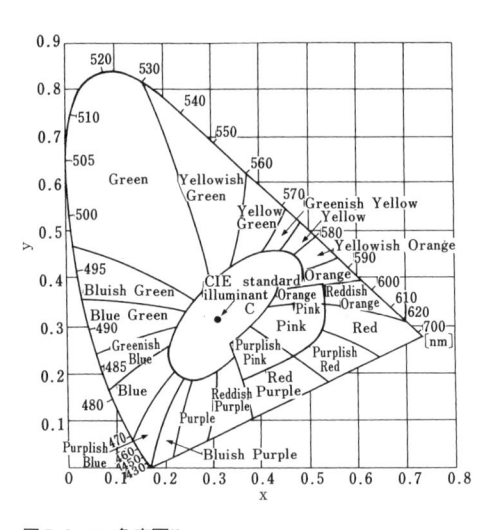

図5.8 xy色度図[1]

まかな色味は一般に色温度を用いて表される。色温度とは標準黒体の絶対温度によって示されるもので，ケルビン［K］で表される。色温度と色度の関係は図5.9のようになる。

顕色系の代表例はマンセル表色系である。顕色系は色の現象的な見え方に基づいており，色の恒常性を仮定した表色系と考えることもできる。色の恒常性とは，照射されている光が変化しても，反射特性で規定される色（物体の表面色）が同じであれば，同じ色に見える傾向のことをいう。

マンセル表色系は，色相(Hue)，明度(Value)，彩度（Chroma）という三つの属性を用いて色を表示する。この表色系で各色を位置づけると，図5.10に示すような立体(マンセル色立体)となる。色相は円周方向に，明度は中心軸上下方向に，また彩度は中心軸からの放射方向で示される。色相は赤（R），黄赤（YR），黄（Y），黄緑（GY），緑（G），青緑（BG），青（B），青紫（PB），紫（P），赤紫（RP）の10色相を基本とし，さらに，それぞれを10分割した100色相で全色相を表すが，一般には40色相がよく用いられる。

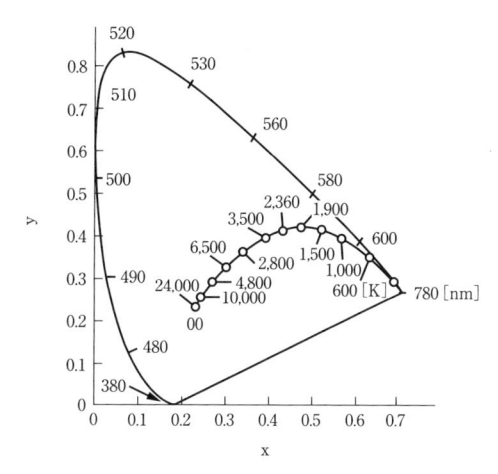

図5.9　色温度と色度の関係[6]

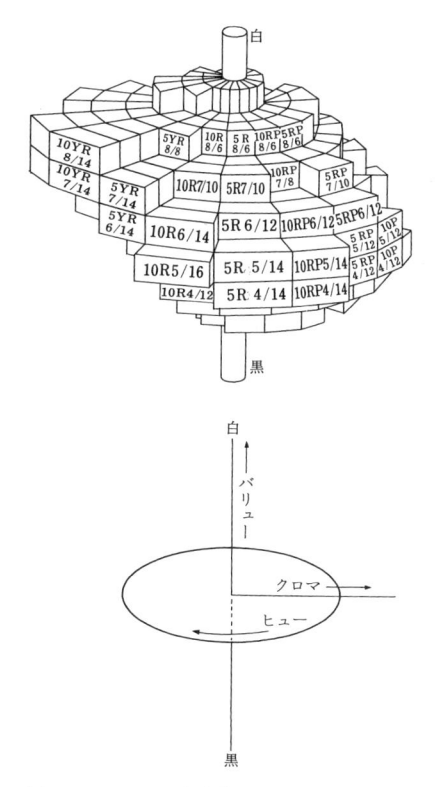

図5.10　マンセル色立体[1]

明度は理想的な白を10，理想的な黒を0とし，その間を等間隔に分割した数値で表す。彩度は中心軸から遠ざかるほど鮮やかになるように位置づけられ，あくまでも心理的に等間隔になるように尺度が構成されている。また，中心軸は彩度0であり，しかも色相の区分もなく，いわゆる無彩色と呼ばれる白，灰，黒の系列が位置づけられている。

マンセル表色系はJISでも採用されている表色系であるが，色彩デザインでは，色の等間隔性よりも，軽さや重さ，強さといった色の感覚的な一貫性が重要であることから，ヘリングの主要原色を基に体系化されたNCS表色系（Natural Color System）などが用いられることが多い。

5-2．光環境の側面

光環境は明視性，不快がないこと，積極的な快適性という三つの側面より検討される。光環境の基本は，ものが見えること，すなわち明視性が確保されることであるが，明視に支障がなくとも，まぶしかったり，ちらつきを感じたりすると良い光環境とはいえない。一方，それらが満足されたうえで，さらに光によって空間に落着きのある雰囲気が加えられたりすると，より好ましい光環境となる。

a．明視性

明視性を確保するための条件は，①明るさ，②対比，③大きさ，④動きの四つであり，これらは明視の四条件として広く知られている。これらの条件のうち，対比，大きさ，動きの三つは，光環境で左右できる条件でないことが多く，従来，十分な明るさを与えるという側面だけが検討されてきた。しかし現在では，パソコン画面のように視対象自体が光を発するものが室内にふえ，これらは光の量をふやし過ぎると逆に明視性を下げることになるため，明視の四条件にまで戻って考えなければならな

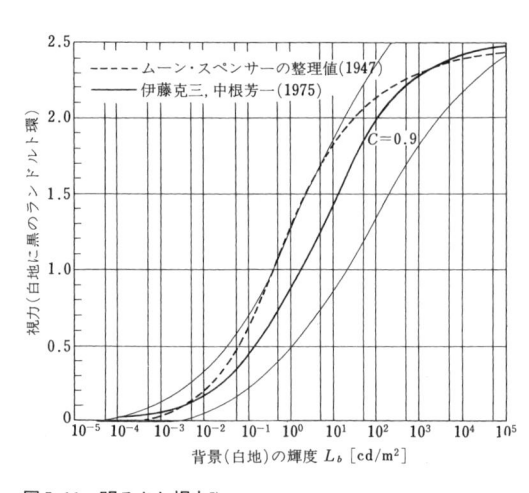

図5.11 明るさと視力[7]

い。

　図5.11は，対比が一定の場合の明るさと視力の関係を示している。背景輝度が1～100 cd/m²の間では，ほぼウェーバー-フェヒナーの法則が成り立つが，100cd/m²を超えると頭打ちになり，3,000cd/m²で上限に達することがわかる。

　どれだけの明視性を確保しなければならないかは空間の目的で変化する。品質検査を行う工場では高い明視性が確保されなければならないが，一般的なオフィスでは，それだけの明視レベルは要求されず，落ち着いたレストランでは逆に過度な明視性は避けられる。

b．演色性

　光源の演色性とは，その光源で照明された物体の色彩がどれだけ忠実に見えるか，あるいはその程度のことをいう。演色性は一般に平均演色評価数Raを用いて定量的に表される。平均演色評価数は，八種類の試験色をその光源で照明したときの色の見え方と，その光源と色温度が等しい基準光源で照明したときの色ずれを平均し，その値を100から引いたものである。したがって値が大きいほど演色性は高い。

c．グレア

　視野のなかに強い光が存在すると，目は完全な機能を果たすことができなくなる。これをグレア，またはまぶしさという。グレア光は眼球内で散乱し，光のベールが視界を覆うかのようにして視覚を妨害する。またグレア光は視野の順応輝度を高め，目の感度を低下させる。このようなグレアは，視野中の暗い部分に対する視力を低めることから減能グレアと呼ばれる。

　一方，視力の低下が認められなくとも，非常に明るく照らされた部屋においては不愉快なまぶしさが感じられることがある。これを不快グレアと呼ぶ。不快グレアは散乱光によるものでもなく，視力の低下を伴うものでもないので，減能グレアとは質の異なるグレアである。

d．光幕反射

　視対象の表面に光源が映ると見やすさは損なわれる。最も極端な状況は，高輝度の光源像が光源をじかに見たときと同じようなまぶしさを伴う場合で，これを反射グレアという。一方，光源の輝度が比較的低く，物体表面に光沢がある場合に，表面の輝度や色彩が変化して見やすさを損なうが，これはグレアともいえないので光幕反射と呼ばれている。光幕反射は光源からの光が視対象表面で鏡面反

射することによって生ずるので，光源の位置を注意することで未然に防ぐことができる。

e．モデリング

三次元物体の立体感は，照射される光の方向とその強さの違いによって変化するが，光によって立体感を出すことをモデリングという。立体を照明する光の拡散性が高過ぎると影は弱くなり，立体感に乏しく，逆に光の指向性が過度に強いと強い影がつき過ぎ，異様な感じとなる。

また窓を背にした人の顔が暗くてよく判別できないシルエット現象もモデリングの一つの側面であるが，このようなシルエットの程度は，窓面側を向いた鉛直面の照度と室内側を向いた鉛直面の照度との比を用いて検討することができる。

f．フリッカ

視環境内の輝度の一部または全部の輝度のレベルが時間的変動を繰り返したり，あるいはしばしば変動したりしていると，対象物が見えにくくなったり，不快を感じたりする。60 Hz の明滅ならば一般にちらつきを感じないが，20 Hz の明滅になるとちらつきを感じ，10 Hz になると非常にわずらわしく，ちらつきを感じる。

視覚で直接知覚できないような高い周波数で明るさが変動している場合，不快感は生じない。しかし，この光の下で対象物を高速で移動させたり，回転させたりすると，移動とともに数多くの残像を生じたり，回転している物体の回転状況を見誤らせる残像を生ずることがある。これはストロボを回転させると，それが止まったり，遅く見えたり，逆回転して見えたりすることと同じ現象であり，ストロボスコピック現象と呼ばれている。

g．光色

光源の見かけの色である光色は，一般に（相関）色温度で表される。低い色温度とは赤みを帯びた光色を，高い色温度とは青みを帯びた光色を

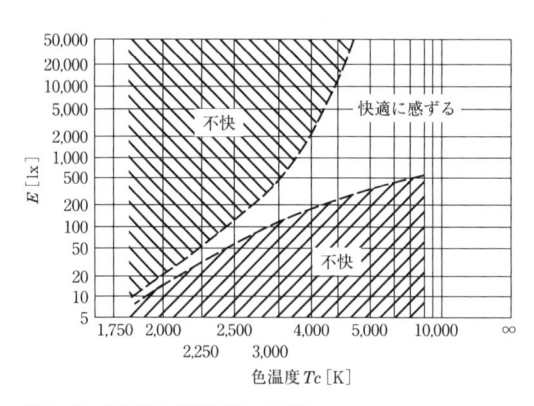

図 5.12　色温度と快適照度の関係[1]

意味している。

赤みを帯びた光色は暖かい印象を，青みを帯びた光色は冷たい印象を与えるとされており，また，色温度が高く白い光色になるほど高い照度が好まれ，色温度が低く赤みを帯びるほど低い照度が好まれるといわれている（図5.12）。

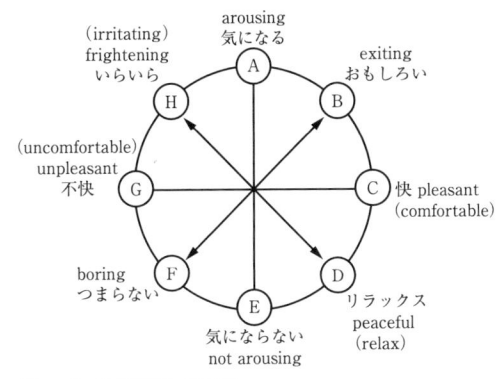

図5.13　物理環境の印象[8]

h．空間の印象

光によって空間の印象が大きく変わることはよく知られている。図5.13は一般的な環境に対する心理的な反応のモデルであるが，光環境から受けるさまざまな印象も，このモデル上にうまく配置することができる。刺激的な要素を含んだ環境は，わくわくする面白さを醸し出すこともあれば，程度が過ぎたり，文脈が不適切だったりするといらいらさせられる。一方，刺激が少ない環境は，ゆったり落ち着いた雰囲気をつくり出すことができるが，逆に単調で退屈であったりする。光環境のデザインでは，明るさ，均一性，光色を変化させることによって，図に示す二次元で表される印象を操作する。

明るさの増加は覚醒レベルを上げ，通常レベルの明るさであれば，明るさが増加すると快適性も上がる。しかし，必要以上に明るくなると逆に快適性が下がり，いらいらした印象をもたらす。

光の均一性は，①変化の粗さ（粗いか細かいか）と，②変化の強さ（変化の振幅の大きさ）という二つの属性によってとらえられる。光の均一性と印象の間の関係はまだまだ研究途上でわからないことが多いが，粗い変化と細かい変化の両方が存在し，かつ，そのバランスが取れていることが落ち着いた印象につながるといわれている。

i．生体リズム

人は生得的なリズムをもつことが知られており，これを生体リズムという。このリズムは脳にある「体内時計」によってコントロールされているが，この基本的なリズム周期は約25時間であり，人はさまざまな手がかり（同調因子）を使って24時間という実際の1日の周期に同調している。

光は最も影響力の大きい物理的同調因子であることが知られている。光の同調因子としての働きは，照度の高さと光色により説明され，朝方から昼間は高照度の色温度の高い照明，夜間は低照度で色温度の低い照明が，サーカディアン・リズム（24時間周期をもつリズム）を保つ効果があるとされている。

図表出典

1) 日本建築学会編：建築設計資料集成1 環境，丸善，1978
2) 小島武男，中村洋編：現代建築環境計画，オーム社，1983
3) Heinemann, E. C., J. of Experimental Psychology, 50, 89, 1955 より作成
4) R. L. グレゴリー著，金子隆芳訳：インテリジェント・アイ，みすず書房，1972, p. 13
5) J. J. ギブソン著，古﨑敬他訳：生態学的視覚論，サイエンス社，昭和60年
6) 日本色彩学会編：新編 色彩科学ハンドブック［第2版］，東京大学出版会，1998
7) 広田敏夫（1927），江口寿（1930），早川宏学（1938），大塚任（1940）のデータより作成
8) Russell, J. A. et. al：*Affective Quality Attributed to Environments, Environment and Behavior*, p. 259〜268, Vol. 13, No. 3, 1981

● 第II編──6章
人と音環境

6-1. 音環境

　私たちが日常生活する空間には，小鳥のさえずり，人の話し声，楽器演奏の音，商店街のざわめき，車の走行音，電話のベル，空調機の音など実にさまざまな音があり，豊かな経験を生み出している．路地に立つと子どもたちの遊び声が希望感を，海岸に座ると繰り返し打ち寄せる波の音が悠久の生命感を与えてくれる．音楽堂に入ると指揮者とオーケストラによる演奏が充実した感情を，野外劇場ではロックグループが集団の陶酔をもたらす．夜半の暴風雨のうなりは，自然に対する畏怖の念を呼び覚ます．一方，騒音と呼ばれる音は私たちを不愉快にさせ，生活を妨害する．幹線道路の沿道では会話が困難である．集合住宅での給排水音やドアの開閉音が，時に近隣関係を悪くする．過大な騒音が集団訴訟を引き起こしている．

　以上のような音に関する事象は他の多くの出来事とともに，人の大脳での情報処理が関与する．この処理には，データ駆動型処理と概念駆動型処理がある．前者は，上昇型処理とも呼ばれ，現実の環境から刺激が感覚器官に入力され，求心性神経経路を経て大脳に伝わって人の感覚や行動を左右する．過大な入力刺激には抑制機構が働くこともある．後者は下降型処理とも呼ばれ，自分のもっている知識，過去の経験，その場の文脈などから環境を理解する．人は時と場所に応じて，これら両方の処理を巧みに行いながら生活を維持している．

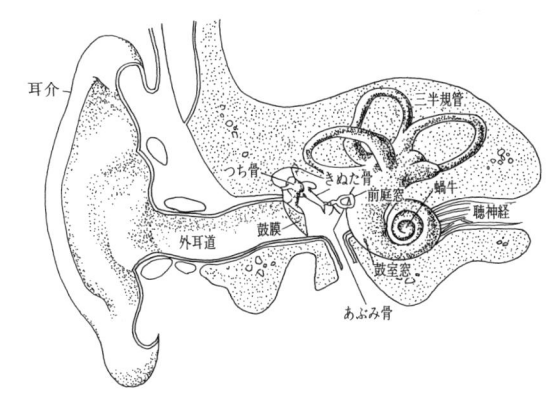

図 6.1　人の聴覚器官[1)]

6-2. 聴覚器官

　音は聴覚器官を通して知覚される．聴覚器官は図

6.1 に示すように他の器官に比べきわめて複雑である。音波は外耳道を進んで鼓膜を振動させる。この振動は中耳にある三つの耳小骨で増幅され，前庭窓が入口となって蝸牛に伝わる。蝸牛の内部はリンパ液で満たされ，渦巻に沿って基底膜がある。振動は液体の中を進む波となり，基底膜に振動パターンが生じる。大きな音ほど基底膜の振動は強くなる。また高い周波数の音では前庭窓に近い入口部位の基底膜の振動が強くなる。

一方，低い周波数の音ほど奥の部位で強くなり，入口に向かう広い領域で基底膜が活動する。これらの振動パターンに従って基底膜に沿って並んでいる有毛細胞は，電気的な神経インパルスを発生する。これらは聴覚神経路を経て大脳皮質の聴覚野に伝達され，音として知覚される。

6-3．音の知覚
a．可聴範囲

物理的な音の波が聴覚器官を経て音と知覚される範囲を可聴範囲と呼ぶ。人の場合では，20歳前後の正常な聴力をもつ人の平均的な値は，周波数の範囲が20 Hz～20 kHz，強さの範囲が音圧レベルで0～130 dBといわれている。20 Hz以下の周波数の音波は超低周波音，20 kHz以上の音波は超音波と呼ばれる。知覚される下限の音圧レベルが最小可聴値，耳に痛みを感じて，これ以上では耳を損傷する危険のある上限の音圧レベルが最大可聴値である。

b．音の三要素

音の大きさ，音の高さ，音色を音の三要素という。

人が知覚する主観的な音の大小を音の大きさといい，物理的な音の強さが主に関係し，周波数も影響する。ある音が1 kHzの純音と同じ大きさであると知覚されるとき，その音の大きさは1 kHzの純音の音圧レベルで示される。これを音の大きさ

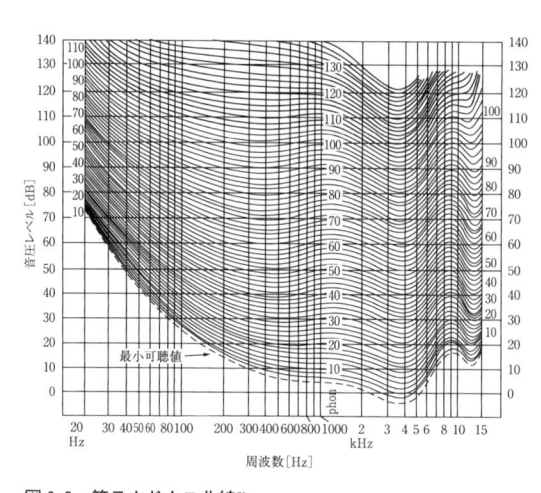

図6.2　等ラウドネス曲線[2)]

のレベルと呼び，単位はフォン（phon）である．図6.2は，各周波数の音について1 kHzの音と等しい大きさの感覚を与える音圧レベルを結んだもので，等ラウドネス曲線という．一番下の曲線は最小可聴値で，1 kHzのそれは約4 dBである．強い音では同じ大きさと知覚される音圧レベルの周波数による差が少なく，弱い音になるほど差が顕著である．低周波数側で音の大きさに対する聴覚の感度が下がり，数千Hz付近で感度が最もよくなっている．

音が10フォン増すと2倍の大きさになったと感じられる．この大きさの比の感覚をもとにつくられたものが音の大きさのソーン（sone）尺度で，40フォンの音を1ソーンとし，30フォンの音が0.5ソーン，50フォンの音が2ソーン，70フォンの音が8ソーンとなる．

主観的な音の高低を音の高さといい，主としてその音の周波数が関係する．60 dBの1 kHzの純音の高さを1,000メル（mel）とし，メルの値が2倍になると音の高さは2倍に感じられる．楽器や音声のように最も低い基本周波数の音（基音）とその整数倍の周波数の音（倍音）を含む周期性複合音では，基音の周波数あるいは倍音間の最小公約周波数で音の高さが決まる．

同じ大きさで同じ高さの音であっても，人は楽器や演奏者の違いを聞き分けることができる．このような，それぞれの音の印象を区別している大きさと高さ以外の要素を音色と呼ぶ．物理的には，音色は音の周波数構成（スペクトル）と，その時間的変動特性などによる．

c．マスキング効果

大きい音（妨害音）のために他の音（信号音）の聞こえが悪くなる現象をマスキングといい，その効果は最小可聴値が増加する量で表す．図6.3は1,200 Hzを中心周波数とする狭帯域雑音（マスク音）による純音（テスト音）に対するマスキング効果を示したものである．マスク音が大きくなれば，マスキング量は増加する．またマスク音より周波数の高い音に対してマスキング効果が顕著に表れている．これは，マスク音による基底膜の振動パターンが入口側，すなわち高周波数側にも及ぶためである．

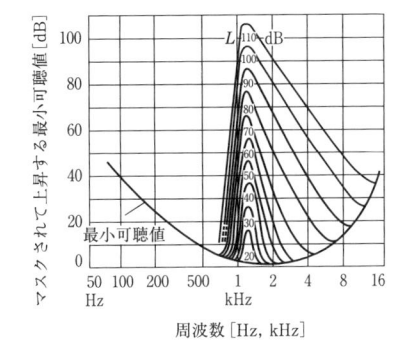

図6.3 狭帯域雑音によるマスキングの一例[2]

d．臨界帯域幅

　ある周波数範囲内に種々の周波数の音が含まれるとき，全体としての音圧が同じであると，その周波数範囲を広げていっても，ある一定の範囲までは周波数の構成に関係なく，全体の音の大きさの感覚は同じとなる。この周波数範囲を臨界帯域幅という。1 kHz 以下の周波数では，その幅はほぼ一定であり，1 kHz 以上ではその周波数との比が一定になる。二つの同じ音圧の音が臨界帯域幅内にあると，それらのエネルギーは加算され，約 20% 音の大きさの感覚が増す。これは一つの音の音圧レベルが 3 dB 増すのと同じ効果となる。

6-4．音空間の知覚
a．音量感

　室内では，音が音源からの直接音だけでなく，壁，床，天井からの反射音も耳に入り，野外で同じ音を聞く場合に比べて大きく豊かに聞こえる。一般的に，直接音に対して 30〜50 ms 以内に到達する反射音が直接音を補強し，音量感を増加させる効果をもつ。音量の大きなホールは良い評価を受けるといわれている。

　大部分の楽器の音の周波数は図 6.2 の等ラウドネス曲線において音の大きさの感覚が周波数変化に最も敏感な範囲に位置している。このため音量が不足すると，楽器が出している音の低い周波数には知覚されない部分が生じる。

b．残響感

　室内では，音が響いて聞こえる。これは反射音が直接音の到達後さまざまな方向から時間をずらして次々と耳に到来してくるためで，これらの反射音のパターンが室の響き具合を決める。会話や講演などが明瞭に聞きとれるためには，響きがあまり長いと好ましくない。音楽を楽しむためには，豊かな響きが必要である。室内の物理的な音響指標である残響時間は室の響き具合を示すうえで重要であり，設計指標としてよく用いられる。

c．音源定位

　両耳で聞く（両耳聴，binaural）ことによって音源の位置を知り，豊かな音の知覚が生まれる。音源定位は，低周波数については両耳間の音の到達時間差，高周波数については強度差が関係し，その切替えは 1,000〜5,000 Hz の範囲で生じる。耳介は音源位置の高さや前後の判断に重要な役割を果たす。

　室内では最初の音が両耳に入力された直後に多くの反射音が，やはり両耳に入

力されるが，音源定位には最初の先行音が利用され，これは先行効果（precedence effect）と呼ばれる。この性質は，多目的ホールや講堂などの拡声設備の設計に応用され，バルコニー下などの席には直接音に対してある時間遅れをもった拡声音を送り，方向感は直接音で，音量感は拡声音で補うかたちがとられる。

6-5. 騒音

　静かであることは，良好な環境であるための重要な条件の一つである。静かさを阻害する，好ましくないと判断される音が騒音と呼ばれる。このような騒音は，通常，広範囲の周波数にエネルギーが連続して分布する雑音である。騒音の定義は主観的であって，この章の初めに述べた人の大脳における概念駆動型の情報処理が大いに関係する。

a．騒音レベル

　騒音の大きさを簡便に測定するためにつくられたのが騒音計である。騒音計は，図6.4のようなA特性，C特性フィルターの聴感補正回路を備えている。A特性は図6.2の等ラウドネス曲線の40フォンに近似させた聴感補正の特性で，C特性はほぼ平坦な特性である。多くの研究によって，耳の感度に合わせたA特性を通した測定値が騒音の大きさの感覚とよく対応することが広く認められたため，現在では国際的にA特性を用いて騒音を測定し，評価している。この騒音計のA特性による測定値を騒音レベル（A特性音圧レベル）という。単位としてdBを用いている。C特性は騒音の音圧レベルの近似値を測定するために使われる。

b．音が騒音となる要因

　音が好ましくない騒音となる要因は多くあるが，音自体の物理的なもの，音の発生している場所と時間に関係するもの，そして音を受ける個人に関するものに区分できる。

1) 音の大きさ　　諸要因のなかで最も重要なのは音の大きさである。音が大きくなれば不快感も増大する。したがって騒音対策も，まず音を小さくすることが主眼となる。

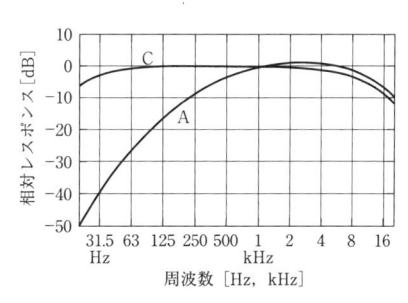

図6.4　聴感補正回路の特性

表 6.1 時間的変動特性による騒音の分類[3]

1. 定常騒音 (steady noise)
   例：室内の空調騒音
2. 非定常騒音 (non-steady noise)
   2.1 変動騒音 (fluctuating noise)
       レベルがかなりの範囲まで不規則かつ連続的に変動する騒音
       例：道路騒音など
   2.2 間欠騒音 (intermittent noise)
       継続時間が約1秒以上で，間欠的に発生する騒音
       例：航空機騒音
   2.3 衝撃騒音 (impulsive noise)
       継続時間が約1秒以下で，単発あるいは複数回にわたって生じる騒音
       例：さく岩機騒音，落下音

2) 周波数構成　高い周波数帯域に強いエネルギーをもつ音は不快に感じられる。また，音の周波数構成のなかに強いエネルギーの純音成分があると不快感が増す。

3) 時間的変動　騒音を時間的な変動特性から分類すると，表6.1のようになる。時々刻々の騒音レベルのエネルギーを積分し，観測時間で平均して評価する等価騒音レベル L_{Aeq} が，さまざまな時間的変動性の騒音の評価に第一近似ではあるが，有効であることが心理実験と社会調査から実証されてきた。衝撃音は，特に予期せぬときには驚愕効果を与える。

4) 発生時間帯と季節　昼間より夕方や夜間に騒音が発生するほうが，人にはより騒がしく感じられる。これは生活行動の内容が異なること，周辺が静かになることが関係する。また，夏のほうが冬より苦情が多い。外での生活時間が長いこと，窓を開放することが多いこと，さらに暑さによる不快感が関係しているようである。

5) 場所と地域　同じ大きさの音でも，外で聞くより室内で聞くほうがうるさく知覚される。これは室内に期待される音の大きさは小さく，それとのギャップが大きくなるためである。どのような地域で発生したかも，その音のとらえ方に違いが出てくる。定常的に存在する騒音レベルが高い地域のほうが，同じ音が発生しても気になる程度は低くなる。また住宅街の住民は，自分の住む地域に静かさを期待する傾向がある。

6) 暴露実験，音源に対する態度，個人属性　一般的には，問題の騒音に繰り返し暴露されると不快感は緩和され，慣れが生じてくる。しかし幹線道路，暴走族，有意味の音などに慣れるのは困難である。音源に公共性があると考えると，また音源側は騒音対策に気をつけていると認知すると，その騒音に対する不快感は潜在化してくる。年齢，性別，性格，健康状態などの個人属性も音に対する感受性に関係するといわれるが，定量化は困難である。

c．騒音の影響

　図6.5に示すように，騒音は左右の耳から入って内耳の感覚細胞で神経信号（インパルス）に変換され，聴覚神経路を上行して大脳皮質の聴覚野に至り，知覚される。聴覚神経路は延髄から脳幹に入り，視床を経て皮質に入る。大脳皮質に入った音信号は他領域と相互作用を行い，言語とか知，情，意の高等な精神活動を，あるいは情動反応を引き起こす。

　騒音による難聴は，騒音暴露による蝸牛神経細胞の変性ないし破壊が原因の感音性難聴である。また，聴取妨害は，聴きたい音と騒音の競合が聴覚系で起こるもので，内耳末梢で行われるマスキング現象による。

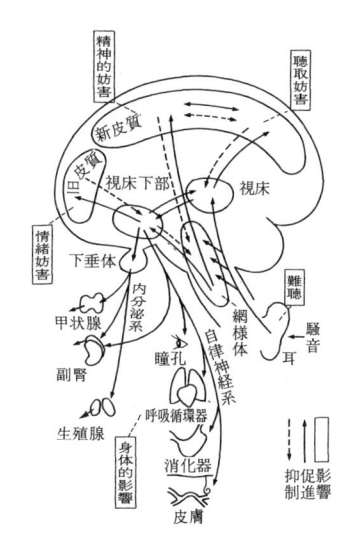

図6.5　騒音影響のモデル[4]

　情緒的被害は不快な気分，いらいらする気分になることで，大脳皮質前頭葉での感情の乱れである。精神作業妨害は注意の集中を妨げることで，これも大脳皮質統合野での働きの乱れである。睡眠妨害は，聴覚神経路の側枝から入るインパルスが網様体賦活系を駆動すること，皮質に入った情報が大脳辺縁系の情動の働きを促進させることによる。休養妨害はくつろいだり，のんびりすることを妨げることであるが，聴取妨害，情緒妨害，精神作業妨害が複合して起こったものである。

　身体的影響はさまざまな被害，妨害による不快感が情動脳といわれる大脳辺縁系にストレスとして作用し，自律神経系，内分泌系へ影響を及ぼすことによる。騒音がやめば回復する一時的な生理的影響（脈拍増加，血圧上昇，胃腸運動抑制，副腎皮質ホルモン分泌増加など）と，その繰返しにより回復不可能となった姿である病的身体影響（高血圧，胃や十二指腸の出血性潰瘍，妊娠率の低下など）がある。

　行動的影響は不快感によるフラストレーションが誘引となり，行動となって現れるものである。寝室を移す，窓を改修する，引っ越す，苦情，陳情，訴訟などは多くの場合をよく考え，どうしたらよいかを決心して行う行動で，知的反応である。思考や意思がしびれると昔の適応方法が再現するが，これにはピアノ殺人などの例がある。適応に成功しないとき，原始反応さえ不可能に陥る失敗反応が

あり，暴走族による深夜の騒音に抗議して自殺した病苦の老女の例がある。

図表出典
1) リンゼイ・ノーマン著，中溝幸夫他訳：情報処理心理学入門 I（第2版），サイエンス社，1983
2) 難波精一郎編：聴覚ハンドブック，ナカニシヤ出版，1984
3) 日本建築学会編：建築の音環境設計（設計計画パンフレット4），彰国社，1984
4) 長田泰公：公衆衛生 35-3, 47, 1971

● 第 III 編 ──
都市の環境

工学技術の体系を理解するためには，その基礎となる各論をまず理解する必要がある。

第 III 編は，そのような基礎として，都市と環境という結びつきを柱としながら，環境要素のとらえ方を解説したものである。

1 章で，まず都市についての基本的なアプローチを解説し，2 章以下は，水，熱，空気，光，音の五つの環境要素について，それぞれ都市との関わりの意味と取組み方の基本を解説している。

それらによって，都市の形成に関わる環境要素の質的理解の一助となれば幸いである。

●第III編——1章
都市インフラと建築

1-1. 都市を機能させるインフラ整備

　都市は不特定多数の人が集まって居住する空間である。この集住生活によるメリットはきわめて大きく，それが人びとを都市に集めつづけている理由である。例えば，施設や設備の共同利用が可能で，より便利で高度なシステムが導入できる，各種業務の専門分化が可能となり，質の高いサービスが受けられる，さまざまな第三次産業が成立し，職も多い，情報の集積効果や市場による淘汰などで国際的経済競争力が向上し，豊かな生活が可能である，地縁，血縁関係以外のコミュニティが成立し，多様な価値観が満足できる，など枚挙にいとまがない。

　一方，集住生活によるデメリットにも大きなものがある。例えば，生活に必要な資源が大量に集積，流通される必要があり，大量のオフサイト資源が必要となる，都市活動に伴う各種廃棄物も集中化して環境汚染が起こる，自然環境の不足により人工環境化が余儀なくされ，この建設と維持に多くの資源およびエネルギーが必要となる，交通渋滞などの混雑現象が都市活動を妨げる，匿名性から無責任な行動や犯罪などもふえる，また，トラブルで一旦流通系に乱れが生じれば，都市活動が麻痺する[1]，などの危機管理上の脆弱さもある。このように，都市には資源・環境問題をはじめとするさまざまな問題が存在する。

　人間活動の集中した近代的都市は，これらのデメリットをハード的対応（都市インフラ整備）とソフト的対応（規制等）により抑えながら巨大化してきた。例えば，都市活動に不可欠な大量のエネルギーについては，国際資源である石油，天然ガスを源として，輸送，二次エネルギーへの変換，分配インフラを整備してきた。エネルギー供給者には地域独占を認めると同時に，供給義務を課すというソフト的対応がとられている。同じく，動脈系といわれる上水や物流などの供給インフラの整備はビジネス化も容易であり，真っ先に整備されている。一方，静脈系インフラの整備は遅れがちではあるが，公共サービス的ビジネスとして，ごみ処理システム，下水処理システムなどにより廃棄物への対応もとられている。交通システム，情報システムの高度化も重要な要件である。

これらのインフラ整備は，さらなる都市活動を促し，資源およびエネルギーの大量消費構造につながってきた。また，これらの対応が都市の諸システムを変化させている質的側面も重要である。例えば，エネルギーや水に関する都市インフラ整備が建築環境システムを画一化させ，これも資源やエネルギーの大量消費を助長させている，などである。

1-2. 近代的都市の始点と発展

今，都市のあり方が資源・環境問題を通して持続可能性の点から問い直されている。これは21世紀最大の課題ともいえる大問題である。ここでは，この持続可能性に焦点を絞ることにする。このような問題の理解のためには，産業革命以後の変化の認識が不可欠である。

(1) 第一次産業革命と都市

周知のように，第一次産業革命は水車動力を活用する産業と資本主義社会の発展であった。水車動力は，フローとしての太陽エネルギーを駆動源とするものであり，これに依存する社会は持続可能である。しかし，この動力の欠点は，産業立地に「急流の存在する山間部」という地理的制約を受ける点である。この理由から，人手，原料や製品の輸送がネックとなり，第一次産業革命では産業都市は形成されたものの分散的であり，巨大産業都市は成立し得なかった。過酷な労働条件の問題はあったが，大きな環境問題は生じなかった。

(2) 第二次産業革命と都市

その後起こった第二次産業革命は，石炭動力の利用の進展である。石炭は地下資源であり，太陽エネルギーのストックである。当時は燃料としての需要はかなり伸びていたが，資源は実質上無尽蔵に存在した。石炭を用いて動力を得る実用的技術は，主として炭鉱での動力源として坑内にたまる地下水の排水に利用されたニューコメンの蒸気機関から始まっている。このエンジンの効率はきわめて低かったが，炭鉱で使う限りあまり問題ではなかった。しかし，一般の産業の動力源となるには，重くて，かさも大きい石炭の運搬が大問題であり，ワットによる大幅な効率改善を経て，石炭が産業の動力源となっていく。筆者は，石炭を「自己増殖性のある資源」と名づけている。すなわち，石炭があれば石炭が掘れ，石炭で石炭が運べる。特に後者に関して，蒸気機関車は人や物資を運んだのみでなく，炭鉱から都市まで水運以外のルートで石炭を運んだ意義が大きい。これらに

より，産業立地がエネルギー源から開放され，交易に都合のよい臨海部などに大産業都市を成立させるところとなった。

(3) 化石燃料による人口の急増

石炭をはじめとする化石燃料は，食料の増産にもきわめて大きな寄与をしたと考えられる。筆者は「一石四食」と呼んでいるが，化石燃料を動力源とするトラクターが，それまで馬が行っていた開墾をより強力に行って「一食」，また，不要になった動力源（農耕，運搬，軍事用）としての馬の飼料生産用土地が人間用に回せて「一食」，化石燃料を原料とする化学肥料で「一食」，同じく化学農薬で「一食」，計「四食」がふえる勘定である。第二次産業革命を機に，「人類は太陽エネルギーのフローのみでなく，太陽エネルギーのストックも食べ出した」と解釈してよいであろう。これにより人口の急増が起こり，それが都市に集中するのである。当然，消費される化石燃料は爆発的に増加し，資源問題は近代都市に固有の課題となった。

1-3. 環境問題と都市

(1) 化石燃料の負の貢献

化石燃料が都市にもたらした負の貢献として，大気汚染という環境問題がある。すなわち，都市での石炭等の燃焼に伴う有害ガスが市民の呼吸器障害を引き起こし，多くの人命を奪う事態に至った。こうして，エネルギーの大量消費に伴う資源・環境問題が大きな課題となる近代都市が出来上がった。産業革命以後の都市大気汚染問題の典型は，ロンドンのスモッグに代表されるイギリスに見ることができる。工業化が遅れたわが国では，1960年ころの高度経済成長期に都市環境問題が一挙に顕在化し，同じように住民を苦しめた。当時は，都市内の工場からの燃焼ガスによる大気汚染という典型的な公害であった。

(2) 都市環境問題の解決策

現在，都市環境問題は完全とはいえないが，ある程度緩和されてきている。このための技術的対策を概観すると，例えば，よりクリーンで強力な燃料への転換（石炭→石油→天然ガス）がまずある。電力システムも大きな貢献をなしている。すなわち長距離送電技術を開発し，動力発生地と都市の分離を可能にした。発電所の都市外立地でリスクを外部にまかせ，クリーンな電力のみを内部に輸送するシステムとして都市活動の一層の活性化を支え，都市環境の向上にも大きな貢献

をした。廃ガス処理技術の開発も大きな貢献をしてきている。

これらは，都市の大量消費・大量廃棄の基本的構造を変えることなく，外部（外部環境，より強力な資源，対処技術など）に頼った解決方法であり，筆者らはこれを「extensive（外延的）な対応」と呼んでいる。

(3) 高煙突の功罪

この典型を大気汚染に対する高煙突技術に見ることができる。拡散理論の教えるところにより，煙突からのガスの着地濃度は煙突高さの自乗に逆比例する。高さを2倍にすれば許容排出量は4倍にできる勘定である。煙突を高くすれば，周辺環境は良くなる。しかし，高煙突のもたらしたものは，国際的環境問題，地球環境問題という，より複雑な問題であり，より大きな環境につけを回し，問題を複雑にしたに過ぎなかった。日立の鉱山では，まわりに煙を撒き散らす低煙突を「阿呆煙突」と呼んで馬鹿にした事実がある。人間活動がささやかな時代にはそうかもしれないが，現代では逆であろう。

(4) 今日的環境問題

都市環境問題は，特定排出源が加害者で住民が被害者という産業公害から，被害者と加害者の区別のない一般的な都市生活からの環境負荷が問題となる都市型公害へと変貌している。そして，致命的な汚染現象はなくなったが，extensiveな対応による緩和が都市活動の伸展に食われ，安心できるレベルとはいえない状況が続いている。また，ヒートアイランドのような規制のない環境汚染が進行しつつある。さらに，地球規模の環境問題も顕在化するなど複雑化している。なお，地球環境問題の解釈の仕方は重要である。すなわち，「もはやつけを回すべき外環境は存在しない。地球環境問題は，われわれが安易に依存してきたextensiveな対応の終焉を示唆している」と解釈すべきである。

(5) 今後の方向

これからは「intensiveな対応」，すなわち，都市のあり方，内部システムのあり方を問わねばならない。都市の諸システムのあり方を根本的に問い直し，構造転換が必要な時機である。大量消費・大量廃棄の資源一過型都市から，適正消費・適正廃棄の循環型都市の構築を基本にしていかなければ，未来はない。

1-4. システム化が不十分な現代都市

資源，環境が有限のこれからの都市を考えるとき，あらゆる構成要素が望まし

い姿に向けて有機的に活性化しているシステムを目指すべきである。現状は資源，環境が豊富で余裕があった時代につくられたさまざまなボーダーが存在し，これらが活性化を妨げている。

(1) 都市の縦割り管理体制

都市の根本的改造を考えるとき，現状における都市管理の縦割り体制の是正は重要なポイントである。例えば，供給・処理インフラにおいても，エネルギーは経済産業省，上水は国土交通省と厚生労働省，ごみは厚生労働省，下水は国土交通省，河川も一級河川は国土交通省で二級河川は県などと，それぞれが別々の官庁によって管理されている。このような都市で新たなシステムを導入する場合には，この体制は大きな障壁となる。例えば，河川水を熱源に利用する省エネルギー型の地域熱供給システムを実現するには多くの行政の壁を越えねばならない。

(2) 供給者と消費者のボーダー

また，供給者と消費者の間にも明確なボーダーが存在する。現在の都市では，水やエネルギーの供給責任が供給者に課されており，懸命の努力で必要な資源が確保されている。市民はそれを大切に使う立場であるべきであるが，単なる経済財として扱われており，ゲームに参加できていないのが現状であろう。このようなシステムを称して「勤勉な供給者が怠惰な消費者を養成しているがごとし」と指摘した賢人（出典不明）がいるが，けだし名言である。

(3) 都市設備と建築設備のボーダー

また，都市と建築の間にも現状では明確なボーダーが存在する。建築は都市インフラの単なるユーザーである。水システムを例にとると，建築で水が欲しければ都市の上水システムに，汚水処理は下水システムに建築設備をつなげば解決できる。その結果，個々の建築の要求を積み上げると全体はきわめて不合理な負荷特性となり，無駄を生み出していても直接使い方を問われることはない。例えば，夏期に系統の電力需要がピーク値を伸ばし，それが新たな発電所の増設を招き，一方で負荷率が低下している現状は一つの典型的事例である。

(4) 乏しい情報の流れ

前述のような現在の都市問題に関する情報は十分ではない。例えば，エネルギー供給の陰にいかなる技術者の努力があるのか，また，いかなる環境負荷を出しているのか，などがユーザーに伝えられていない。中国に「飲水思源」という熟語があるが，市民が水を飲むときに源を思えることは，水を大切に使う文化の育

成などの面から，システムにとってきわめて重要な要件である．しかし，現在の都市ではきわめて巨大なシステムとなっており，とても水源まで思いがいかないのが現実である．このように，現在の都市上水システムは機能のみを発揮し，情報伝達性に欠けている．この点は下水もエネルギーシステムも同様である．

(5) 自律性の欠如

前述の高煙突の例でもわかるように，高煙突の問題点に周辺住民の無関心化が挙げられる．煙突が低ければ，周辺住民が決起してブレーキがかかる．一方，煙突を高くすると，煙害は遠くに及び，因果関係がわかりにくくなる一方で，周辺環境がよくなることから，周辺からはブレーキがかかりにくい．すなわち，低煙突には自律性があり，高煙突にはそれがない．なお，低煙突では周辺環境の改善が広域環境の改善につながるが，高煙突では周辺と広域がトレードオフ関係になる．この低煙突の特性は，地球環境時代のシステムの備えるべき要件である．巨大な都市インフラに支えられた現在の都市も，自律性はきわめて希薄である．渇水になっても，発電能力が逼迫しても，需要の変化はきわめて鈍いのが現実である．

(6) 質の軽視

都市エネルギーシステムとしては，電力と都市ガスが代表であるが，これは強力な超高級エネルギーである．建築においては，この強力なエネルギーの力を借りて，安定で均一という環境創造が行われている．これは技術的には安易な方向といえよう．目的とする空間に必要な環境の質を，それにマッチした質のエネルギーで実現すれば，計画および技術的には困難であるが，消費エネルギーはずいぶん低減できるであろう．また，上水にしても，最近は飲用レベルでの高度浄化水の供給が常識化している．現在の上水需要のうち，飲用用途は15%程度に過ぎない．このように，都市で使われている水，エネルギーなどの供給・処理インフラは，質への配慮が不十分である．他のインフラ，例えば交通インフラでは，高速自動車道，一般自動車道，自転車道，歩道と質を考えた対応がなされている．この状況と比較してみても，まだ都市の供給・処理インフラの整備は不完全である．

(7) 自治体の参加の不十分さ

これからは画一的な供給・処理インフラを整備して，ユーザーが使うという体制から，需要を考えた供給・処理システムを考える方向に注目すべきであろう．

これにはきめ細かな配慮が必要であり，これは国レベルではなく自治体レベルの業務である。エネルギーシステムにおいて，自治体がほとんど関与していない現状は，大きな問題点である。

1-5. 代謝系としての都市

持続可能都市を考えるとき，都市も建築も代謝系としての見方が必要である。代謝系とは「生体に食物や水が取り入れられ，それが体内でエネルギーに変換されて生体を機能させ，最終的に，老廃物となって体外に出されるシステム」である。都市も物資や水，エネルギーが流入し，都市を機能させ，廃棄物となって出ていく。生体との相違を考えると，生体では動脈系と静脈系がバランスよく配備されているが，都市では動脈系に比して静脈系が軽視されてきたといえるであろう。

いずれにしても，それらは全体の系として考えるべきであるが，現状の都市ではそれぞれ別の系と見られることが多い。この場合，建築は動脈系の末端であり，静脈系の上端に過ぎない。また，代謝系の視点をもてば，例えば，水に関しては動脈系と静脈系があるが，エネルギーに関しては静脈系が存在しないのに気づくであろう。すなわち，都市においてエネルギー消費の結果の廃熱にはまったく無関心である。この廃熱がヒートアイランドを助長し，各種問題を引き起こしているのが現実であり，この問題への対処には熱の処理までを考えたシステム計画がなされねばならない。また代謝系の概念では，建築は代謝系の中心にあり，決して末端ではない。単なる都市インフラのユーザーとして，それに合わせるのみでなく，代謝系の中心として，そのあり方に対して積極的に情報を発信すべきである。

図1.1に大阪市におけるエネルギーフローの現状を示す[3]。普通，建築が終点の図が描かれるが，代謝系としては廃熱の段階までを把握する必要がある。

1-6. これからの都市インフラと建築の関係

都市に関係する資源・環境問題にとって，建築部門のあり方は重要である。わが国のエネルギー消費は，産業：民生：運輸＝4：3：3程度であるが，産業部門の製品のかなりが建築用途に使われることを考えると，半分近くが建築関連で消費されていることがわかる。すなわち，建築のあり方が関与する環境負荷が最大

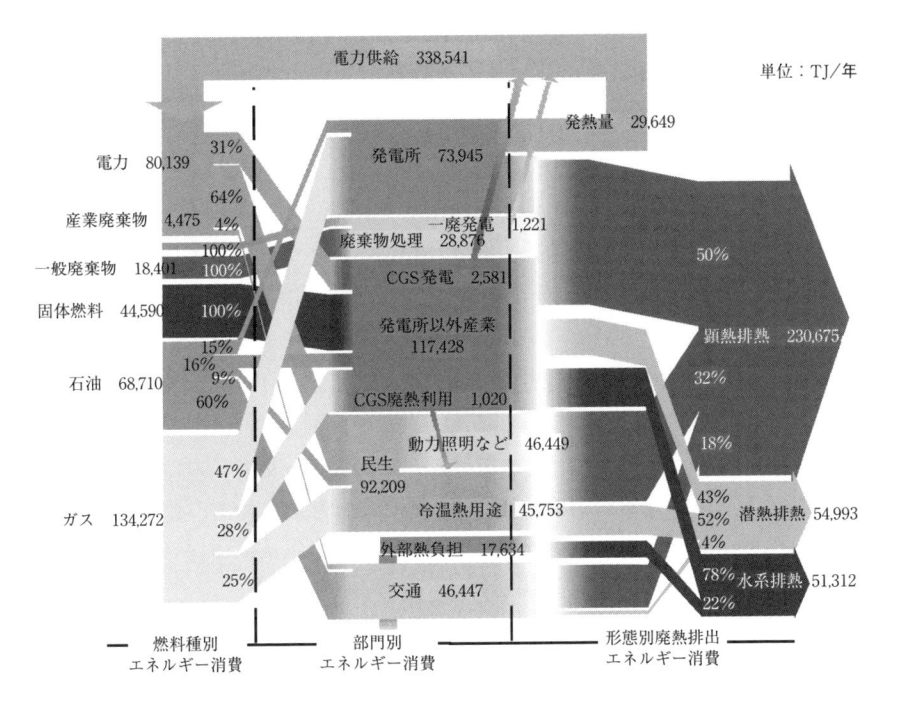

図1.1 大阪市の年間エネルギーフロー[3)]

であることを認識しなければならない。「Think globally, act locally」が，これからのキーワードであるが，まさにその成否のカギの多くは建築が握っているといってよい。参考データとして図1.2に，わが国の二酸化炭素排出量（1995年度）に占める建築関連の寄与を項目別に示す[2)]。

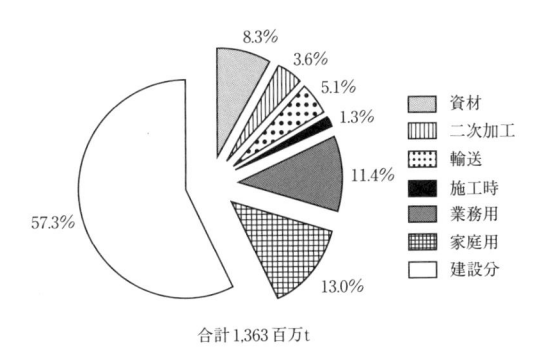

図1.2 産業連関法（1995年）から推定した日本の二酸化炭素排出量に占める建設分野の比率[2)]

建築関連が42.7%を占めている。

持続可能都市を目指す建築環境システム関連の実績として，省エネルギー建築を挙げることができる。これには大きな可能性が実証されており，その普及を促進すべきである。なお，どの省エネルギー建築においても，建築内部では優れた

システム対応がなされているが，外部とのシステム化の発想はまだ不十分と考えられる．これからは建築環境システムの構築において，都市インフラ，都市環境，地球環境，地球資源，アクティブなユーザーなどとの調和を十分に考えるのが必須項目である．

システムの評価においても，従来は内部化されたコストと利便性でもっぱら行われてきたが，環境共生性，持続可能性，各種リスクなどの外部費用も適切に考慮した評価システムを確立し，持続可能都市への変革を進める必要がある．

現在，都市インフラもいくつかの変革の芽を見せている．従来の大規模集中型一辺倒から，分散型が参入する可能性が大きい．これはITの進展による分散型システムの管理技術の進展に拠るところが大きい．例えば，エネルギーシステムにおいては，分散型電源が注目されている．この場合，電力のみでなく熱の活用もできることから，建築の需要特性と密接な関係が生じてくる．従来のように，系統電力で動力需要を，都市ガスで熱需要をまかなう場合と比して，建築と都市インフラのシステム化が重要になることは明白であろう．

いままでは，都市インフラや建築環境システムとして，高級・汎用資源を用いて「便利な暮らし」を支援するシステムをつくってきたが，今後は環境の質に応じた適正資源を用いた「上手な暮らし」の支援システムづくりが基本的課題といえよう．

参考文献・図表出典
1) 日本建築学会編：阪神・淡路大震災被害調査報告集，建築編第7巻，1998
2) 漆崎昇，水野稔，下田吉之，酒井寛二：産業連関表を利用した建築業の環境負荷推定，日本建築学会計画系論文集，549(2001)，p.75〜82
3) 下田吉之，水野稔ほか：大阪府におけるエネルギーフローの推定と評価，日本建築学会計画系論文集，第555号（2002），p.99〜106

● 第III編 —— 2章
都市の水環境

2-1. 都市の水環境とは

　水は分子的には H_2O という物質であり，固体（氷），液体（水），気体（水蒸気）と状態変化をしながら地球上を循環している。この限りある資源は，あらゆるものを溶かすものであり，かつ，生命を維持するために必要な物質である。また，生物の生息基盤として重要な役割を果たしている。その天然資源である水を，私たちはさまざまなところから採取して，さまざまな目的で用いている。都市の水（主に河川）は，土木の分野では治水（堤防やダム，護岸整備など，水害から生活を守ること），利水（水運や灌漑，水道の取水や下水道の放流先として），親水および環境（人と水とのふれあい，生態系保全）が考慮されてきたが，近年の環境意識の高まりや河川法の改正などを背景に，治水と利水をベースとしながらも，親水や環境に十分配慮する傾向になっている。建築環境設備学における水を考えるうえでも，地球環境や土木，都市計画の分野を含めた広い視野で水を見ることが重要になる。本章では，そのような都市の水について，大きなスケールから小さなスケールにわたって見ていくことにする。

表2.1　地球上に存在する水の量[1]

水の種類		水量 (1,000 km³)	全水量に対する割合 [%]	全淡水量に対する割合 [%]
海水		1,338,000	96.5	
地下水		234,000	1.7	
	うち淡水分	10,530	0.76	30.1
	土壌中の水	16.5	0.001	0.05
	氷河等	24,064	1.74	68.7
	永久凍結層地域の地下の氷	300	0.022	0.86
湖水		176.4	0.013	
	うち淡水分	91.0	0.007	0.26
	沼地の水	11.5	0.0008	0.03
	河川水	2.12	0.0002	0.006
	生物中の水	1.12	0.0001	0.003
	大気中の水	12.9	0.001	0.04
合計		1,385,984	100	
	合計(うち淡水)	35,029	2.53	100

注）この表には，南極大陸の地下水は含まれていない。

2-2. 地球上の水資源

地球上に存在する水の量は，WHO（世界保健機関）が行った1996年の調査によると約14億km^3である（表2.1）。この大部分は海水であり，全水量に対する割合は96.5%に達する。人が生活用水や農業用水として使用している淡水は，わずか全水量の2.5%にあたる約3,500万km^3しかなく，その多くは氷河や地下水として存在しているので，通常は人の目に見えない。陸地の表面に目に見えるかたちで存在する淡水は，湖水・沼地の水，河川水しかなく，水量はわずか約10万km^3で，全水量に対して10,000分の1以下である。そのような貴重な資源を使用しているということを私たちは何よりも先に考えなければならない。

2-3. 世界の水需要

世界の水需要を前節と同じWHOの報告から見ると（表2.2），全体水量としておよそ3,500 km^3となっており，これは淡水の表面水の約3%に達する。一見，少なく見える数値ではあるが，淡水の表面水が実際に人間の生活のために使用される割合を考えると，相当量の水を採取しなければならないことがわかる。淡水資源の需要は，これからも増大することが予想されており，2025年には1995年の1.5倍近くになるとされている。さらに考えなければならないことは，地域ごとに存在する水量と人口密度が大きく

表2.2 世界の地域別に見た水使用量の動向と水需要の将来見通し[1]
(10億m^3, l／日)

		1950年	1995年	2025年
		1995/1950		2025/1995
ヨーロッパ	全体水量	93	497	602
		5.4		1.2
	1人当り水量	490	1,985	2,406
		4.1		1.2
北アメリカ	全体水量	281	652	794
		2.3		1.2
	1人当り水量	3,548	3,924	3,654
		1.1		0.9
アフリカ	全体水量	56	161	254
		2.9		1.6
	1人当り水量	700	593	446
		0.8		0.8
アジア	全体水量	859	2,085	2,997
		2.4		1.4
	1人当り水量	1,663	1,714	1,671
		1.0		1.0
南アメリカ	全体水量	59	152	233
		2.6		1.5
	1人当り水量	1,474	1,273	1,292
		0.9		1.0
オーストラリア オセアニア	全体水量	10	26	33
		2.6		1.3
	1人当り水量	2,333	2,407	2,365
		1.0		1.0
合計	全体水量	1,359	3,572	4,913
		2.6		1.4
	1人当り水量	1,493	1,756	1,625
		1.2		0.9

異なるということである．このため，淡水資源をめぐる国際紛争が起こる可能性も指摘されている．さらに，世界の上下水道の普及率を見ると，地域差がますます顕著であることがわかる．

地球環境問題の一つである砂漠化の進行や，温暖化による氷河の溶解と，それに伴う海面上昇，都市化による雨水の地下浸透面積の減少と淡水の流出，そして水の汚染が進行していることを考えると，使用できる水資源は今後ますます減少するものと予想される．

2-4．日本の水需要

日本の水収支を見ると，年平均降水総量である 6,500 億 m^3 のうち，農業用水，工業用水，生活用水として使用される河川水はおよそ 760 億 m^3 であり，降水量の 8 分の 1 程度しか利用していないことがわかる（図 2.1）．使用されない水資源の多くは河川から海洋に流出している．一方，地下水の利用は河川水の 10 分の 1 程度にとどまっている．地下水は水質が良く，温度変化が少なく，さらに大規模な貯水・取水・供給施設が必要ないことから，水資源としてとても有用な資源であるが，1960 年代の高度成長期に地下水のくみ上げによる地盤沈下が深刻になったため（図 2.2），一部の地域では地下水のくみ上げが規制されており，現在もその状態は続いていることから，今後も使用量の増加は期待できない．取水された水は，主として農業用水に 65％，工業用水に 15％，生活用水に 20％ の割合で配分されており，その需要は横ばい状態が続いている．このように，一般生活で使用することのできる水はかなり少ない．

さらに，水源の確保は地域差が大きく，水源の確保が十分でない東京や四国，福岡などの地域では，渇水を繰返し経験してきている（図 2.3）．河川を流れる水だけでは使用する水量を十分に確保できないことから，ダムで水を貯めて必要に応じて流量を制御することで確保してきた治水・利水対策であるが，水需要が横ばい状態で，人口は 2006 年をピークに減少に転じる見込みであること，さらに農業用地が減少し続けていることや環境保全の観点からも，山間部におけるダムの新規建設はむずかしい状態になっている．それだけに，建物レベルの節水対策や，水を節約するライフスタイルの推進が今後ますます重要になってくるものと考えられる．

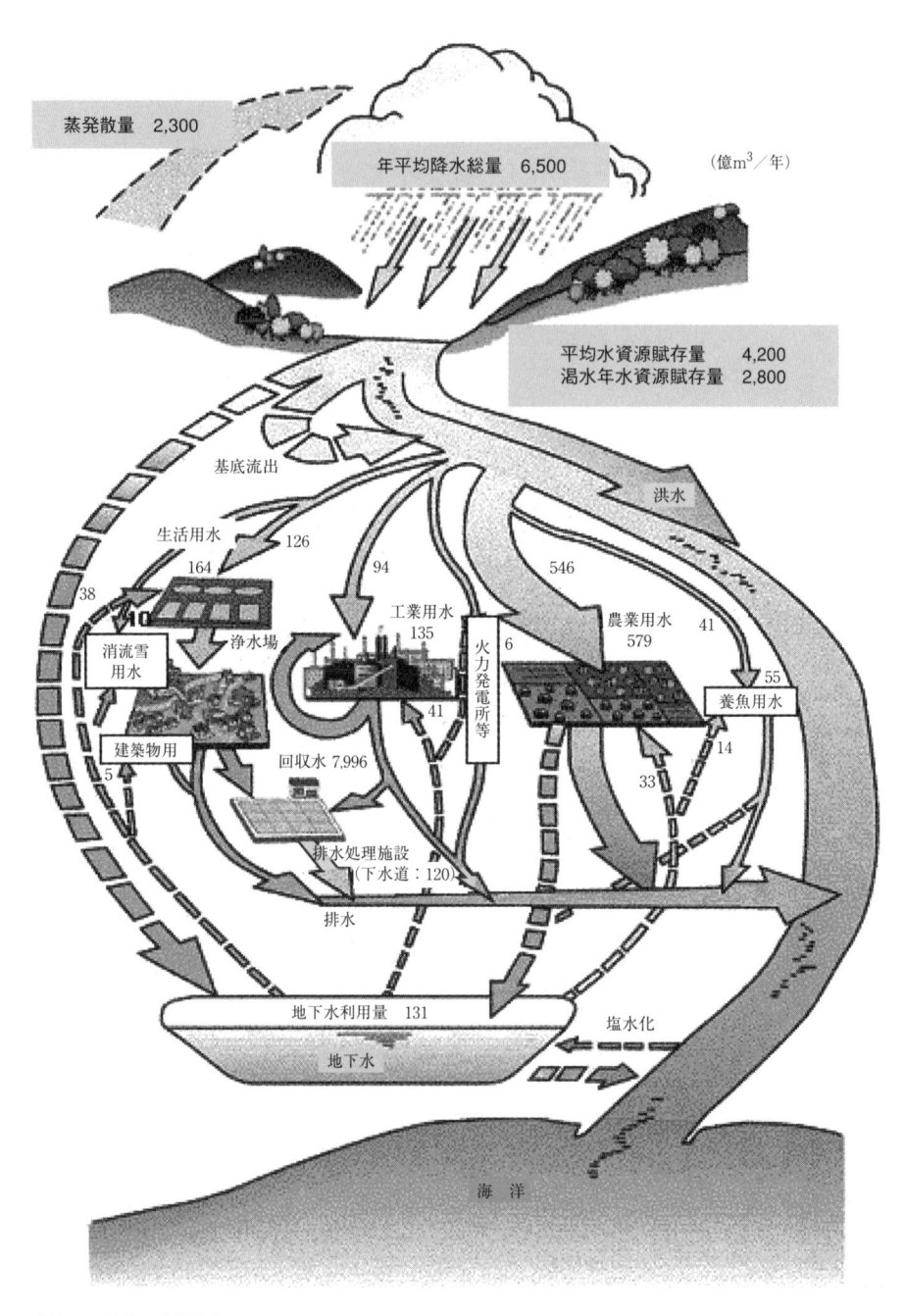

図2.1 日本の水収支[3]

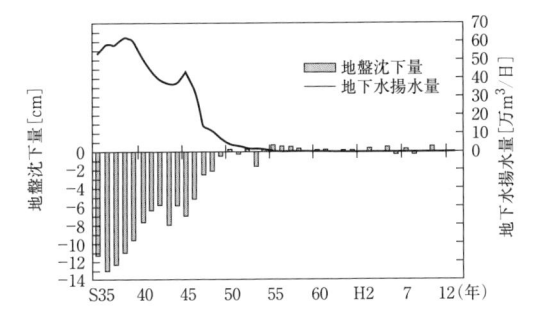

図 2.2　地盤沈下の程度と地下水揚水量[3]

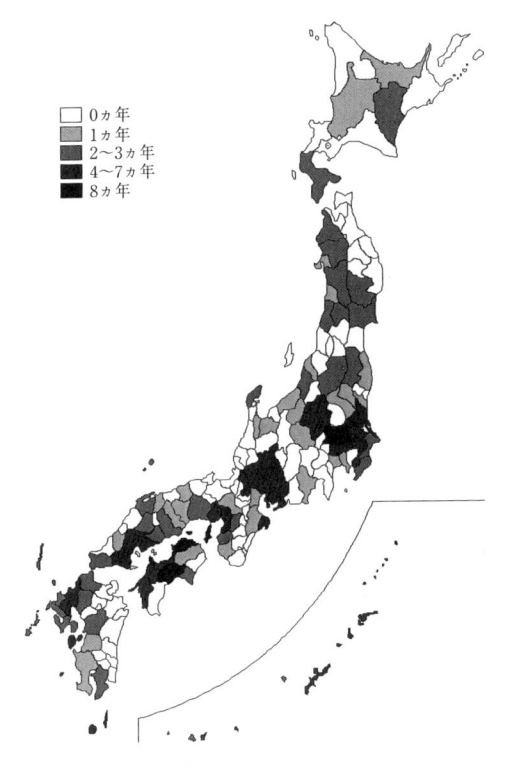

図 2.3　渇水発生件数（最近20ヵ年で渇水の発生した状況）[4]

2-5. 都市における多様な水循環システムの構築

　都市化の進展により，多くの都市で工場や住宅からの排水の汚濁負荷が自然の浄化能力を超えて大きくなり，河川や湖沼，または海洋の水質汚染が急激に悪化した。そこで建物から排出される汚水（糞便と尿）と雑排水を集積して，水質浄化した後に河川などに放流するシステムとして下水道が整備されてきており，河川等の水質が徐々に回復する傾向にある。現在，全国の下水道普及率は増加傾向にあるものの（図2.4），普及率は6割程度となっており，都市のすべての排水を浄化して放流するにはまだまだ至っていない。また，下水道が早く普及した地域における合流式下水道（汚水と雨水を一緒に流す方式）は，大雨などによって下水道の処理能力を超える水が流れたときに，未処理のまま汚水を放流するので，分流式下水道（汚水と雨水を別の管で流す方式）と比較して水質が悪化する問題が指摘されている。さらに，都市化の密度が低い地域における下水道の整備は，配管網の整備にかかるコストを考えると適切とはいえないことから，合併式浄化槽によって汚水と雑排水を各戸または何戸かの単位で処理するシステムがとられている。

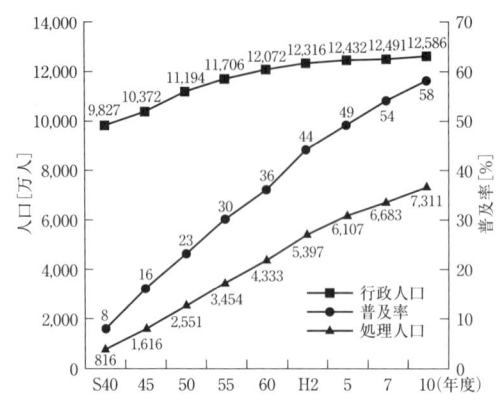

図2.4 下水道普及率の推移[1]

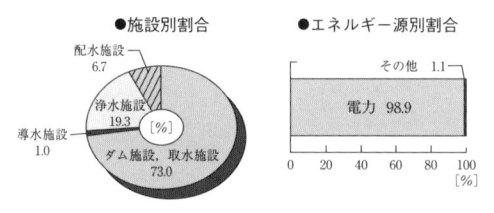

図2.5 上水道（自然流下方式）の運用に使用されるエネルギー[1]

　大都市における水利用の特徴は，水源を遠くの場所に確保して，そこから遠い距離を送水して水を得る配水システムにある。近年，地球温暖化防止の観点から，その原因物質であるCO_2の削減が求められているが，取水や配水には多くのエネルギーが使用されている（図2.5）ことを考慮すると，水源はできるだけ近いところに確保することが有効であるといえる。前述のとおり，ダムによる水源の確保がむずかしいことから，多様な水循環システムの構築や，都市が備えていた本来の水循環を取り戻すという環境配慮の動きが見られる。

　前者は，雑用水（中水）利用として，建物から排水された水を下水処理場で浄化して，その水を水道とは別の配管系統で供給する雑用水道や，建物内の排水を建物あるいはその地区内の浄化施設で浄化したうえで再利用する排水再利用がある。また，屋根や敷地の降水を集水して，その水を浄化して直接利用する雨水利用がある。排水や雨水を浄化した再生水は，衛生上の観点から通常はトイレの洗浄水や水冷式冷却塔のブロー水，そして散水などの雑用水への利用に限定されている。しかし，各建物における使用水量における雑用水需要量（トイレ洗浄水）の割合はかなり高く（表2.3），試算によると再生水の使用により，おおよそ4分の1の水道使用量を削減することが可能である。どのような水循環システムを使用すれば，水をより有効に利用できるかを都市レベルで考えていくことが今後の課題となる。

　後者は，排水の流出による河川水の氾濫や合流式下水道における汚水の河川への流出を防ぐこと，そして都市における地下水の涵養による自然の水循環の回復

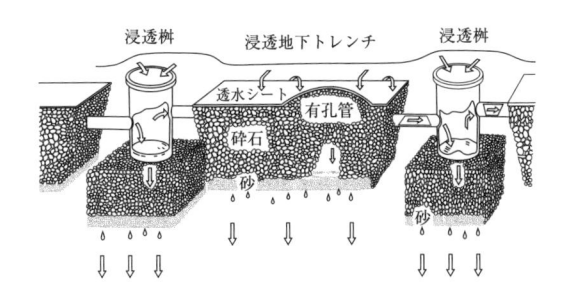

図2.6
浸透桝と浸透地下トレンチの設置図[7]

表2.3 公共・商業用地の建築物における使用水量に対する再生水需要量の割合[6]

用地・建物用途		再生水需要量の割合 [%]	備 考
公共用地	教育文化施設	62.3	小学校58%，中学校63%，高校66% の平均
	厚生医療施設	35.0	大病院36%，小病院34% の平均
	その他	35.5	事務所建築物に準ずる（官公庁施設，供給処理施設）
商業用地	事務所建築物	35.5	事務所（大型）33%，事務所（小型）38% の平均
	専用商業施設	41.0	デパート41% を採用
	宿泊・遊興施設	23.0	ホテル23% を採用
	スポーツ・興行施設	52.0	劇場37%，映画館67% の平均
	住商併用施設	26.3	専用商業施設41% を3割，住宅20% を7割として算出

を目的とした雨水の地下浸透（図2.6）を促進することである。通常のアスファルト舗装やコンクリート舗装面は，地下へ水を浸透させないので，その水は直接下水道に流れる可能性が高いが，浸透舗装を施し，地下トレンチにより地下に水を浸透させることにより，雨水の河川への大量流出を防ぐとともに，地下水の涵養による湧水の復活など，その土地がもっていた本来の水循環を回復させる役割をもたせることができる。

2-6．熱源としての水の活用

水は，他の物質と比較して熱容量が大きく，熱を吸収しやすい特性をもっている。つまり温まりにくく，冷めにくい性質をもっている。夏は気温よりも水温のほうが低く，冬は気温よりも水温のほうが高いのが一般的である。さらに，熱を放出するときには潜熱となるので，暑くならないばかりか冷却効果も期待できる。この性質を利用して微気候の調節効果や都市のヒートアイランド現象を抑制する効果が期待できる。河川沿いには周辺より気温の低い空気が流れる風の道ができるので，この熱を効率的に取り入れる工夫が提案されたり（図2.7），舗装面

においても，保水性舗装によって気化熱により温度を下げる方法が実用化されている。また，地下水や河川水，海水などと気温との温度差を利用したヒートポンプが導入されている。

寒冷地域では冬季に多くの雪が降る。人工的に氷をつくって蓄熱する氷蓄熱が，空調方式として用いられているが，自然のエネルギーを利用した方式として，雪をためて夏期の冷房などに利用する雪利用も進められている。

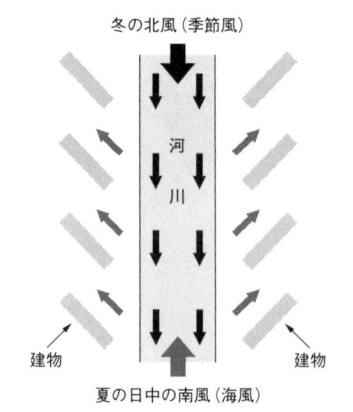

図2.7 河川沿いの建物配置の工夫による川風の選択的導入イメージ[8]

2-7．親水と環境

都市は，人間が自らの生活を便利で豊かなものにするための場所であり，水環境にも大きな変化を与えてきた。治水や利水による堤防や護岸の整備，流路の改変は，その土地本来の水の流れに大きな影響を与えてきた。水運が衰退し，自動車交通が主な交通手段になると，水路や堀が埋め立てられた。河川や水路を生活用水として使用してきた生活が，水道の普及により変化して，人と河川など都市の水との関係が希薄になった。それに加えて，産業が発達し，人口が爆発的に増加するなかで，排水処理されないまま排水が河川に流れ込む状態になり，小さな河川や水路は蓋をかけられて排水路に変化した。このように都市の水面が減少し，そこに生息していた野生生物の生息場所が奪われた。さらに水面の減少は，貴重なオープンスペースを奪うことにつながり，水だけでなく大気や熱環境の悪化につながった。その影響が最終的には都市に住む住民のアメニティ（総合的な環境の質）の低下につながった。

このような背景のなかで，都市のアメニティ向上のために水と親しむ「親水」という考え方が1970年代から取り入れられてきた。都市における水循環を回復させること，流域の水質を改善すること，野生生物の生息場所を確保すること，人間が水と親しむこと，それぞれが親水に関わる行為である。例えば，郡上八幡のように水を有効に使った暮らしを守ること（図2.8），野生生物の生息空間であるビオトープを河川や遊水池，学校，建物の屋上などにつくること（図2.9），水辺における花見やキャンプなどのイベントやごみ拾いなどのボランティア活動，水質浄化を自然環境のなかで行う試み，噴水や滝，せせらぎ，池を広場や住宅

図 2.8 郡上八幡の水舟

図 2.9 住宅地そばのビオトープ

図 2.10 水景施設

地，道路沿いにつくることなどである。このような人の手によりつくられて，親水に考慮された水関連施設のことを水景施設（図 2.10）と呼び，さまざまな形態のものがその目的にあわせてつくられている。今後も，このような水景施設が設置されると考えられるが，意図どおりに運用されていないと思われるものが散見される。都市の水環境を構成する要素の一つとして，水循環の構築や周辺環境への影響，人間や生態への影響などの広い視点をもって設置を検討する必要がある。

図表出典

1) 環境庁編：平成 12 年版環境白書，ぎょうせい，2000
2) WHO：Global Water Supply and Sanitation Assessment 2000 Report
   http://www.who.int/water_sanitation_health/Globassessment/Boxes.htm
3) 国土交通省土地・水資源局水資源部：水資源
   http://www.mlit.go.jp/tochimizushigen/mizsei/junkan/index-4/11/main.html
4) 東京都水道局：平成 14 年度環境報告書，水道事業と環境保全，3．地盤沈下対策

http://www.waterworks.metro.tokyo.jp/pp/kh14/kh04-3.htm
5) 国立社会保障・人口問題研究所：都道府県の将来人口（平成14年3月集計）より作成
6) 小瀬博之：建物用途からみた地区における再生水需要量と再生水供給量の試算，第6回水資源に関するシンポジウム論文集，p.754〜759，2002/8
7) 紀谷文樹・中村良夫・石川忠晴：都市をめぐる水の話，井上書院，1992
8) 一ノ瀬俊明：循環型社会を目指した都市再生戦略 空調にエネルギーを使わない街づくり，特集 循環型社会 持続可能な未来に向けて，Civil Engineering Consultant, Vol.215, pp.95〜799, 2002/4

●第III編――3章
都市の熱環境

3-1. 都市気候の特徴

　都市環境問題の一つに都市に形成される特有な気候，すなわち，都市気候が挙げられる。表3.1は，都市気候の特徴をいろいろな項目について郊外と比較したものである。

　気候要素のなかでも最も身近な気温についてみると，都市の気温は郊外よりも高い。図3.1には東京における気温の観測例を示す。同図は風の弱い冬季における早朝の気温分布であるが，新宿や池袋のあたりが最も高温を示し，郊外と比べると5℃近く高い。このように，都心に高温域が形成されて，等温線がまるで熱の島のようになることからヒートアイランド現象と呼ばれている。ヨーロッパでは，すでに19世紀から知られており，その後，世界中の多くの都市でも確認されている。そして，多くの議論のある地球の温暖化と比較すると，例

表3.1　都市と郊外の気候差[*1,1)]

項目		差
放　射[*1]		
純　放　射		15〜20%減少
紫外線（冬）		30% 〃
紫外線（夏）		5% 〃
日　射		5〜15% 〃 (25〜30%減少)[*3]
気　温[*1]		
年　平　均		0.5〜1.0℃高(2.5℃高い)[*3]
冬　の　最　低		1.0〜2.0℃ 〃 (3〜4℃高い)[*3]
相対湿度[*1]	年平均	6%減少(10%以上減少)[*3]
	冬季平均	2% 〃
	夏季平均	8% 〃
雲[*1]		
雲　量		5〜10%増加
霧（冬）		100% 〃
霧（夏）		30% 〃
降　水　量		
日降水量	0.5mm以下の日数	10%増加(15〜20%増加)[*3]
雪		5%減少
汚染物質[*2]		
巨大じん埃粒子		10倍 (10倍以上)[*3]
CN		15倍以上
dust		10倍
SO_2		5倍 (10倍以上)[*3]
CO_2		10倍
CO		25倍 (50倍以上)[*3]
風　速[*1]		
年平均風速		20〜30%減少
極　　値		10〜20% 〃
静穏度数		5〜20%増加

[*1] H.E. Landsberg：1970, Meteorological Monographs, Vol. 11, p.91, table 1
[*2] 神山恵三の資料
[*3] 河村武の資料（東京の場合）

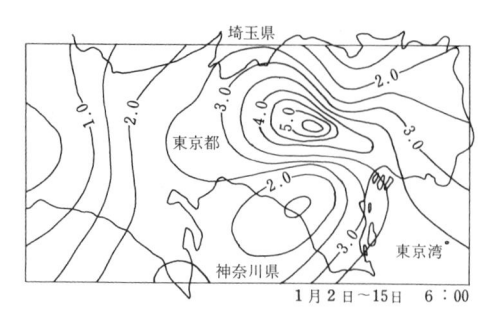

図3.1　東京のヒートアイランド現象[2)]

えば東京では，その10倍近くの温度上昇が観測されている。

表3.1で，その他の気象要素についてみると，東京の日射量は大気汚染のために25〜30%も減少し，相対湿度は10%以上減少している。また，高層建物がふえて地表面の凹凸の規模が大きくなったため，風速は弱くなっている。

都市の風環境については次節で触れるが，ヒートアイランドによって都心では上昇気流が生じ，上昇した汚染空気は光化学スモッグとなって近郊に下降するなど，複雑な気象現象を呈する。また，建物に囲まれた閉鎖的な空間では風速が減衰することから，風の弱い日には熱や汚染物質の拡散能力が低下し，環境が極度に悪化する可能性が高い。

3-2．ヒートアイランド現象の形成要因と特徴

ヒートアイランド現象は都市の極度な人工化によるものであり，その主要な形成要因は，

(1) 土地被覆の改変
(2) 膨大なエネルギー消費
(3) 大気汚染

である。そして，地表面近傍の大気を暖める要因を示したのが図3.2である。すなわち，ヒートアイランド現象を引き起こす大気顕熱は，①地面や建物表面からの顕熱，②屋内から換気によって放出される顕熱（夏の冷房時にはヒートアイランド現象を抑制することになる），③冷房時に室外機から大気へ直接出る顕熱，④熱源機器から直接屋外に排出される排熱，⑤自動車等の排熱，などが挙げられる。

ヒートアイランド現象の抑制方法を具体的に展開しなければならない現状を踏まえると，ヒートアイランド現象の形成要因と，その特徴を理解しておくことは必須であろう。ここでは紙面の都合上，(1)に着目して少し詳しく解説する。

イ．建物が密集化し，地表面の凹凸，すなわち彫りが深くなると，同じ材料で地表面が構成されていても凹部での多重反射によって日射の吸収率が大きくな

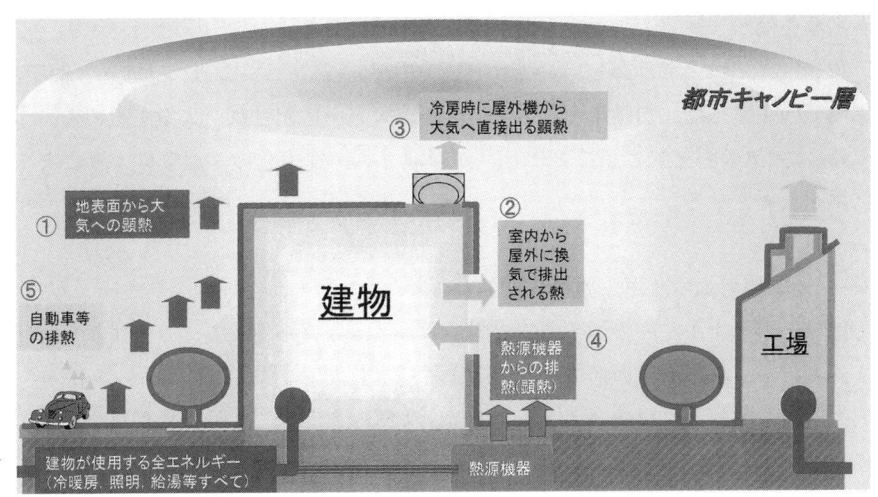

図3.2 市街地のなかで，大気を直接暖める要因——大気顕熱負荷

る。すなわち，日中，建物や地表面に吸収される日射熱が多くなる。また夜間は，建物に囲まれた地面は，天空がふさがれるため，負の太陽ともいえる天空へ向かっての熱放射が妨げられ，大気放射冷却が抑制される。

ロ．彫りの深い街の中では，ビル風のように局所的には強風が生ずるところもあるが，上空に比べて風速が減衰する。例えば，わが国に多い沿岸都市では，日中，上空では涼しい海風が吹いていても，街の中に入ると風速が急激に減少する。すなわち，夏の通風に対しては貴重な自然のポテンシャルを失ってしまったということになる。特に両側を高い建物で連続的に囲まれた道路空間（ストリートキャニオンと呼ばれる）のように閉鎖的な空間では，風の弱い日には熱や汚染物質の拡散能力が低下し，極度に生活環境が悪化する危険性もある。

ハ．そして最も大きな要因として挙げられるのが，裸地などの透水面や樹木，草，地被植物などの緑の減少である。雨水の保水能力が低下するとともに，蒸発散による冷却作用が低下する。その結果として表面温度が上昇し，空気を暖める顕熱量がふえる。

ニ．アスファルト舗装面やコンクリート造建物など熱容量の大きい材料が地面を覆うことによって，これらに日中吸収された日射熱が蓄熱され，夜間になって

も高温を保つ。熱帯夜の発生を助長する主要因である。

(2)と(3)については詳しい説明は割愛するが，(2)については，冷暖房，照明，工場での生産工程，自動車などによる廃熱が大気へ放出され，大気を暖める。

(3)は大気の汚染によってスモッグが形成され，都市全体が温室のようになり気温を上昇させる。

3-3. 太陽放射エネルギーの熱収支メカニズム

地球上のエネルギーの源である太陽放射エネルギーの熱収支メカニズムを理解することが，都市気候の形成過程を考える基本となる。

太陽から放射された放射エネルギーは，大気圏を通過して地上に到達するまでに量的にも質的にも変容する。図3.3に示すように，そのまま大気中を通過して地上に到達する直達日射，大気中で散乱されて地上に降りそそぐ天空放射，さらに大気中の水蒸気等によって吸収され，その大気の温度に応じて再放射される大気放射に分けられる。直達日射と天空放射は $0.3\,\mu m$ から $2\,\mu m$ 程度までの紫外線，可視光線，および近赤外線と呼ばれる電磁波である。一方，大気放射は $10\,\mu m$ 前後の中間赤外線であるため，われわれの目には見えず，なじみが薄い。しかし，地表面の熱収支には地上からの再放射とともに重要な役割を果たしている。

地表面に入射した放射エネルギーの一部分は反射する。その他は吸収されて地表面を暖める。そして，吸収されたエネルギーの一部は，表面近傍の空気との対流により，また，地表面の表面温度と放射率に見合った再放射エネルギーとして放出され，残りは地中に伝導

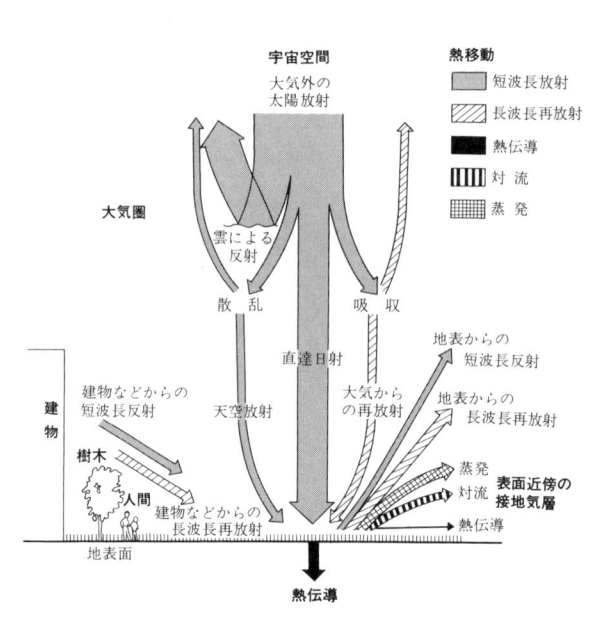

図3.3 地表面における太陽放射エネルギーの熱収支メカニズム[3]

で伝わっていく。水が存在する場合には，蒸発の潜熱としても使われる。実際の建築外部空間では，建物と地面との間で多重反射や再放射の授受なども加わる。

　図3.3に示した各要素は，ある比率の元で熱収支のバランスがとれるが，地表面の被覆材料や外部空間の形態によって特有な熱環境が形成される。日向のグラウンドの上と樹陰では，直達日射の有無だけでなく，地面からの反射日射と周囲からの再放射，いわゆる照り返しに大きな差があるために，気温にはほとんど差がなくても温熱感が非常に異なることは日常よく経験することである。

3-4. リモートセンシングでとらえた都市の地表面温度

　次に，ヒートアイランド現象の形成要因の一つである土地被覆の改変に着目し，都市の表面温度が土地被覆の状態によってどのように異なるか，リモートセンシング画像で見てみよう。図3.4は夏季の晴天日に，杜の都といわれる仙台の市街地と郊外で観測された航空機リモートセンシング画像である。左図はMSS（マルチスペクトラルスキャナー）というセンサーで観測された三つの波長帯の画像を青（可視域），緑（近赤外域），そして赤（熱赤外域）で合成した「カラー合成画像」である。緑色のところは緑豊かな森，青緑色のところは水田，そして赤いところが道路，建物，裸地などで構成されている市街地や住宅地を示している。仙台の市街地が森や水田のなかへとスプロールしている様子がわかる。中図は「カラー合成画像」に示したような多重分光画像を用いて自動分類によって得た「緑被分布図」である。1画素は10 m×10 mに相当する。樹木，草，芝生，水田に分類され，1画素のなかの画素内緑被率が示されている。

　では，地表面温度はどうか。カラーコードで地表面温度の様子を示したのが，右図である。緑被分布図と対応させると，たっぷりと水を貯えているところ，すなわち海や森，そして水田の表面温度は気温とほぼ等しく30℃程度である。これに対して，市街地や開発が進んでいる郊外の住宅地を見てみよう。緑が少なく，人工物で覆われている仙台の市街地が最も高温で60℃近くに達している。そして郊外の住宅地も森や水田よりはるかに高温である。杜の都といわれる仙台でも市街地や住宅地のなかには緑は少ない。緑を，そして地表面から水を排除してしまった市街地では表面温度は気温より20℃以上も上昇していることがわかる。その結果，地面に接した空気が暖められ，ヒートアイランド現象を引き起こす。コンクリートジャングルによる都市砂漠の実態である。

122　第III編　都市の環境

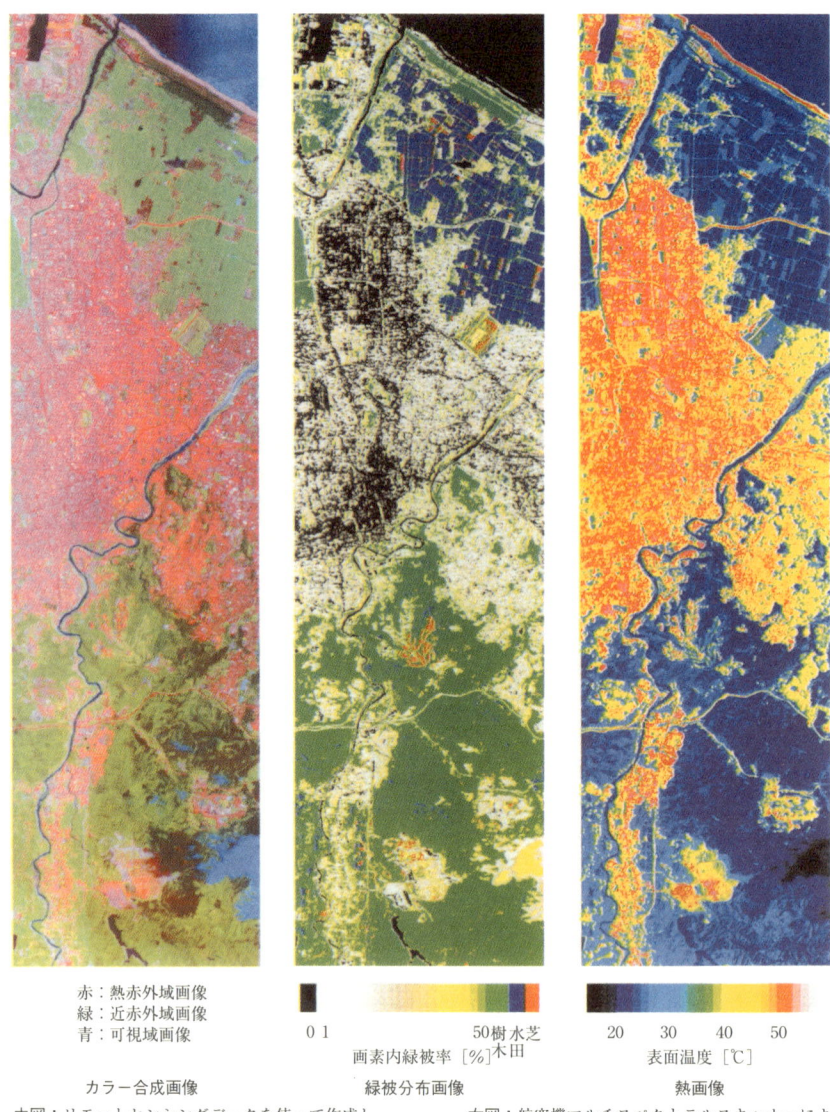

カラー合成画像	緑被分布画像	熱画像
赤：熱赤外域画像 緑：近赤外域画像 青：可視域画像	0　1　　　　　50 樹 水 芝 画素内緑被率 [%] 木田	20　30　40　50 表面温度 [℃]

中図：リモートセンシングデータを使って作成した緑被分布図。右図と比較すると緑のあるところは表面温度が低く、緑のない市街地が温度を示していることがよくわかる。杜の都といわれる仙台であるが、市街地のなかには緑が少ない。

右図：航空機マルチスペクトラルスキャナーによって収録された仙台の市街地と郊外の熱画像。海や水田、そして森林の表面温度は気温より低い。これに対して、建物や舗装面で覆われた市街地や開発が進められている郊外の団地の表面温度は気温より20℃も高い。その温度のところは地面を覆っている建物の屋根である。まさに都市砂漠である。

図3.4　仙台の市街地と郊外における航空機 MSS カラー合成画像、緑被分布画像および夏季・晴天日正午の熱画像（1993年8月29日観測、天候快晴、気温26℃）[3]

そして，さらに悪いことには，日中，熱容量の大きな鉄筋コンクリート造の建物や舗装面にたっぷりと吸収された日射熱が，夜から早朝にかけて大気にじわじわと放熱され，夏の熱帯夜の発生を助長することになる。

3-5. 土地被覆状態と表面温度の関係

上記の熱画像からもわかるように，夏，都市が暑いのは気温が高いだけではない。それ以上に，気温の形成要因である表面温度が高い。いろいろな土地被覆状態の地区をリモートセンシング画像から抽出して，夏の晴天日の日中における，それらの地区ごとに地区の平均表面温度を算出し，土地被覆の状態との画像を解析してみた。

まず緑被率との関係を見てみると，図3.5から緑被率が減少するに従って表面温度が高くなる傾向が読みとれる。そして，緑被率が30%を切ると表面温度が極端に高い地区が現れる。緑のほとんどない商業地区や木造建物の密集した地区の表面温度は55℃に達するところもある。一面が裸地とほぼ同じ温度である。まさに都市砂漠である。そして，夕方になっても，日中に日射が当たっていた舗装面などは40℃近い温度を保っている。夕方の涼風による清涼感などは得られるわけがない。

次に建物の構造に注目して，地区ごとに木造建物と鉄筋コンクリート造建物の建ぺい率をそれぞれについて調査し，冬季の晴天日における早朝および日中の表面温度との関係を求めてみた。図3.6のように地区の平均表面温度は，早朝と日中で，どちらも木造建ぺい率，鉄筋コンクリート造建ぺい率と逆相関を示してい

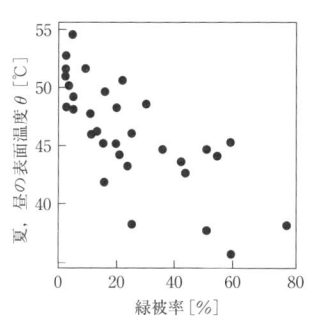

図3.5　住宅地の表面温度と緑被率との関係[3]

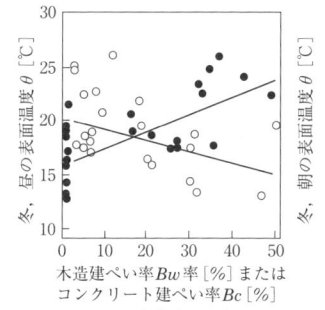

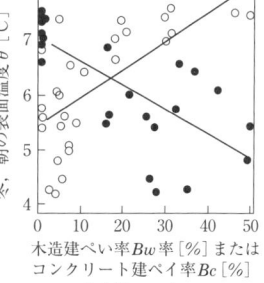

図3.6　住宅地の表面温度と建ぺい率との関係[3]

● 木造建ぺい率　○ コンクリート造建築ぺい率

る。このことから，建物の熱容量の違いも都市の表面温度の日変化に大きな影響を及ぼしていることが裏づけられよう。

3-6．建築外部空間の熱環境

ここで，生活環境としての建築外部空間の熱環境について，なぜ木陰が涼しいかを考えてみよう。もちろん，直射日光が遮られることによる効果は大きい。しかし，それだけでは木陰の涼しさは得られない。かといって，大きな森林のなかでもない限り，木陰の気温が日向より数度も低いということはない。

その答えは，図 3.7 に示す天蓋や舗装面のような人工物で覆われた場所と，大きな樹冠で覆われた並木の下における夏の熱画像を比較してみると明らかである。日向のアスファルト舗装面では，表面温度が 50℃ 以上になるのに対して，大きな樹冠によって日陰になっている地面の表面温度は気温より低い。そして，樹冠の温度は気温とほぼ等しい。その結果，天蓋の下の舗装面の上では，気温が 29℃ のとき平均放射温度は 36.6℃ と人体の皮膚温度よりも高いが，並木の木陰の下では，平均放射温度はそこの気温とほぼ等しい。われわれが暑い寒いと感じるのは，気温だけでなく，風や周囲からの放射熱が大きく影響している。すなわち，日中，気温が 30℃ であっても，そよ風が吹いていて，周囲の表面温度が気温より低ければ，夏の蒸し暑さのなかで心地よい涼しさが得られることはよく経験することである。

では，日射を遮って日影をつくればよいかというと，それがなかなかむずかしい。日射遮へいのために，よくテントが用いられる。ところが，テントによってベランダへの日射は遮へいできても，吸収された日射熱でテント自身の温度は高温になってしまう。このような状態のベランダに出るとテントの放射熱で不快感は免れない。すなわち，日射遮へいを徹底するには，いわゆる直射日光の遮へいだけでなく，吸収された日射熱による二次的な影響をできる限り少なくすることである。

3-7．これからの都市づくりに向けて

ヒートアイランド現象の形成要因を理解したうえで，その一つである土地被覆の改変に焦点を当てて，広域にわたるヒートアイランド現象と都市の生活空間における熱環境とが密接な関係にあることを示した。

3章 都市の熱環境　125

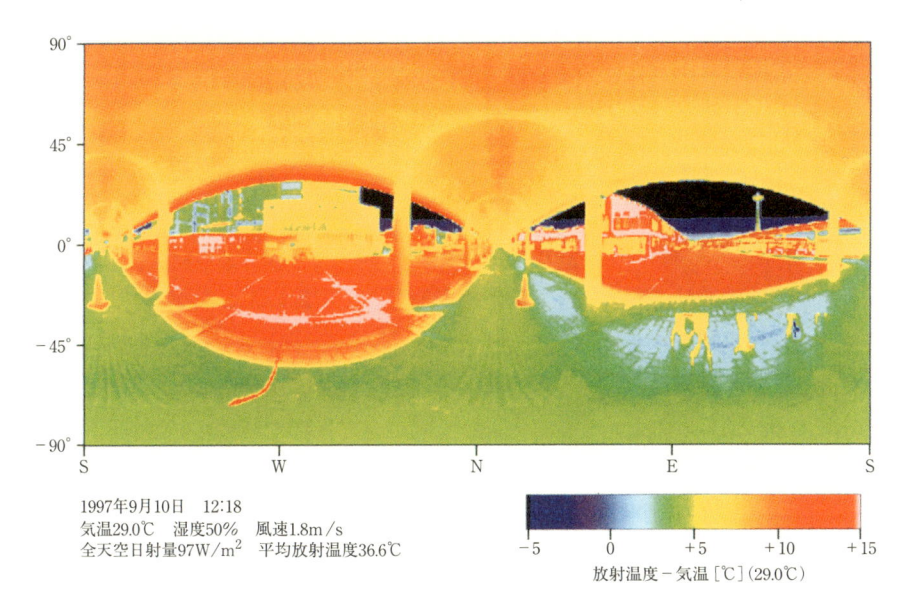

1997年9月10日　12:18
気温29.0℃　湿度50%　風速1.8m/s
全天空日射量97W/m²　平均放射温度36.6℃

放射温度−気温[℃](29.0℃)

舗装された広場の人工天蓋の下（東京都八王子市：南大沢駅前）

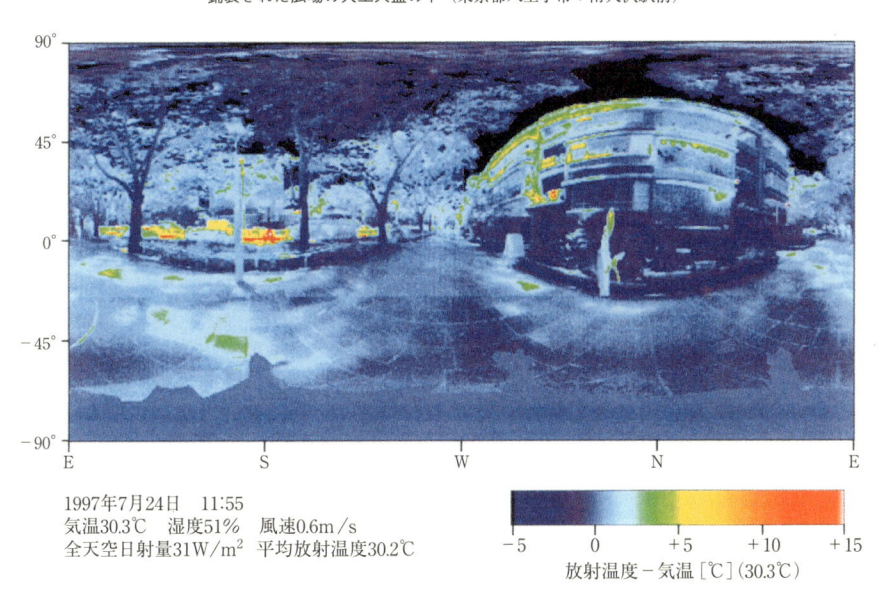

1997年7月24日　11:55
気温30.3℃　湿度51%　風速0.6m/s
全天空日射量31W/m²　平均放射温度30.2℃

放射温度−気温[℃](30.3℃)

大きな樹冠の街路樹に覆われた街路（東京都渋谷区：表参道）

図3.7　夏季の晴天日における屋外の全球熱画像[3]

ヒートアイランド現象の抑制のためには，広域かつ，長期的視野に立ったアプローチも当然重要である。都市国家といわれるローマ，その時代に「建築書」を著したウィトルウィウスは，都市づくりの基本は太陽の道と風の道であるといっている。今日，近年の効率優先型の都市開発への反省から，その地域の気候特性や土地のもつ自然のポテンシャルに着目した環境共生型の都市づくり（環境共生都市，エコポリス，エコシティなどと呼ばれている）が注目されており，「風の道」のように，その地域の気候特性や自然地理的要因も視野に入れた都市のあり方が議論されなければならない。

　個々の建築の建設や，快適な室内空間の形成ばかりに目が向けられていたきらいがある。われわれの生活空間も大きな見直しが迫られている。野原の一軒家でも，そこに建物があることによって，その周辺に新たな気候が生ずる。生活環境の場としての室内空間と建築外部空間，都市空間，そして地球は相互に影響し合っているのである。すなわち，都市化の主要な問題である土地利用，土地被覆の変化およびエネルギー消費，汚染物質の排出等が，生活環境と密接に関わる都市内の微気候や，ヒートアイランド現象等の都市気候の形成，さらに広域の気象形成に大きく関わっている。これからの都市づくりの重要な視点の一つである。

図表出典
1)　尾島俊雄他：都市環境（新建築学大系9），彰国社，1986，p.12
2)　岡建雄：都市の熱的空気環境（建築雑誌，Vol.102，No.1255，1987.1)
3)　梅干野晁：住まいの環境学（第3版），放送大学教育振興会，1998

● 第 III 編 ── 4 章
都市の空気環境

4-1. 地球規模の大気環境

a. 地球温暖化

　気象庁の観測によると図 4.1 に示すように，わが国の年平均気温は 100 年間で約 1.0°C 上昇しており，特に，1980 年以降その傾向が顕著である。

　大気中には，二酸化炭素，メタンなどの「温室効果を有するガス」が含まれており，これらのガスの温室効果により，大気温度が保たれてきたが，近年の人間活動の拡大に伴って二酸化炭素やメタン等の温室効果ガスが人為的に大量に大気中に排出されることで，地球が過度に温暖化するおそれが報告され，二酸化炭素はその人為的な排出量が膨大であるため，温暖化への寄与度が高いことがいわれている。気候変動に関する政府間パネル（IPCC）の 2001 年（平成 13 年）によると，全地球平均地上気温は 1861 年以降上昇し，20 世紀中に 0.6±0.2°C の上昇が報告されている。地球温暖化については，海面の上昇，経済格差の拡大，食糧危機，生態系への影響，健康への影響などの指摘が懸念されている。

　平成 9 年 12 月には，京都において気候変動枠組条約の第 3 回締約国会議（COP 3）が開かれ，京都議定書が採択された。目標達成のためには工場，事業所，家庭など経済社会のなかのさまざまな場所で対策を強化していくことはもちろんとして，対策を有機的に組み合わせて，将来的には，現代の大量生産，大量消費，大量廃棄型の社会経済システムを見直し，変更していく抜本的な取組みが必要となっている。

b. オゾン層の破壊

　地球を取り巻く大気中の高度 15～35 km には，その他の部分に比べオゾンが多く存在しており，このオゾンを多

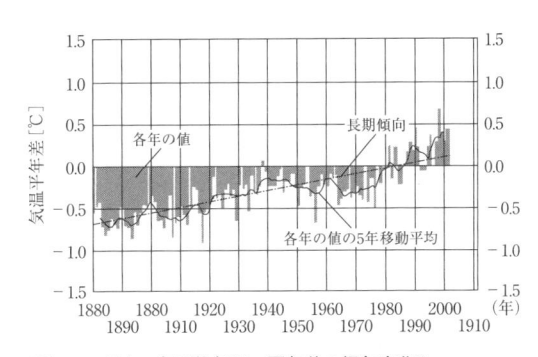

図 4.1　日本の年平均気温の平年差の経年変化[1]

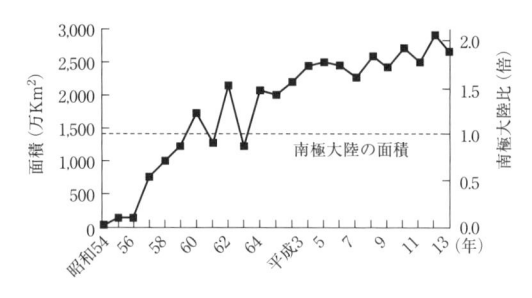

図4.2 オゾンホールの面積変化[1]

く含んだ大気の層をオゾン層という。オゾンには紫外線をはじめとする日射を吸収する作用があるため，オゾン層は生物に有害な紫外線を吸収することで地上の生態系を保護するとともに，日射を吸収することでオゾン層付近の大気を暖めている。

　オゾン層は，熱帯地域を除き，ほぼ全地球的に減少傾向にあり，特に高緯度地域で減少率が高くなっている。特に南極上空のオゾンホールは，春先に形成されるが，図4.2に示すように南極大陸の2倍の面積にも達している。これは，オゾン層がCFC（フレオン），HCFC（ハイドロクロロフルオロカーボン），ハロン，臭化メチル等のオゾン層破壊物質により破壊されているためで，オゾン層が破壊されると，地上に到達する有害な紫外線が増加し，人に対して皮膚がんや白内障等の健康被害を発生させるおそれがあるだけでなく，植物やプランクトンの生育の阻害等を引き起こすことが懸念される。

　オゾン層の破壊を防止するために，「オゾン層の保護のためのウィーン条約」が1985年3月に，また「オゾン層を破壊する物質に関するモントリオール議定書」が1987年9月に，それぞれ採択された。わが国においても，これらを的確かつ円滑に実施するため，1988年5月に「オゾン層保護法」を制定し，条約および議定書を締結している。

4-2. 大気汚染

a. 大気汚染の歴史

　ヨーロッパにおいて，12世紀頃から利用され出した石炭の利用により，ロンドンではすでに17世紀に家庭の煙突やビール醸造業，石灰製造業などから出る石炭の煙が大気汚染の原因となっていたが，18世紀には，蒸気機関の動力として利用され始めると，石炭の煤煙が一層の汚染源となっている。1952年12月には，ロンドンで歴史上例のない重大な汚染が発生し，死者4,000人を記録している。

一方，アメリカにおいては，19世紀後半から石油へと燃料が転換され，石油型の大気汚染が中心である．特に，ロスアンゼルスの大気汚染は19世紀以来の固定発生源に対して，1947年には煤煙および二酸化硫黄の規制が行われたが不十分であったため，自動車への対策が進められることになった．1967年にはAir Quality Actが，1970年には排出量を10分の1にするというマスキー法が成立している．

わが国の大気汚染の歴史は，明治以降の経済発展によって，紡績業や銅精錬業，製鉄業，火力発電所などにより関連都市と大都市で大気汚染が発生している．第二次世界大戦後，高度経済成長の過程で大気汚染が急速に進行している．これは，石炭を主要エネルギーとした工業復興では，降下ばいじんや硫黄酸化物を主とする大気汚染であり，その後に石油燃焼による硫黄酸化物によるものが中心となった．これらの問題に対処するため，1962年「ばい煙の排出の規制等に関する法律」が制定された後，1968年には大気汚染防止法に移行し，ばい煙，粉じん，自動車排出ガスについての規制がされている．その間，1967年には公害対策基本法により，国，自治体，事業者，住民などの共通の原則が示され，順次環境関連の法律が，大気汚染のほか水質汚濁，騒音，振動，廃棄物処理，地盤沈下，悪臭などの公害対策として整備された．

発生源対策として，硫黄酸化物対策を中心とする大気汚染対策が着実に進展し，大気汚染の実態が都市・生活型の大気汚染へと移行し始めていた．すなわち，工場や事業場の固定発生源から自動車等の移動発生源へ，汚染物質としても窒素酸化物や光化学物質へ移っている．1973年のオイルショック以降，それが顕著になっている．

自動車排出ガス規制については，ガソリン車の一酸化炭素濃度について，1966年から運輸省による行政指導，1968年から「大気汚染防止法」に基づく法的規制が行われてきた．1971年には「大気汚染防止法」の自動車排出ガスとして，一酸化炭素のほか，炭化水素，窒素酸化物，鉛化合物および粒子状物質が追加されている．

b．**大気汚染の現状**

近年，わが国における大気環境の現状では，二酸化硫黄，一酸化炭素については良好な状況が続いているが，二酸化窒素，浮遊粒子状物質については環境基準の達成状況は低水準で推移している．

表 4.1 大気汚染に関わる環境基準[2]

物　質	環境上の条件（設定年月日等）	測定方法
二酸化硫黄 (SO_2)	1時間値の1日平均値が 0.04 ppm 以下であり，かつ，1時間値が 0.1 ppm 以下であること。（S 48.5.16 告示）	溶液導電率法または紫外線蛍光法
一酸化炭素 (CO)	1時間値の1日平均値が 10 ppm 以下であり，かつ，1時間値の8時間平均値が 20 ppm 以下であること。（S 48.5.8 告示）	非分散型赤外分析計を用いる方法
浮遊粒子状物質 (SPM)	1時間値の1日平均値が 0.10 mg/m³ 以下であり，かつ，1時間値が 0.20 mg/m³ 以下であること。（S 48.5.8 告示）	濾過捕集による重量濃度測定方法または，この方法によって測定された重量濃度と直線的な関係を有する量が得られる光散乱法，圧電天びん法もしくはベータ線吸収法
二酸化窒素 (NO_2)	1時間値の1日平均値が 0.04 ppm から 0.06 ppm までのゾーン内，またはそれ以下であること。（S 53.7.11 告示）	ザルツマン試薬を用いる吸光光度法またはオゾンを用いる化学発光法
光化学オキシダント (Ox)	1時間値が 0.06 ppm 以下であること。（S 48.5.8 告示）	中性ヨウ化カリウム溶液を用いる吸光光度法もしくは電量法，紫外線吸収法またはエチレンを用いる化学発光法

表 4.2 有害大気汚染物質（ベンゼン等）に関わる環境基準[2]

物　質	環境上の条件	測定方法
ベンゼン	1年平均値が 0.003 mg/m³ 以下であること。（H 9.2.4 告示）	キャニスターまたは捕集管により採取した試料をガスクロマトグラフ質量分析計により測定する方法を標準法とする。また，当該物質に関し，標準法と同等以上の性能を有するものを使用可能とする
トリクロロエチレン	1年平均値が 0.2 mg/m³ 以下であること。（H 9.2.4 告示）	
テトラクロロエチレン	1年平均値が 0.2 mg/m³ 以下であること。（H 9.2.4 告示）	
ジクロロメタン	1年平均値が 0.15 mg/m³ 以下であること。（H 13.4.20 告示）	

表 4.3 ダイオキシン類に関わる環境基準[2]

物　質	環境上の条件	測定方法
ダイオキシン類	1年平均値が 0.6 pg-TEQ/m³ 以下であること。（H 11.12.27 告示）	ポリウレタンフォームを装着した採取筒をろ紙後段に取り付けたエアサンプラーにより採取した試料を高分解能ガスクロマトグラフ質量分析計により測定する方法

　大気汚染に関する環境基準を表 4.1 に示す。これは，「維持されることが望ましい基準」であり，行政上の政策目標として定められている。これは人の健康等を維持するための最低限度としてではなく，より積極的に維持されることが望ましい目標として，その確保を図っていこうとするもので，汚染が現在進行していない地域については，少なくとも現状より悪化することとならないようにしてい

くことが望ましいものである。

また，表4.2に示す有害化学物質に関する環境基準が平成9年．13年に，表4.3に示すダイオキシンに関する基準が平成12年に制定，14年に改定された。

1) 窒素酸化物

一酸化窒素（NO），二酸化窒素（NO_2）等の窒素酸化物（NO_x）は，主に物の燃焼に伴って発生し，その主な発生源には工場等の固定発生源と自動車等の移動発生源がある。NO_x は酸性雨や光化学大気汚染の原因物質となり，特に NO_2 は高濃度で呼吸器に悪影響を及ぼす。

2) 浮遊粒子状物質

大気中の粒子状物質は「降下ばいじん」と「浮遊粉じん」に大別され，さらに浮遊粉じんは，環境基準の設定されている浮遊粒子状物質と，それ以外に区別される。浮遊粒子状物質は $10\mu m$ 以下の粒子で，肺や気管等に沈着して高濃度で呼吸器に悪影響を及ぼす。浮遊粒子状物質には，発生源から直接大気中に放出される一次粒子と，硫黄酸化物（SO_x），窒素酸化物（NO_x），炭化水素類（HC）等のガス状物質が大気中で粒子状物質に変化する二次生成粒子がある。一次粒子の発生源には，工場等から排出されるばいじんやディーゼル排気粒子（DEP）等の人為的発生源と，土壌の巻上げ等の自然発生源がある。近年，$2.5\mu m$ 以下の微小粒子に二次生成粒子の構成割合が多いため，PM 2.5 として世界的に問題となっており，わが国でも検討中である。ディーゼル排気粒子（DEP）は，ディーゼル自動車から排出される粒子状物質のことをいい，発がん性，気管支ぜんそく，花粉症等の健康への影響が懸念されている。その質量，粒子数の大部分は，それぞれ粒径 $0.1 \sim 0.3\mu m$，$0.005\mu m \sim 0.05\mu m$ の範囲にある。

3) 光化学オキシダント

光化学オキシダントは，工場，事業所や自動車から排出される窒素酸化物（NO_x）や炭化水素類（HC）を主体とする一次汚染物質が，太陽光線の照射を受けて光化学反応により二次的に生成されるオゾンなどの総称で，いわゆる光化学スモッグの原因となっている。光化学オキシダントは強い酸化力をもち，高濃度では眼，のどへの刺激や呼吸器へ影響を及ぼし，農作物などへも影響を与える。

4) 酸性雨

酸性雨により湖沼や河川等の陸水の酸性化による魚類等への影響，土壌の酸性化による森林等への影響，樹木や文化財等への沈着等が考えられ，これらの衰退

や崩壊を助長することなどの広範な影響が懸念されている。これは，主として化石燃料の燃焼により生ずる硫黄酸化物（SO_x）や窒素酸化物（NO_x）などの酸性雨原因物質から生成した硫酸や硝酸が溶解した酸性の強い（pHの低い）雨，霧，雪（「湿性沈着」という）や，晴れた日でも風に乗って沈着する粒子状（エアロゾル）あるいはガス状の酸（「乾性沈着」という）を合わせたものとされている。

5) 硫黄酸化物

二酸化硫黄（SO_2）が主なもので，硫黄分を含む石油や石炭の燃焼により生じる。無色で刺激臭をもつ。酸化されてSO_3に，さらに水蒸気と結合して硫酸H_2SO_4になる。酸性雨やスモッグの一因になり，四日市ぜんそくなどの公害病の原因となった。

6) 有害大気汚染物質

有害大気汚染物質は，OECDの定義によれば「大気中に微量存在する気体状，エアロゾル状又は粒子状の汚染物質であって，人間の健康，植物又は動物にとって有害な特性（例えば，毒性及び難分解性）を有するもの」とされており，種々の物質および物質群を含む。この用語は古くから問題となり，規制の対象とされてきたNO_xやSO_xなどの大気汚染物質とは区別して用いられている。一般に大気中濃度が微量で急性影響は見られないが，長期的に曝露されることにより健康への影響が懸念される。近年，多様な化学物質が低濃度ではあるが，大気中から検出されていることから，その長期曝露による健康影響が懸念されている。

c．大気汚染物質広域監視システム

大気汚染に関連する環境測定データには，一般大気測定局，自動車排気ガス測定局などがあり，環境省，都道府県，市町村が中心で測定管理しているが，全国的ネットワークを構築しつつある。これは環境省大気汚染物質広域監視システム（通称，そらまめ君）であり，独立行政法人国立環境研究所が運営し，web（http://w-soramame.nies.go.jp/）で公開している。測定局ごとの大気汚染物質濃度と風向および風速の最新時報値，光化学オキシダント注意報，警報について，地図と表により1週間分のデータ（速報値）が公開されている。

d．汚染物質の拡散

大気汚染の状況は，風，雨，日射などの気象条件に大きく影響される。一般に大気汚染物質は，強風時は風に吹き飛ばされ，降雨時は雨に洗い流されて濃度が低くなる。一方，風の弱い晴天のときには大気汚染物質が滞留しやすく，濃度が

高くなる。また地上と上空との気温の差によっても大気汚染の状況は異なる。

例えば，煙突から排出された汚染物質は風の流れとともに拡散し，その間に地上物への沈着，他の物質との反応による変質，雨雪などとともに降下といったかたちをとる。大気の運動（風）や気温は地表面の状態による影響を受けるが，地表面から約1,000 m の高さの間の大気境界層は，1,000 m 以上の自由大気層と比べて，特に拡散に影響が大きい。このうち地表から高さ100 m 程度までの層を接地気層 (surface boundary layer)，上部の層を外部境界層（エクマン層）という。地面近くの大気層を図4.3 に示す。

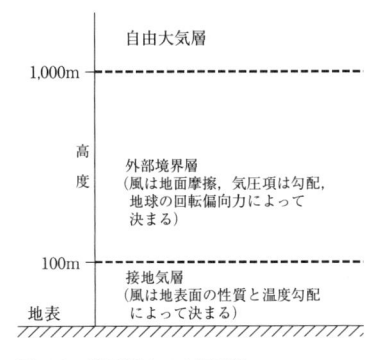

図4.3 地面近くの大気層[1]

都市生活に関係の深いのは大体接地気層内の気象状態（風や気温の分布）であり，広域的な汚染物質の拡散の場合は境界層全域が関係することがある。煙突の排煙が風下に蛇行しながら流れるように，比較的低い汚染源からの汚染物質の拡散は接地気層中の拡散として取り扱われる。このような拡散は風速と風の乱れにより左右されるほか，地表から上空への気温の鉛直方向の分布状況に関係する。一般に気温は上空にいくにつれて低下する。これを気温減率という。地上からの高度に対する気温変化を模式化して図4.4 に示す。図中の標準大気では減率 0.65℃/100 m で一様に気温が減少するが，一般の大気では 0.5～0.7℃/100 m の減率である。また，高度が増すと気温が上昇するような場合を（気温）逆転と呼ぶ。今，大気中で上昇する空気の塊を考える。その気塊が周囲の空気と熱の出入りがなく，水蒸気の凝結や昇華などもない場合を断熱変化と呼び，そのようなときの気温減率は，熱力学により 100 m につき 0.98℃ となる。そこで，$-0.98℃/100 m$ なる値を「乾燥断熱気温減率」と呼ぶ。これを図4.4 に破線で示した。また，100 m につき 0.98℃ 以上に気温が下降する

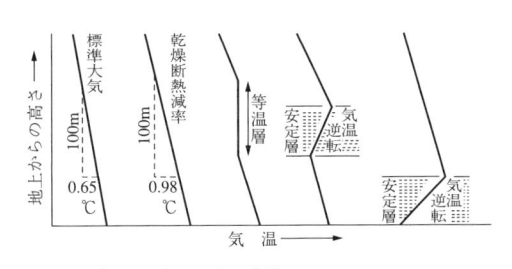

図4.4 気温の高さによる変化[1]

134　第Ⅲ編　都市の環境

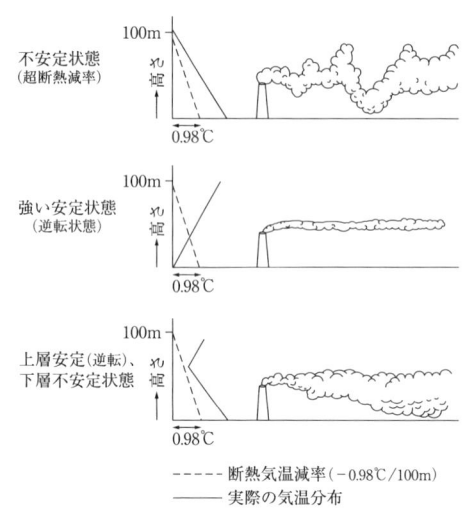

図4.5　気温鉛直分布と典型的な煙の形[1]

場合を超断熱状態という．さて，地面から気塊が上昇する場合に，大気が乾燥断熱状態であれば，どこまで気塊が上昇しても，その密度は周囲の空気と同じで平衡が保たれる．超断熱状態であれば，何らかの原因で強制的に上昇してきた気塊は周囲の空気に比べて高温で密度が小さい．そこで浮力によりさらに上昇する．このような状態では大気が不安定なので，大気は「不安定状態」にあるという．

逆に乾燥断熱線よりも気温減率が少ないか，または気温逆転状態ならば，気塊の上昇は抑制される．その気層を逆転層という．逆転層内では風の乱れも小さく，地上で発生した煙の上方への拡散は抑えられる．風が吹く場合には空気はよく混合され，もし熱の出入りが少なければ気温減率は風により乾燥断熱減率に近づく．そこで上空では逆転の状態が起こる．煙源から排出される煙の風下への拡散と気温分布を模式的に図4.5に示した．

4-3．都市の風

都市における風の環境は，季節風や海陸風などの地域特性に加えて，土地被覆状態や高層建築などの要素が複雑に関連している．風速分布は一般的に図4.6のように近似される．平均風速は上空ほど強く，地上から鉛直方向に風速の勾配を生じる．この勾配は接地気層では特に大きく，外部境界層では小さくなる．都市内部は建築や構造物が建てられ，地表面の凹凸により地表面粗度が大きいため，接地気層内の風は郊外より弱められている．図4.7に風速の人体影響を示す．

都市内に建つ建築物，特に高層建築物のまわりでは局所的に強い風が生じ，しばしば路上の通行で突風により足をすくわれる，傘が差せない等の歩行障害，また商品や家屋に商品，看板，屋根瓦の飛散等の被害をもたらすことがすでに知られている．これは，台風や低気圧通過により広域に発生する風災とは違い，市街

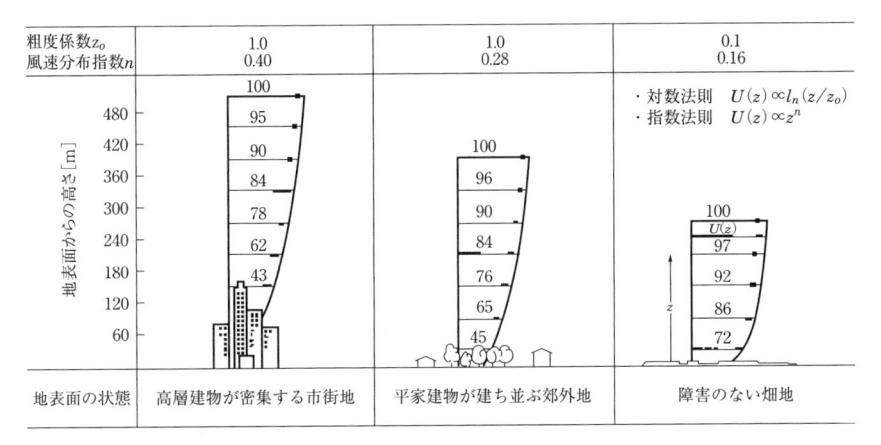

図4.6 地表面の状態と風速分布[3]

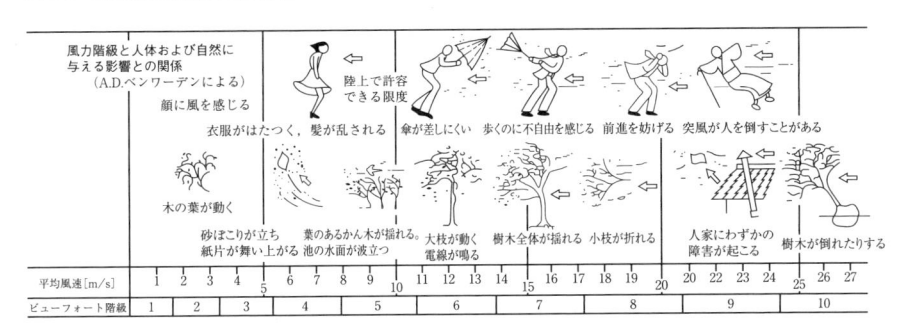

図4.7 ビュフォード風力階級と人体影響[3]

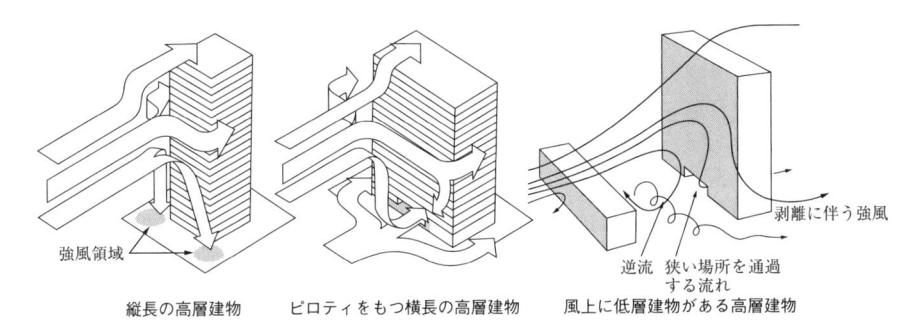

図4.8 建物周辺の風の流れパターン[3]

地の日常的な風速の場合に，周囲の家屋に比べて一桁くらい大きい尺度の高層大型建築物が建ったときに，その周辺の環境に起こる「風害」である（建築物周辺に生じる強風に「ビル風」という名称が使われるが，これは便宜的な名称である）。図

4.8 に建物周辺の風の流れパターンを示す。

　このような風害が顕在化したのは，東京都心地区に超高層ビルが建設されて以来であるが，その後の研究により，風害は必ずしも上のような超高層建物に限らず，地区の条件次第で 10 階程度の建物のまわりでも発生することが判明してきた。この種の風害の発生はきわめて局地性が強く，同じような形状の建物でも，その周囲の市街地の状況との関係が大きい。また，建物風下の気流（後流）のうちでは汚染物質の滞留現象が発生しやすい（これは建物近傍汚染と呼ぶ）。建物のそば，または周囲に起こる現象であるから，建築側での市街地の風と気流について配慮が必要である。建築計画の段階から，建物規模に応じて「風による周辺環境への影響」という観点から配置計画，平面，立面などをケーススタディ，あるいは風洞実験を通して，その街区の性格と併せて十分な検討を要する。

　都市における風は都市の空気を換気する効果もあるため，緑地や河川などの配置を都市計画に取り入れることも始められている。ドイツのシュトゥットガルト市の都市計画では，ヒートアイランド現象の緩和対策として郊外から都市に空気を誘導し，都市の空気を換気するように緑地の設置や道路を拡幅するなど，風の通り道を計算に入れたきめ細かな都市計画が立てられている。

参考文献・図表出典
1) 紀谷文樹他編：建築環境設備学，彰国社，1988
2) 環境省編：平成 14 年度版環境白書，2002
3) 日本建築学会編：建築環境工学用教材環境編，丸善，1995
4) 日本建築学会編：建築設計資料集成 1　環境，丸善，1978
5) 風工学研究所編：これだけは知っておきたいビル風の知識，鹿島出版会，1984
6) 独立行政法人国立環境研究所：ホームページ（http://w-soramame.nies.go.jp/）
7) 大阪府環境情報センター：ホームページ（http://www.epcc.pref.osaka.jp/apec/index.html）

●第III編——5章
都市の光環境

　都市環境に光を供給する光源は，昼間は主に太陽であり，夜は街路灯などの人工照明である．そのような光源の違いにより，都市環境のなかでの光の問題は，昼と夜とではその様相が大きく変わる．

5-1．昼の光環境
a．日照問題
　木々に囲まれた川辺に佇むと，肩越しに降り注ぐ太陽の光が川面にきらきら輝く．このような情景は，人が安心感や幸せを感じるプロトタイプの一つである．このとき，樹木，太陽の光，水面などは自然をシンボライズした要素となっており，太陽の光はこのような自然を象徴する意味をもつ．
　地上に降り注ぐ太陽からの光は，大きく直射日光と天空光に分けられる．しかしながら，ここに述べた情景を曇りの日で想像してみると途端にそのインパクトがなくなってしまうことからわかるように，自然のシンボルとしての太陽光は，天空からの光ではなく，直射日光でなければならない．ところが，直射日光は熱を伴うことから夏には不快の原因となり，室内の光環境からみても，その光は不安定であるし，日の当たる室内面はまぶしくて不快を伴う．それにもかかわらず，われわれは，室内に直射日光を取り入れたい，日照を確保したいという願望をもつ．
　都市で居住するとなると，そのような太陽の光を自由に享受することはできない．都市では土地を高度に利用するため，狭い範囲に多くの高層ビルや高層マンションが建設される．都市居住者の日照を確保したいという願望と都市の高度利用，両者の軋轢が現実に問題となり始めたのは1970年代のマンションブームのころからである．
　その当時，日照権はいつでも，どこでも享受できる基本的な権利であると考えられており，建築基準法の不備などもあって，なかなか収拾がつかなかった．しかし長い論争の経過とともに，基準法に新たに北側斜線制限や日照規制が追加さ

れる一方で，日照権の考え方も，日影を我慢できる限度を超えたときに初めて保障される権利へと変わっていった。

このとき，日照問題を考える一つの指標として活用されたのが日照時間である。ここでいう日照時間は，周辺の建物の影響を含めた日の出から日の入りまでの可照時間を意味するが，これは気象学でいう日照時間とは異なる。気象学では日照計によって測定される日照時数を日照時間といっている。

日照問題は，本来，単純に太陽が見えるかどうかという問題だけでなく，天空率，窓からの開放感や眺望，前面の建物による圧迫感などとも関わりが深いと考えられている。しかしながら，日照時間という指標は，日照問題を検討する際の最も重要な指標として現在も有効である。

図5.1は，大都市において冬至の日の日照時間に対する居住者の評価を調べた結果である。評価は日照時間の増加とともに上昇し，3時間～4時間あたりで良-否の評価が分かれる。住宅の場合，居室の少なくとも一つは冬至の日の4時間日照が確保できることを一応の目安としている。

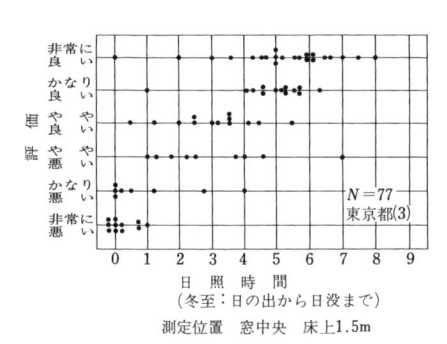

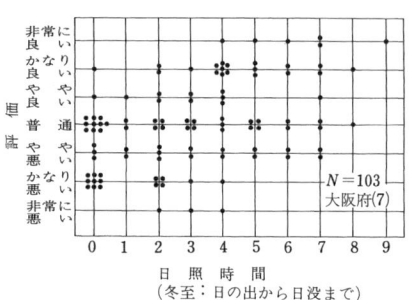

b．太陽位置

ある地点の日照時間を検討するためには，ある点から見た太陽位置が問題となる。地球は自転しながら太陽の周りを公転しており（図5.2），しかも地軸は公転面の法線と約23.5度の傾きを保っているため，地表から見た太陽の動きは複雑なものとなる。

地上から見た天体の位置は，観測点を中心とする天球上への射影として表される。天球に示された位置を水平面に射影すると図5.3のようになり，円の中心が天頂を示す。図には観測点から見た太陽の動きを春秋分，夏至，冬至の昼間の1時間ごとに示してある。太陽位置は高度 h［度］と方位角 a［度］で表され，h は水平線から上向

図5.1 日照時間と満足度[1]

5章 都市の光環境　139

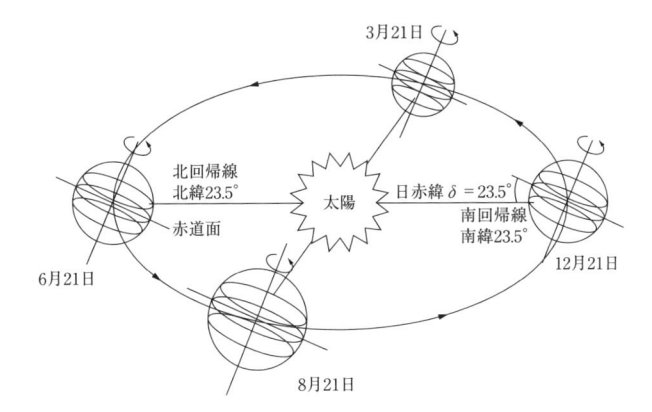

図5.2　地球の自転と公転[2)]

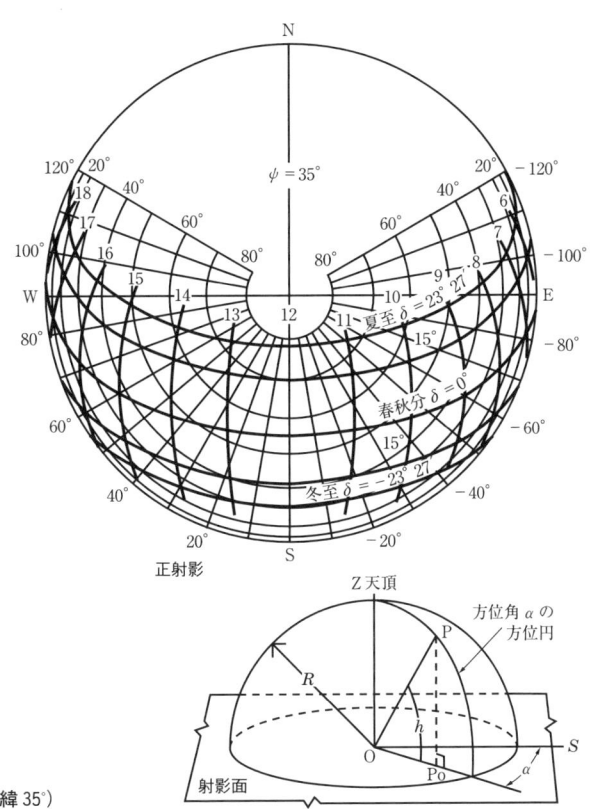

図5.3　太陽位置図[3)]（正射影，北緯35°）

きに，a は真南から西向きに測られる。

　春秋分の太陽の軌道と天頂のなす角，すなわち図の春秋分の12時の太陽位置と天頂のなす角は，観測点の緯度に等しい。したがって，観測点の違いによる太陽の動きを知るためには，その角度を緯度に応じてずらせばよい。すなわち，観測点が北半球にあれば天頂から南側へ北緯分ずらし，南半球にあれば天頂から北側へ南緯分ずらす。

　太陽の高度 h と方位角 a は，観測点の北緯 ϕ [度]，日赤緯 δ [度]，時角 t [度] とすると次式で与えられる。

$$\sin h = \sin\phi \cdot \sin\delta + \cos\phi \cdot \cos\delta \cdot \cos t \tag{5.1}$$

$$\cot a = \sin\phi \cdot \cot t - \cos\phi \cdot \tan\delta \cdot \mathrm{cosec}\, t \tag{5.2}$$

ここで，日赤緯 δ は太陽軌道の赤道面からのずれであり（図5.2参照），夏至に+23.5度，冬至に−23.5度となる。時角 t は，日本標準時 T_S [時]，観測点の東経 L [度]，均時差 e [分] とすると次式で表される。

$$t = 15(T_S - 12) + L - 135 + e/4 \tag{5.3}$$

均時差 e は，真太陽時 T [時] と平均太陽時 T_m [時] のずれである。真太陽時 T は南中から次の南中までの24分の1をいい，平均太陽時 T_m は T の年平均をいう。

　δ と e の計算にはいくつかの方法がある。例えば，観測日が1月1日から起算して N 日目のとき，下記により略算できる。

$$\omega = 360 \cdot N/366 \tag{5.4}$$

$$\delta = 0.362 - 23.3\cos(\omega + 8.8) - 0.337\cos(2\omega - 11.9)$$
$$\quad - 0.285\cos(3\omega + 35.5) \tag{5.5}$$

$$e = -0.0167 + 7.37\cos(\omega + 85.8) - 9.93\cos(2\omega - 72.3)$$
$$\quad - 0.321\cos(3\omega - 66.3) \tag{5.6}$$

　ある地点の日照時間を検討するためには，図5.3の太陽位置図に周辺の建物を射影すればよい。

c．日影曲線

　日照時間を建築図面上で検討する場合は日影曲線を用いる。日影曲線とは，平面上に立てた鉛直な棒の先端が，その平面上に落とす日影の軌跡を示した曲線で図5.4に例を示す。図は，北緯35度の観測点において点Oに長さ L [m] の鉛直棒を立てたときの，年間の水平面日影曲線である。時刻は観測点の真太陽時

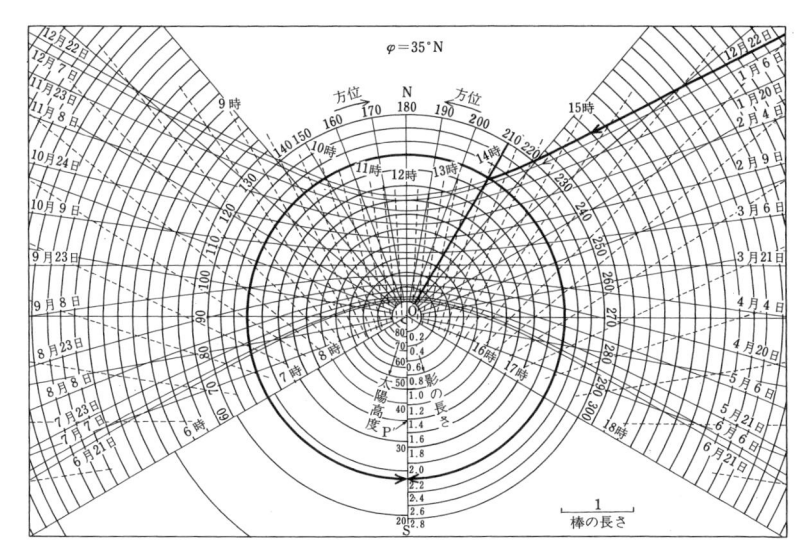

図5.4 水平面日影曲線[4]

で，対象日時の日影点と点Oを結ぶ線が，そのときの日影の方向と長さとなる。長さは図中のスケールで換算する。

ある建物について，その日影が時刻によってどのように変化するか求めた図を日影図といい，その例を図5.5に示す。日照を検討する場合は，日影が最長になる冬至を対象

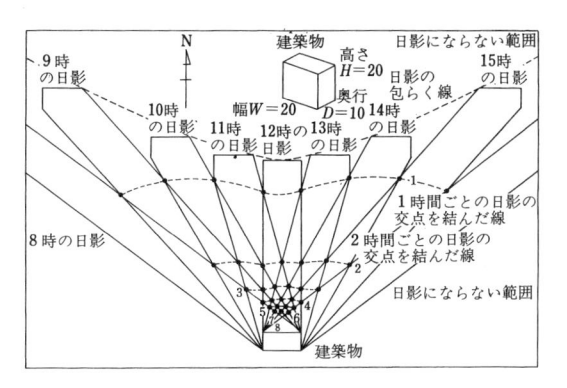

図5.5 日影図と日影時間図[5]

とすることが多く，この図も冬至の日の8時から16時までの1時間ごと日影が示されている。

ある地点が日影になっている時間を日影時間という。図5.5で日影になっている時間が等しいところを結ぶと等値線が得られるが，時間ごとの等値線を示した図を日影時間図という。日影時間図を作成すると，建物の北側の脇などに1日中日当たりのない部分が現れるが，これを終日日影という。建物の平面がL字型やコの字型の場合，その向きと高さによっては夏至の日でも終日日影を生じる。

これを永久日影という。

　実際の日照の検討では，周囲にある複数の建築物を対象としなければならないことが多いが，複数の日影領域が重なり合うことによって，日影時間の長い領域が島のように独立して生ずることがあり，これを島日影という。したがって，周囲に複数の中高層の建築物がある場合，個々の建物の日影を別々に検討するだけでは不十分である。

d．日照の確保と対策

　住宅では，居室の一つは少なくとも冬至の4時間日照を確保するというのが一応の目安となっている。日照時間の詳細な検討は太陽位置図や日影曲線を用いればよいが，現行の建築基準法でも，このような日照条件が周辺に中高層建物が建設されることにより阻害されないように，都市計画区域内のすべての建築物に対して，以下のような規定を設けている。

　①高さの限度（建築基準法55条第1項）
　②道路斜線制限（建築基準法56条第1項第1号）
　③隣地斜線制限（建築基準法56条第1項第2号）
　④北側斜線制限（建築基準法56条第1項第3号）
　⑤日影規制（建築基準法56条の2）
　⑥高度地区規制

5-2．夜の光環境

　夜になると都市の様相は一変し，光環境は人工光のみによって形成される。人工光を用いた照明は，人びとや車両を安全かつ快適に目的地へと導き，地域の人びとのコミュニケーションを促し，潤いある地域社会を育てる大切な役割を果たす。

a．道路

　道路照明と道路を走行する車両は，都市の夜間光環境を構成する大きな要素である。

　道路照明は，道路交通の安全，円滑な利用を図ることを目的としたものであり，夜間の交通事故の防止にきわめて効果の高い交通安全施設の一つである。道路照明ではドライバーの良好な視認性を確保するため，①路面輝度，②路面の輝度分布（均斉度），③グレア，④誘導性，が検討される。路面輝度は，一般の道

路では道路の用途や規模に応じて 0.5〜1.0 cd/m² が必要とされる。1.0 cd/m² の路面輝度を得るには，通常，アスファルト路面では 15 lx，コンクリート路面では 10 lx が必要とされ，障害物はシルエットとして視認できるよう設計されている。

通常用いられる照明方式は，高さ 15 m 以下のポールの先端に照明器具を取り付けたポール照明方式で，これを道路の片側や両側に，等間隔あるいは千鳥に配置する。そのほかにも，施設に応じて，広範囲を照明するハイポール照明方式，建物などに取り付けられた構造物取付照明方式などが用いられる。使用される光源は主に蛍光水銀ランプおよび高圧ナトリウムランプであり，トンネルや特殊な施設においては低圧ナトリウムランプ，メタルハライドランプ，蛍光ランプなども使用される。

車両のヘッドランプは，運転者の視認性を考えて設計されているため，歩道や横断歩道上の歩行者には不快な，ときには視認性を損なうグレア源となる。最近では輝度の高いヘッドランプが多用されるようになり，運転者の視認性と歩行者のグレアの両者からの検討が必要とされている。また車両の光は，都市の活動的な雰囲気をかもし出す重要な要素としても働いている。

b．街路，広場，公園

都市生活者にとって，夜の光環境の主役は街路，広場，公園である。これらは，不特定多数の人びとが利用するオープンスペースであり，自然環境の保全や，遊び，リクレーションの場，さらには防災や避難地となるなど，多様な機能を有し，都市生活に潤いを与える空間でもある。

街路では，歩行者の安全性や快適性を確保することはもちろんであるが，商業地域の個性を表現する装飾性や演出も必要とされる。店舗内外やショーウィンドウと街

表 5.1 道路，広場，公園，駐車場の照度基準[6]

区分	場　　所	推奨照度範囲 [lx]
通路	アーケード商店街(繁華)	750〜200
	アーケード商店街(一般)	300〜100
	商　店　街(繁華)	100〜30
	商　店　街(一般)	50〜10
	市　街　地	30〜5
	住　宅　地	10〜1
交通関係広場	駅前広場　(交通量大) 空港広場	75〜10
	駅　前　広　場(一般)	30〜2
公園	主　な　場　所	30〜5
	そ　の　他　の　場　所	10〜1
駐車場	バスターミナル(交通量大)	150〜75
	バスターミナル(交通量小)	75〜30
	有　　料(大規模)	75〜30
	有　　料(小規模)	30〜10
	商業施設，レジャー施設 公共施設などの付属施設	30〜5

路照明との明るさのバランスや，ほかの照明設備との調和が必要とされる。

広場では，人びとの流れをスムーズに導くために明るく，むらのない照明が必要とされ，憩いの場，交流の場などといった広場の役割によって開放感や楽しさ，親しみなどが必要とされる。

公園では，安全性の確保，快適性の提供が重要であるが，次項のライトアップを樹木や噴水などに施して，自然と調和した光環境をつくり出すことができる。

それぞれの場所は，表5.1に示すJIS照度基準を満たしたうえで，それぞれの施設場所特有の条件や，周囲とのバランスを考慮して明るさが設定される。

また関連して，歩行者の安全を確保するための照明基準としてJIS Z 9111の「道路照明基準」，照明学会の「歩行者のための屋外公共照明基準」，日本防犯設備協会の「防犯照明ガイド」なども参照する必要がある。

c．景観と光

都市の光環境は夜景として楽しまれるという側面ももつ。高層ビル最上階にはしばしばレストランや展望台が設置され，都市の夜景を楽しめるようになっている。

都市の夜景の魅力は，密に集まった小さな光源が輝きやきらめきの印象を与えるからであるが，これらの小さな光源は，ネオンや看板照明，ビルの窓からの漏れ光などから構成されている。

遠方から見た夜景は，地形や都市活動の平面的な分布にもよるが，高層ビルやタワーなどのランドマークと，それらを結ぶ線上の道路ポール照明によって，全体の構成が規定されることが多い。

夜景では道路照明はフレームを構成する重要な要素であるが，その光色によって印象は大きく変わる。ヨーロッパやアメリカに多い低圧ナトリウムランプを使った道路照明は，道路照明としては視認性が低く，好ましいとはいえないが，そのオレンジ色は暖かい印象の夜景を形成する。これに対して日本の道路照明は，視認性は高いが白っぽく，他の国々に比べて温かみ欠けるといわれている。

都市の中心的な建物や，歴史的価値の高い建物は，しばしばライトアップされる。ライトアップは通常，投光照明を指すが，広く景観演出照明全体をライトアップと呼ぶこともある。ライトアップされた建物は，昼間とは異なった表情を見せ，都市の光環境を美しく演出することができ，夜のランドマークとしても効果がある。また，さまざまな地域のイベントの際には，演出照明として電飾やイル

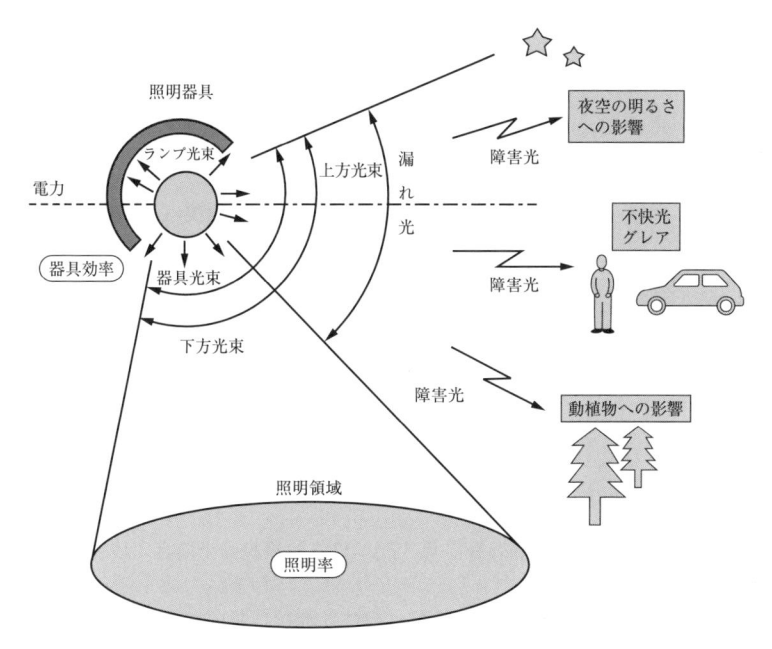

図 5.6 照明による周辺環境への影響[7]

表 5.2 照明環境類型と街路照明器具の上方光束比[8]

環境類型	キーワード	星空キーワード	場所のイメージ	上方光束比	
				短期的目標	行政による整備
照明環境 I	あんぜん	「星降る里」	自然公園，里地，田園	0%	
照明環境 II	あんしん	「天の川」	里地，郊外	0〜5%	
照明環境 III	やすらぎ	「北斗七星」	地方都市，大都市周辺部	0〜15%	0〜15%
照明環境 IV	たのしみ	—	都市中心部	0〜20%	

ミネーションがしばしば使われ，楽しい雰囲気をつくり出している。

d. 光害（ひかりがい）

　都市の夜の光環境は，これまで，より明るくする方向に展開してきた。しかしながら，必要以上の光，あるいは不適切な光や漏れ光は，さまざまな悪影響を及ぼすことが認識されるようになった。このような光による障害，あるいは悪影響を光害という。図 5.6 に光害の概念を示すが，①道路灯や防犯灯などの照明光が明るくて眠れない，②都市部の光が大気中の水分や塵などで拡散されて，夜空が明るくなり，天体観測に悪影響を及ぼす，③道路灯などの街灯によって農作物が生育不良を起こす，④ゴルフ場や，その他屋外施設などの照明による周辺への悪影響，などが光害として挙げられる。

このような光害に対して，単純に照明を落とすというようなかたちで対応することは必ずしも適切とはいえない。さまざまな照明施設は，設置される理由や目的をもっているので，それを再確認し，その目的を果たすに足る光を確保しつつ，周囲への悪影響を起こさせないことが適切な対策といえる。

　環境庁が，平成10年に「光害対策ガイドライン」を策定し，照明率，上方光束比，グレア，省エネルギー性の評価項目から，街路照明器具の推奨基準を表5.2のように定めており，また平成12年には，地域照明計画を策定するための指針として「地域照明環境計画策定マニュアル」を定めているので，光害対策に当たってはそれらを参照する。

参考文献
　松尾陽他：空調設備の動的熱負荷計算入門，日本建築設備士協会，1980
図表出典
1) 　日本建築学会編：日照の測定と検討（設計計画パンフレット24），彰国社，1977
2) 　浦野良美，中村洋編著：建築環境工学（渡辺俊行執筆分より），森北出版
3) 　1)に同じ，加筆作成
4) 　松浦邦男：建築環境工学I，朝倉書店，p.11に加筆作成
5) 　松尾陽他：建築と気象，朝倉書店
6) 　照明学会：照明基礎講座テキスト，平成12年
7) 　環境庁大気保全局：地域照明環境計画策定マニュアル，平成12年6月
8) 　日本建築学会編：光と色の環境デザイン，オーム社，2001年

●第III編——6章
都市の音環境

6-1. 都市の音源
a. 音環境の変化

　音環境は，騒音にしろ音楽にしろ，われわれの生活様式や地域特性と密接に関係している．生活様式や地域特性が時間と空間でさまざまに変化するように，音環境も変わっていく．

　表6.1は時代による日常生活空間の音環境の推移を示したものである．現在の環境がいかに人工化し，自然から遠ざかってしまっているかがわかる．この大きな流れは，今後とも逆流することはありそ

表6.1　時代による日常生活空間での音環境の推移[1]

時代＼さまざまな音	自然音	人間の音	道具とテクノロジーの音
未　開　文　化	69%	26%	5%
中世，ルネサンス，産業革命以前の文化	34	52	14
産　業　革　命　後	9	25	66
現　　　　　　在	6	26	68

うもない．静かな空間や静かな時間を得るには技術の力を必要としている．

b. 音環境の現状

　表6.2は横浜市民からの回答をもとに分析した各種の音の聞こえ率と，その音の好意率を示す．聞こえ率が高くて，好意率も高い音は多くの市民が耳にし，気に入っている音であり，小鳥の声，秋の虫，カエル，セミの声などがこれにあたる．聞こえ率が高くて，好意率の低い音は多くの人にとって迷惑な音であり，バイクや大型車の走行音，車のクラクションや空ぶかし，宣伝カーなどの拡声器の音などである．聞こえ率は低いが，好意率が高い音は場所によっては残されている良い音であり，せせらぎや波の音，船の音，お寺や教会の鐘などである．聞こえ率が低くて，好意率の低い音は局所的に問題となっている音であり，工場や作業場，建設および土木工事，飲食店のカラオケなどである．

　近隣の生活音の聞こえ率は中程度のものが多く，好意率は負に傾く．階上の音，ペットの声は迷惑感が強い．好意率が0に近い音には，ごみ収集車，ピアノ，学校の音，赤ちゃんの泣き声などがあり，どちらとも言えない音である．

表6.2 さまざまな音の聞こえの程度と好ましさ[2]

(対象：横浜市民1,240人，調査：1991年)

群	番号	音源	聞こえ率[*1] [%]	好意率[*2] [%]
I	(33)	小鳥の声	75.5	71.7
	(6)	パトカー，救急車のサイレン	83.1	-16.1
	(2)	普通自動車の走行音	81.9	-18.7
	(3)	バイクの走行音	90.9	-64.4
II	(32)	秋の虫，カエル，セミの声	72.9	57.0
	(30)	祭り，花火大会，盆踊りの音	52.6	21.9
	(16)	ごみ収集車	70.2	2.7
	(20)	子どもの声	58.4	-8.7
	(34)	カラスの声	59.7	-20.3
	(1)	大型自動車の走行音	66.0	-33.5
	(10)	飛行機，ヘリコプターの音	62.0	-36.5
	(4)	大型自動車のクラクション	51.9	-41.5
	(5)	普通自動車，バイクのクラクション	61.8	-44.4
	(15)	宣伝カー等の拡声器の音	55.6	-47.8
III	(31)	風鈴の音	29.9	51.0
	(35)	草木のざわめく音	41.3	42.8
	(23)	ピアノ等の楽器の音	34.8	-2.3
	(13)	学校，幼稚園の音	28.5	-4.2
	(21)	赤ちゃんの泣き声	32.0	-6.8
	(24)	テレビ，ステレオの音	25.7	-11.6
	(25)	トイレ，ふろ等の給排水音	35.2	-14.7
	(19)	人の立ち話	42.8	-15.3
	(29)	駐車場の車の出入りの音	35.8	-19.4
	(26)	階上の床の音	29.8	-25.7
	(27)	ペットの鳴き声	39.4	-31.4
	(28)	車の空ぶかし	40.6	-61.3
IV	(36)	せせらぎの音	10.6	62.1
	(39)	お寺，教会の鐘	17.7	44.1
	(38)	船の音	12.1	43.3
	(8)	鉄道の音	21.9	-15.1
	(22)	冷暖房機，ボイラーの音	21.6	-18.3
	(17)	商店の拡声器等の営業音	15.2	-29.3
	(11)	工場，作業場	12.9	-38.5
	(12)	建設，土木工事	22.3	-57.0
V	(37)	波の音	6.9	53.5
	(14)	横断歩道の信号の音	6.6	-1.2
	(9)	踏切の警報機の音	6.9	-10.5
	(7)	新幹線の音	8.3	-13.6
	(18)	飲食店のカラオケ	8.2	-46.1
	(40)	その他	4.2	-65.4

*1 全回答者に対する例示音が聞こえる人の割合
*2 例示音が聞こえる人に対する，その音が好ましいとする人の割合から悩まされる音とする人の割合を差し引いた値

*3 永田穂：静けさ よい音 よい響き，彰国社，1986

6-2. 音環境の創造

a. 三つのコンセプト

"よい響き"，"静かさ"，"よい音"[*3]が，音環境を計画，設計，創造する三つの場面における基本コンセプトである。

音楽を楽しむことができるコンサートホール，講演に聞き入ることのできる講堂などにおける音の聞こえの問題が"よい響き"に関係する。そこでの音響設計の着目点は静かさが確保されたうえであるが，音が十分な音量で明瞭に聞こえること，使用目的に適する響きがあること，エコーなどの音響障害がないことである。表6.3に室の種類ごとに音響設計着目点の重要程度を示す。室によって設計上の着目点と重みが異なることを理解したうえで検討を進めることが効果的である。

人間生活の質を決定する重要な要因の一つが"静かさ"であり，スト

表6.3 室内音響設計の着目点[3]

室の種類＼着目点	室形・容積検討			残響調整				音響効果					エコーの防止		電気音響設備
	室の大きさ（室容積・天井高・床面積）	室の寸法比（固有振動）	室の形状	最適残響時間の確保	残響時間周波数特性	残響過多の抑制	ブーミングの抑制	音場の拡散	一様な音圧分布	直接音の強さ	初期反射音の強さ	初期音減衰指標の検討	ロングパスエコーの防止	フラッターエコー（鳴き竜）の防止	
コンサートホール	◎	○	◎	◎	◎			◎	◎	◎	◎	◎	○	△	
オペラハウス	◎	○	◎	◎	◎			◎	◎	◎	◎	◎	○	△	△
劇　　場	○	○	◎	◎	○			○	○	◎	○	○	◎	△	○
講　　堂	○	○	○	○	○			○	○	◎	○	○	◎	△	○
多目的ホール	◎	○	◎	◎	◎			◎	◎	◎	○	○	◎	△	◎
小スタジオ	△	◎	○	◎	◎	○	○	○				△		○	
リスニングルーム	△	○	△	○	○			○						○	
学校教室			△	△				△	△	△				△	○
会　議　室						△								△	△
事　務　室						△									△
宴会場，集会場						○									
体育館，屋内プール			△			◎		△	○						◎

着目する必要の程度　◎：非常に　○：普通　△：やや

レスの多い現代人の精神にとって一時とはいえ静かさの体験は安らぎとなる。人工的な閉じられた空間の場合，例えばコンサートホールでは，静かさは音楽を楽しむための必要条件である。一方，過度に防音された空間とか高層住宅の周囲から隔離された空間では，むしろ不安感が出てくる場合もある。しかしながら現状では，静かさを確保するよりも騒がしさをいかに把握して，それをいかに緩和するかが問題となる場合が多い。現実に騒音問題が生じている場合，建物内部で発生する騒音を計画的に制御する場合，騒音が大きい場所に建物などを建てる場合，ある環境に新たに騒音源が加わることにより騒音の増大が予想される場合などである。表6.4に騒音を評価するための代表的な尺度を示す。

　これらの騒音を防止するための対策は，低騒音化，交通規制，生活ルールなどの騒音源対策，遮音塀，浮床，緩衝植樹帯などの伝播経路対策，建築制限，平面計画，二重窓などの受音側対策に区分することができるが，全体としてバランスのとれた防止対策を立てることが大切である。

　騒がしさが増大する音環境のなかでは"よい音"の検討も重要である。室内音響設計，騒音対策はもちろん大切であるが，私たちの身のまわりにあるさまざ

表6.4 代表的な騒音評価尺度[3]

名 称	対 象	概　　　要
騒音レベル(L_A)	基礎尺度	A特性による騒音の測定値［dB］をそのまま用いる評価尺度である。測定の簡単なわりに一般的騒音の大きさや，やかましさとの対応が良好で，広く世界各国において使用されている。
Noise Criteria (NC)	室内騒音	騒音をオクターブ分析し，各バンドレベルを一群の曲線から成るグラフ(NC曲線)に当てはめて，最大の値をNC値とする。別に建物用途別のNC値が提案されており，これにより室内騒音を評価する有効な室内騒音評価法として広く認められ，現在，世界各国で使用されている。
時間率騒音レベル(L_x)	環境騒音	測定時間のx%において，騒音レベルがそのレベル以上であるようなレベルを，x%時間率レベルという。L_{50}は中央値であり，変動騒音の代表値として親しまれてきた。しかし，変動幅の大きい騒音や突発性の騒音を過小評価してしまう場合がある。L_5やL_{10}は変動の上位のレベルを反映しており，一般の環境騒音の主観量(大きさや，やかましさ)とよい対応を見せることが多い。
等価騒音レベル($L_{Aeq,T}$)	環境騒音	$$L_{Aeq,T} = 10 \log_{10} \frac{1}{t_2 - t_1} \int_{t_1}^{t_2} \frac{P_A{}^2(t)}{P_0{}^2} dt$$ ここで，$T = t_2 - t_1$：測定時間　P_0：基準音圧，20 μPa　$P_A(t)$：A特性で重みづけした瞬時音圧　聴力損失や音響心理研究のなかで種々の物理的特性の相違はあっても，等しいエネルギーの騒音は等しい効果を与えると考えられる現象がしばしば見出される。等価騒音レベルはこの等エネルギーの考え方に基づいたもので，騒音エネルギーの時間平均をデシベル表示したものである。
WECPNL	航空機騒音	WECPNL $= \bar{L}_A + 10 \log_{10} N - 27$　ここで，$\bar{L}_A$：暗騒音より10 dB以上大きな航空機のピーク騒音レベル(dB, SLOW)のエネルギー平均　N：発生時刻による補正をした航空機数　$N = n_1 + 3\,n_2 + 10\,n_3$　ここで，n_1，n_2，n_3は昼(7:00〜19:00)，夜(19:00〜22:00)，夜中(22:00〜翌7:00)の機数。基準では連続した7日間の日々のWECPNLのエネルギー平均値をその地点のWECPNLとしている。ICAO(国際民間航空機構)の方法をわが国独自に簡略化したもの。

な音に耳を澄ますことも意味のあることである。そこから日常生活を見なおすことが求められている。

　市街地や商店街の整備，再開発にあたっては，広場や歩行者空間を設け，ファサードを統一し，路面にタイルを敷きつめ，水と緑と彫刻を取り入れるなどの手法が用いられる。しかし，音環境のことがどの程度まで考慮されているのであろうか。音をなくすというのではなく，交通機関の音，拡声器の音，足音などの環境音，水の流れ，小鳥の鳴き声などの自然音，さらに環境音楽などを含めて再構

成し，その空間らしさを演出できないであろうか。その場所に固有の音風景を創造していくことも可能であろう。

b．人の生活場面と音環境のあり方

　私たちのまわりに耳を傾けてみると実にさまざまな音がある。音の有様はその地域らしさを示し，生活環境の質を決める重要な要因となっている。このような音には，よく聞こえるか聞こえないかの量的な側面と，好きか嫌いかの質的な側面が伴う。

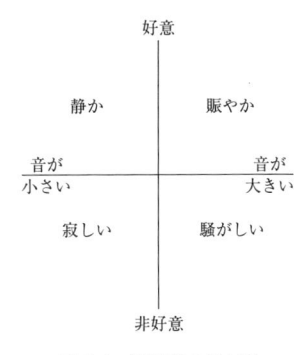

図 6.1 音環境の量と質

　図 6.1 は横軸を量，縦軸を質とした二次元の平面上に音環境を表す言葉をあてはめたものである。

　　音が大きくて好ましい　　　：賑やか
　　音が大きくて好ましくない：騒がしい
　　音は小さく好ましい　　　　：静か
　　音は小さいが好ましくない：寂しい

　商店街では，人やものの生き生きとした動きが地域の活発さをもたらし，賑やかさが演出される。同じことが住宅街で起これば騒がしい。

　住宅街では生活が感じられて音が小さいと静かな街となる。商店街では音が小さいと寂れた街となる。このように人の生活場面とともに音環境のあり方は変わり，静かさと賑やかさが目指すべき音環境の二つの方向となる。

図表出典
1) 一柳慧：音を聴く，岩波書店，1984
2) 日本建築学会編：高齢者のための建築環境，彰国社，1994
3) 日本建築学会編：建築の音環境設計（設計計画パンフレット 4），彰国社，1984

● 第 IV 編 ──
建築環境設備学の技術

第 IV 編は，建築環境設備学の技術と題して，水，熱，空気，光，音の五つの環境要素ごとに，建築と環境への適用の方法を中心として，それぞれの要素に関する技術的内容を解説する。
それぞれの環境要素をどのように解析するか，その結果をどのように計画と設計につなげるかを学ぶことが目標となる。

●第Ⅳ編——1章
水の技術

1-1. 水の機能と水環境計画

　人の生活と活動を支える建築においては，まず水を利用するということが前提となる。単に水といっても，その内容は多様であり，それぞれの水利用目的に対応した選択をすることが必要である。水利用とは，水の物性と存在形態を，利用目的に応じて有効に機能させることにほかならない。したがって，水を有効に利用するためには，水の機能を理解し，水利用目的と，目的別の必要条件を十分理解するとともに，これらを総合した水環境計画を考えることが必要である。

　さらに，そのなかでは水の害についても十分理解しておくことが重要である。また，水を利用することは水質を劣化させる行為であり，結果として発生する排水の処置と環境影響についても十分配慮することが必要である。

a. 水の機能

　水のもつ機能としては，以下の五つが挙げられる。

1) **生命維持機能**　　生物が生きていくためには水がなくてはならない。したがって必要な質と量の水が得られる場所にのみ生態系がつくられ，人間も生命を維持することができるのである。人間の健康のためには高度の水質レベルが要求される。

2) **衛生保持機能**　　人体，生活と都市の環境を清潔に保持するために水が使われる。入浴，洗面，洗濯，清掃などである。これらは主に水の溶解性と流動性を利用しているものである。衛生保持のために用いる水がひとたび汚染されると，水系感染症のまん延などの非常事態も起きかねない。

3) **搬送機能**　　水の浮力と流動性によって，物質は移動しやすくなる。物を運ぶために利用する水の存在形態としては，海，湖，河川，運河，水路，管水路などがある。建物の排水システムは，生活の場から不要物を排除するために水の搬送力を利用しており，これを都市規模に拡大したものが下水道である。

4) **気候・温度調節機能**　　水は気体，液体，固体の三態をとり，この相変化による潜熱と，熱容量の大きさによって気候を左右し，温熱効果を発揮する。行水

やシャワー，庭の打ち水や屋根散水なども温度調節の効果を狙ったものである．空調設備や産業用にも冷却水としてなくてはならないものである．

5) **心理的効果** 宗教と水，街角の噴水，水辺の語らいや船遊びなどに，水の心理的効果をみることができる．入浴やシャワーは，衛生保持だけでなく，気分を爽快にするといった効果も期待される．

b. **水利用目的**

水の存在形態は多様であるが，水利用の立場からは，雨水，地下水，河川水，湖沼水，海水などというように，

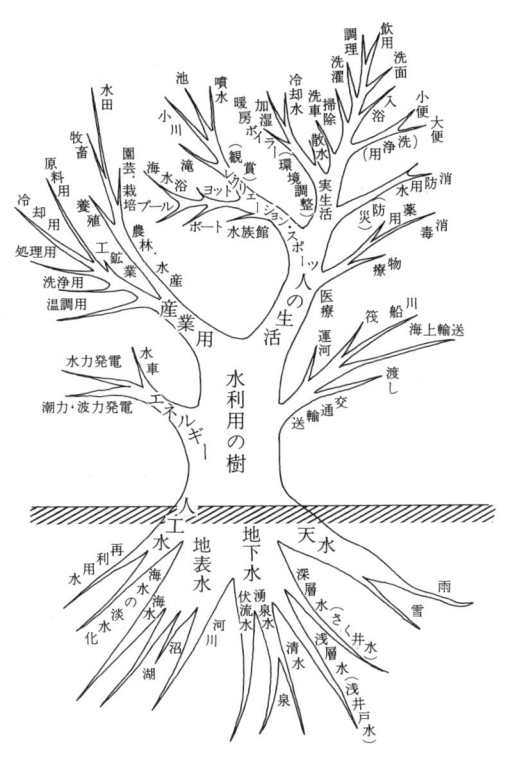

図1.1 水利用の樹（宮崎勝盛）[1]

水源としての呼び方をするのが一般的である．これを利用する目的は，前述の水の機能に対応して生活用，精神的利用，産業用，エネルギー用，輸送・搬送用などに分類される．これらを樹木にたとえて示したものが図1.1である．行政上での水利用区分は，生活用水，工業用水，農業用水となっている．これらの内容を以下に示す．

1) **生活用水** 人の生活に利用するものであり，水道によって供給される場合がほとんどである．このなかには，家庭において飲料水，入浴，洗濯その他に使用される家庭用水と，ビル用水，公衆浴場用水，消火用水，公園や道路などの維持管理用水などの都市活動用水が含まれる．建物内および敷地内の水利用は給排水衛生設備システムによって補完される．そのシステムの概要を図1.2に示す．同図には都市設備と水の循環も加えてある．

2) **工業用水および農業用水** 水利用の樹では産業用水として示されている．

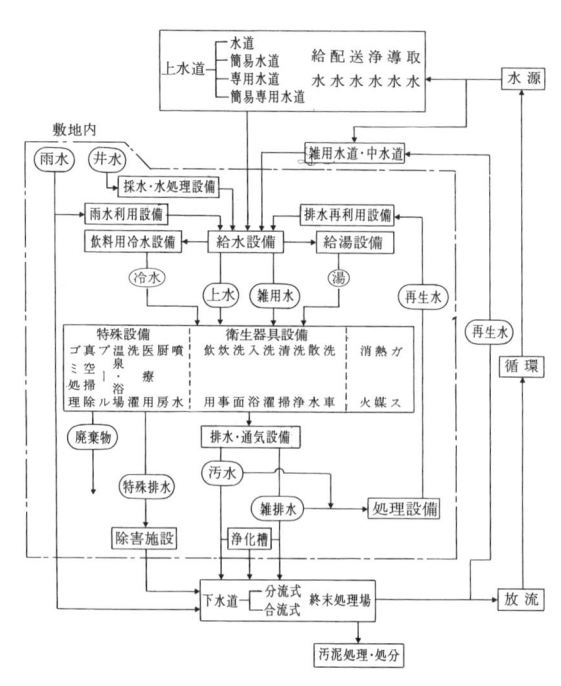

図1.2 給排水衛生設備システムの概要 (紀谷文樹)[2]

農業用水は古くからの水利権の関係もあって，非常に大きな割合を占めている。工業用のなかでは冷却用が圧倒的に多いが，洗浄用も含めて高度の循環利用や多段階利用が行われて節水が実現されている。

3) **エネルギー源としての水利用**　かつては水力発電が大きな割合を占めていたが，火力と原子力にとって代わられた。しかし，水はクリーンなエネルギーとして重要であり，古くからの水車のほか，波力，潮力，温度差などを利用した発電も実用化されてきている。管内流などを利用したごく小型の発電も検討されている。

4) **輸送，搬送における水利用**　交通・輸送手段として船を利用することは一時期すたれたが，最近改めて見直されている。搬送というのは，水の流れを利用して土砂や汚物，その他のものを流すことであり，生活用，工業用などに幅広く応用されている。

c．**水環境計画**

水との関わりは多様なものであり，建築に関係するものだけを考えてみても，都市や地域のレベル，建物のレベル，設備のレベルなどでそれぞれ対応の仕方が異なっている。そして，これらを総合した水環境計画を確立することが求められている。ただし，ここでいう「水環境とは，建築およびその集合としての都市において，人がさまざまのかたちで水に影響されたり，水を利用している状況と，その根源としての自然の水の存在状況を指しており，水環境計画とは，自然の水をどのように利用するかということを，人と自然の全体的なバランスのなかで総

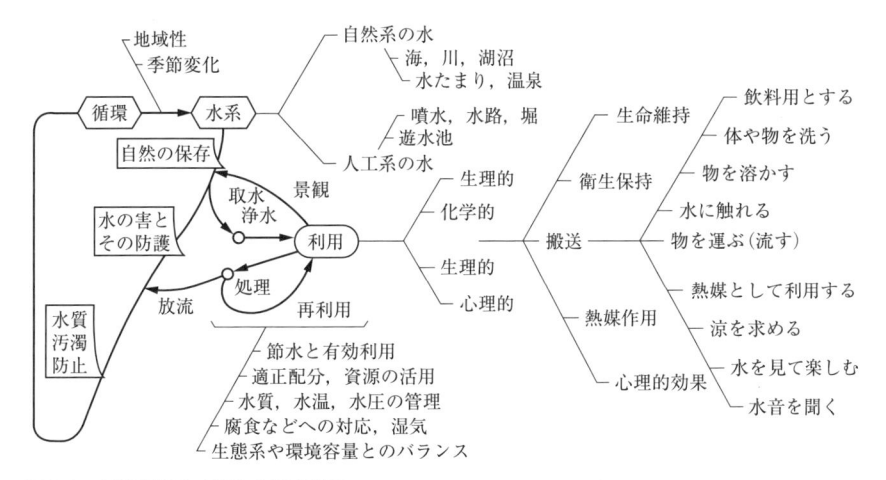

図 1.3　水環境計画の要素　(紀谷文樹)[3]

合的に検討することを意味している。[1]」

　そうしたなかで，人と水の関わりの力点は，時代とともに利水，治水から親水へと移行してきている。親水（これを環境と表現する人たちもいる）というのは，水辺で遊んだり，水を見て楽しんだりしながら，身近な水のさまざまな存在形態の価値を認識すること，すなわち水に親しむことを主体として水利用や治水を考え，水の大切さに関わることである。

　水環境を計画するということは，これらを総合し，都市計画，建築計画，設備計画を一貫して，人を中心とした水の取扱いを検討することである。単に水を取って利用するということだけでなく，自然のものをいかに保存するか，水のもつ諸機能をいかに活用するか，利用する場合の水資源としての適正な利用方法はどうか，排出するものはどのようにして水系へ返すべきかということを，それぞれの地域ごとに存在する水環境の特徴を考慮しながら計画を進めることが重要である。

　水環境には水量，水質ともに地域的，季節的な特徴があり，その限定のなかで，いかに有効に，有機的に水を分配し，利用するかということを検討することが，水環境計画の主要な作業である。図 1.3 は，水利用を中心として水環境の要素を示したものである。

　そして，このような水環境計画を進める基本として，人が心理的，生理的にどのように水と関わっているか，水に対してどのような意識をもっているか，どの

表1.1 水の相による建築に対する害[4]

より＼へ	水	氷（雪）	蒸　気
水	圧力浸透，白化，水あと汚れ，カビ，なめくじ，さび，局部電解，毛細管浸透	凍上，霜柱，つらら，凍結融解破壊，可動部凍結，水管破裂，浴槽破壊，床凍結の滑り	防水層ふくれ，塗装膜剥離
氷（雪）	吹込み雪の水，もれ，すがもり，融雪浸水	雪圧による圧壊，雪吹込み，軒なだれ，なだれ	
蒸　気	結露，汚れ，湿性カビ，さび，透湿性悪化	ジャックフロスト（氷華），塗膜粉化	湿性カビ発生，白蟻害，さび

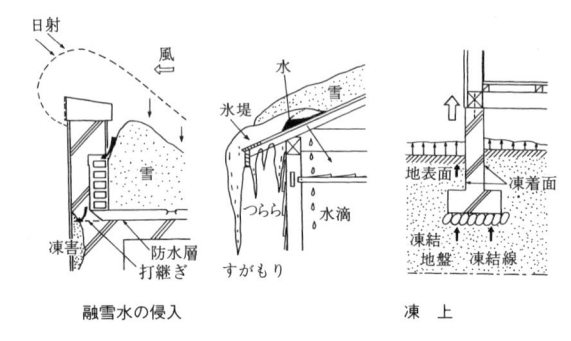

図1.4　水の害の例[5]

ような水利用形態が存在するかを知らなければならない。水利用にはソフトな面とハードな面が考えられる。前者は，水のもつイメージや感触を環境要素として積極的に取り入れていこうとするものであり，後者は飲料用，生活用，産業用などとして不可欠の水を，水利用システムとして取り扱うものである。

d. 水の害

水の害としては，前述の水系感染症のように直接人に影響するもの，表1.1および図1.4に示すように，水の三態が建築物そのものに与えるもの，水害のように地域的または広域的なもの，および水系の水質汚濁がある。図1.5は，多摩川における水質変化を示したものであり，昭和20年代〜40年代のわが国の水系の急速な水質悪化を示したものである。このような水質汚濁は，取水して利用する立場からは水の害として扱うことになるが，水系にとっては人為的に与えられた害とみることができ，その影響による生態系の変化がしばしば問題とされるので，使用した水の排出については十分な対策が必要である。

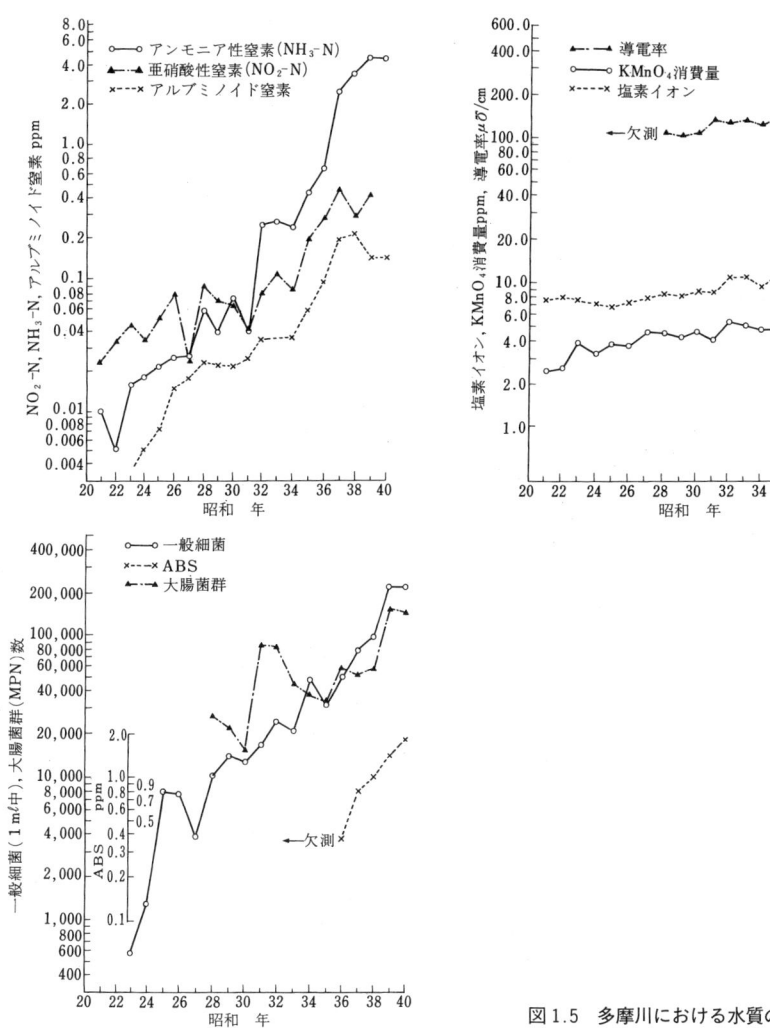

図1.5 多摩川における水質の経年変化[6]

1-2. 水の物性

水は，非常に特徴的な性質をもった物質である。すなわち，熱容量が大きいこと，溶解度が大きいこと，4℃で比体積が最も小さくなること，同位体が多いこと，その他さまざまな特徴が挙げられている。それらの性質によって，地球上の気候を温暖にし，生物の生命を支えている。主な物性を表1.2，表1.3，および図1.6に示す。

表1.2 標準気圧における水の物性[3]

温 度 [℃]	0	5	10	15	20	25
ρ [kg/m³]	999.84	999.96	999.70	999.10	998.20	997.04
η [10^{-3}Pa・s]	1.792	1.520	1.307	1.138	1.002	0.890
ν [10^{-6}m²/s]	1.792	1.520	1.307	1.139	1.0038	0.893
γ [10^{-5}N/m]	76.40	74.90	74.20	73.48	72.75	71.96
Cp [J/K・g]	4.2174	4.2019	4.1919	4.1855	4.1816	4.1793
温 度 [℃]	30	40	50	60	80	100
ρ [kg/m³]	995.65	992.22	988.04	983.20	971.80	958.3
η [10^{-3}Pa・s]	0.797	0.653	0.548	0.467	0.355	0.282
ν [10^{-6}m²/s]	0.801	0.658	0.554	0.475	0.365	0.295
γ [10^{-5}N/m]	71.15	69.55	67.90	66.17	62.60	58.84
Cp [J/K・g]	4.1782	4.1783	4.1804	4.1841	4.1961	──

101.325 kPa=1 atm における水の密度 ρ, 粘度 η, 動粘度 ν, 表面張力 γ, 定圧比熱容量 Cp

表1.3 水の相変化と物性[3]

	単位	水	水蒸気	氷	雪
密 度	kg/m³	1.00(3.98℃)	4.85×10⁻³(0℃) 0.598(100℃)	0.917×10³(0℃)	新雪 約0.12
潜 熱	kJ/mol	40.66(100℃)		6.01(0℃)	
熱伝導率	W/m・K	0.561(0℃) 0.673(80℃)	1.58×10⁻²(0℃) 2.35×10⁻²(100℃)	2.2(0℃)	0.11(0℃ 密度0.11) 0.57(0℃ 密度0.45)
定圧比熱	J/K・g	4.2174(0℃)	2.051(100℃)	──	
膨張率	/K	0.21×10⁻³(20℃)	──	52.7×10⁻⁶(0℃)	

いずれも 101.325 kPa=1 atm における値とする。

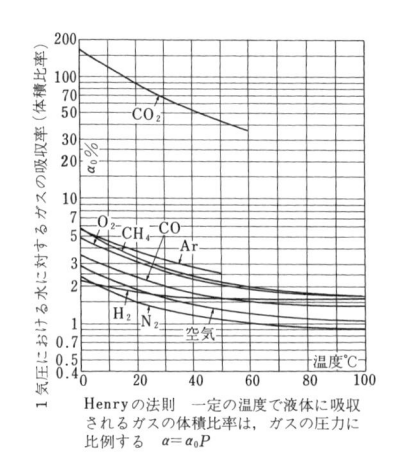

図1.6 水に対するガスの溶解度[7]

Henryの法則 一定の温度で液体に吸収されるガスの体積比率は, ガスの圧力に比例する $a = a_0 P$

1-3. 水の用途と水質

　水利用に当たっては, 多様な水質をもっている自然の水をそのまま利用できることもあるが, ほとんどの場合は, 用途に応じた水質レベルに変えるために浄化処理を行わなければならない。そのレベルは, 純水や飲料水のような高度のものから, 便器洗浄水や景観用水のような, 特に高度な水質レベルを必要としないものまで広い幅をもっている。

　水を浄化するにはエネルギーと費用を必要とするので, 用途に応じた水質レベル以上に高めることは不経済となる。したがって水資源の不足も関係して, 水道水のみに頼ることなく, 排水の再利用や雨水利用も実施されるようになり, 海水の利

表1.4 利用目的と水質[1]

利用目的			水質レベル	使用後の水質変化（主な混入物）	備考
生活用水	家庭用水	飲用 調理用	◎上級 ◎(飲める)	△調理くず，洗剤	生命維持用
		洗面および手洗い用	◎	△洗剤	
		入浴用 洗濯用 清掃用	○中級 ○(浴びられる)	△(温排水) △洗剤	生活に必要な水
		水洗便所用	△低級	×	
		洗車用 散水用 空調用 その他	△(触れる) △ △ △	△	生活を豊かにするための水
	都市活動用水	飲用 調理用	◎ ◎上級	×グリース，洗剤 (温排水)	生命維持用
		原料，食品処理，洗浄用	◎	△	
		公衆浴場用 クリーニング用 清掃用	○ ○中級	△洗剤(温排水) △洗剤(温排水)	生活に必要な水
		プール用	○	△	
		洗車用 散水用 噴水などの景観用	△ △ △低級		生活を豊かにするための水
		防火用 その他	△ △		非常用

凡例：飲める(上級, ◎印), 浴びられる(中級, ○印), 触れる(低級, △印), 触れない(×印)

表1.5 給水の水質基準

用途＼水質項目	窒素酸化物中の窒素量 (mg/l)	過マンガン酸カリウム消費量 KMnO₄ (mg/l)	塩素イオン Cl⁻ (mg/l)	銅 Cu (mg/l)	鉄 Fe (mg/l)	マンガン Mn (mg/l)	鉛 Pb (mg/l)	水素イオン濃度 pH (−)	蒸発残留物 (mg/l)	大腸菌群 (−)	硬度 (CaCO₃として) (mg/l)	色度 (°)	濁度 (°)	生物化学的酸素要求量 BOD (mg/l)	化学的酸素要求量 COD (mg/l)
1 飲料用水（WHO基準）（日本基準）	− ≦10	− ≦10	≦200 ≦200	≦0.05 ≦1.0	≦0.1 ≦0.3	≦0.05 ≦0.05	≦0.05 ≦0.05	7.0～8.5 5.8～8.6	≦500 ≦500	不検出	≦100以下 ≦300	≦5 ≦5	≦5 ≦2		
2 公衆浴場用水（原湯）	−	≦10	−	−	−	−	−	5.8～8.6	−	50ml中に不検出	−	≦5	≦2		
3 プール用水（一般）	−	≦20	残留塩素として≧1.0	−	−	−	−	5.8～8.6	−	10ml5本中陽性2本以下	−	−	≦5		
4 水洗便所用水	−	−	−	−	−	−	−	5.8～8.6	−	≦10個/ml	−	−	−	≦20	≦30
5 空調冷却用水	−	−	≦300	−	Fe+Mn：≦0.5		−	6.5～9.0	−	−	≦300	≦10	≦10	≦20	≦20
6 散水用水	−	−	≦300	−	Fe+Mn：≦1		−	6.5～9.0	−	−	≦300	≦50	≦10	≦10	≦20
7 池・噴水用水	−	−	≦300	−	Fe+Mn：≦1		−	6.5～9.0	−	−	≦300	≦5	≦5	≦10	≦20
8 掃除・洗車用水	−	−	≦200	−	Fe+Mn：≦0.3		−	6.5～9.0	−	−	≦200	≦30	≦10	≦10	≦20
9 工業用水	−	−	≦80	−	≦0.3	≦0.2	−	6.5～8.0	≦250	−	≦120	−	≦20		

（厚生省令・通達などより作成）

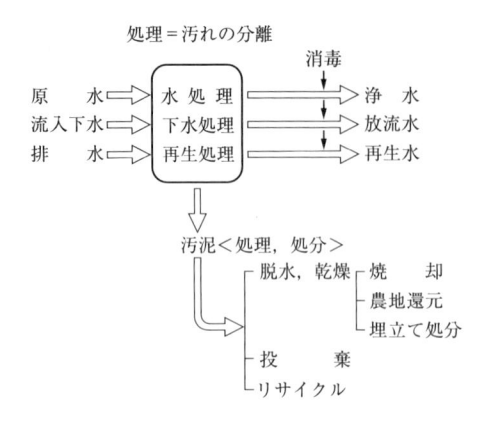

```
処理 ＝ 汚れの分離
              消毒
原    水 ⇒  ┌─────┐ ⇒ 浄    水
流入下水 ⇒  │水 処 理│ ⇒ 放 流 水
排    水 ⇒  │下水処理│ ⇒ 再 生 水
              │再生処理│
              └─────┘
                 ⇓
         汚泥＜処理, 処分＞
              ├ 脱水, 乾燥 ─ 焼  却
              │          ├ 農地還元
              │          └ 埋立て処分
              ├ 投  棄
              └ リサイクル
```

図1.7　処理の原理（紀谷文樹）[3]

排水処理技術上の一般的な区分	溶解性物質 ← → コロイド物質 ← → 懸濁物質, 浮遊物質		
粒子径 μm	0.0001　0.001　0.01　0.1　1　10　100　1,000		
粒子径 mm	0.001　0.01　0.1　1　10		
物理化学的処理法	凝集／フロック形成　沈殿, 浮上　イオン低分子／ウイルス高分子　普通濾過　色度粒子　限外濾過(UF)　逆浸透(RO)　活性炭吸着		

図1.8　粒子径による除去対象物の分類と対応する分離法（野中英市）[2]

用も一部では行われている。このような多元給水を実現するためにも，用途別の水質基準を明確にしていく必要が増大している。表1.4に利用目的別の概念的な水質レベルを示す。表1.5は用途別に提案された水質基準である。ただし，多元給水を行う場合には，用途別の水量や水質バランス，クロスコネクション（誤接合）や誤飲に十分注意しなければならない。

1-4．水処理と汚水処理

水を浄化処理するということは，図1.7に示すように，水から汚れを分離することである。処理される原水の水質レベルによって，水処理と汚水処理に分けられ，採用される処理方式も異なるが，基本となる原理は同じである。分離された汚れは汚泥と呼ばれ，その処理，処分がまた問題となり，コンポスト化や建設資材としての再利用が検討され，実施されている。水の浄化処理は，水道や下水道に関連して発達したが，最近では排水の再利用，軟水化や海水の淡水化，純水や超純水の製造など多様な内容になっている。排水の再利用施設は，その対象とする範囲によって広域循環方式，地域循環方式，および個別循環方式に区分される。

図1.8，図1.9に，処理対象粒径と処理方式の位置づけを示す。これらの処理装置のほか，浄水器やし尿浄化槽，特殊排水の除害施設などがある。それぞれの処理方式によって処理の対象範囲が異なるので，前述の水の用途と水質の目標，

および安全性と経済性を十分に考慮して，適切な処理方式の組合せを検討する必要がある。

なお，処理された水の細菌学的な安全性を確保するために塩素消毒が行われている。塩素は再汚染に対しても残留効果が期待できるためである。ただし，塩素の大量消費は，発がん性物質の生成や，強い臭味の影響などのマイナス要因ともなり，一部ではオゾンや紫外線などが用いられている。

1-5．負荷

水利用システムを設計するためには，そこで賄うべき水量と水質の変動特性を知る必要がある。これを負荷という。まず負荷の量的側面について考えれば，以下のとおりである。すなわち，給排水衛生設備における負荷は瞬時負荷と時間負荷に分けられる。瞬時負荷は配管設計やポンプの設計，瞬間湯沸器や熱源能力の設計などに用いられ，時間負荷は各種槽類や熱源容量の設計，維持管理計画などに用いられる。これらの負荷は，設置された器具を人が利用することによって生じるものであり，人の利用はアトランダムな現象なので，負荷も常に変動するものである。

負荷の変動要因としては，建物別，用途別，器具別，時間帯別，日別，季節別，性別，年齢別，生活習慣，システムの性能などが挙げられる。それらによる変動特性を理解し，システムの経済設計を考慮して極端な現象を除外し，最適かつ最大の負荷を確率論的に予測することが負荷設計である。そのために変動要因ごとの水の使われ方を知り，図1.10に示すような使用モデルを作成して検討することになる。さらに，従来のように最大負荷のみに着目するのではなく，時系

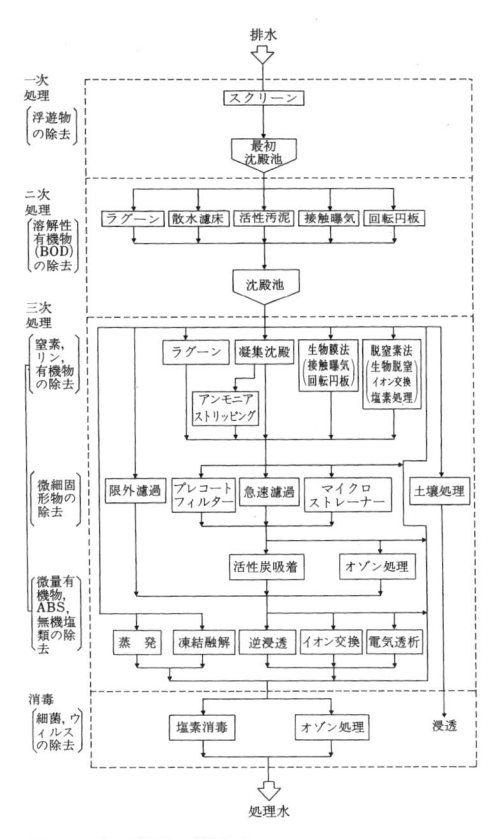

図1.9 処理装置の位置づけ[1]

図1.10 使用モデル[8]

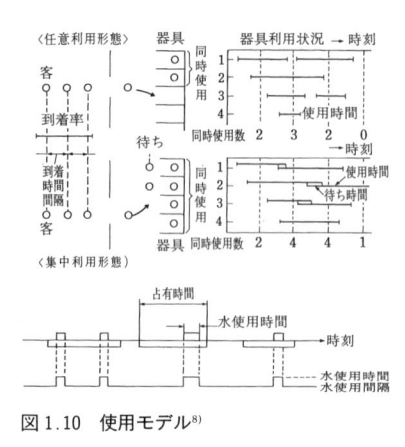

列的に負荷変動を予測し，運転制御によって対応することも検討されている。

図1.10の使用モデルは器具および給水系統を主として示されており，加圧送水している給水系統では，瞬時負荷の基本として器具の同時使用が考えられる。一方，排水系統においては重力式で流下していく流れであるため流下距離が問題となり，瞬時負荷は器具の同時使用ではなく，管径を決定すべき配管部分における各器具からの排水が合流する点での負荷の重なりによって考えられる。

時間負荷は瞬時負荷を積分することによって求められるが，ほかに一定時間内の使用頻度からも算定することができ，規模によっては後者のほうがより適切な設計法となる。なお，瞬時負荷は瞬時流量，同時使用流量，排水流量などとも呼ばれており，時間負荷は使用水量，排水量などとも呼ばれている。瞬時負荷の変

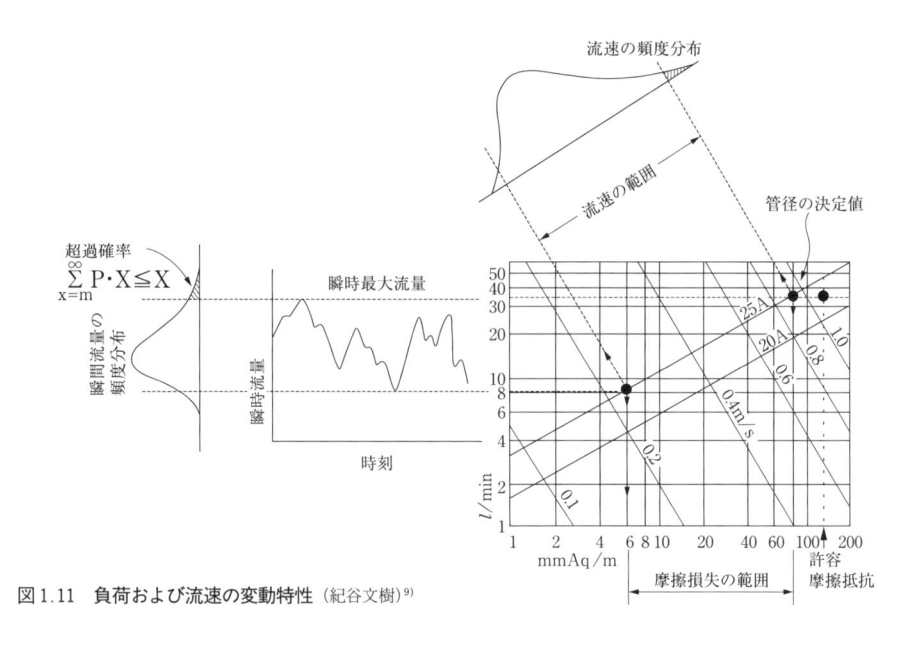

図1.11 負荷および流速の変動特性（紀谷文樹）[9]

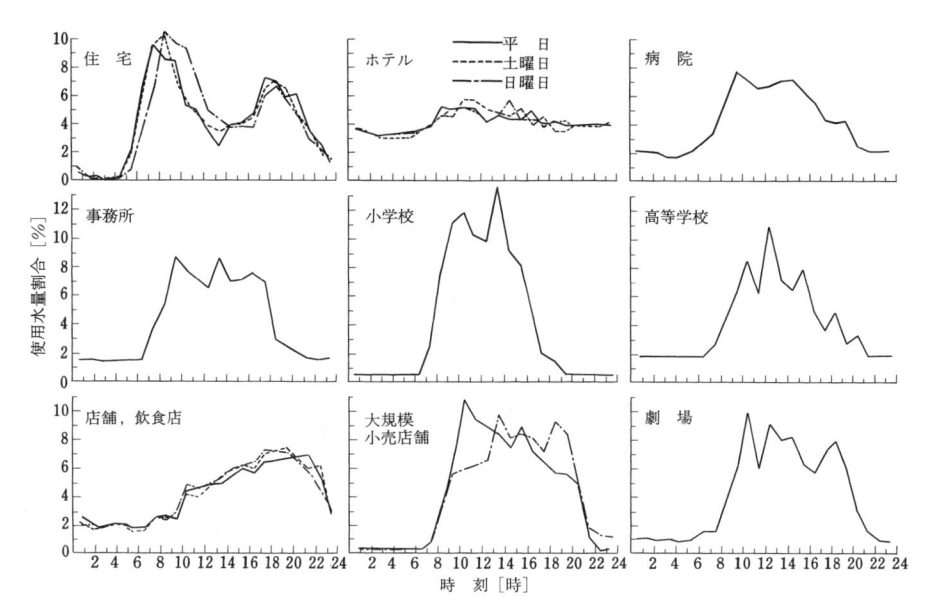

図1.12 建物用途別負荷パターン[1]

動特性を図1.11に示す。

建物用途別にみた給水系統の負荷パターンは図1.12に示すとおりである。これらは、それぞれの建物の使われ方や人の動き、設備の内容などによって決定されている。建物内の給水

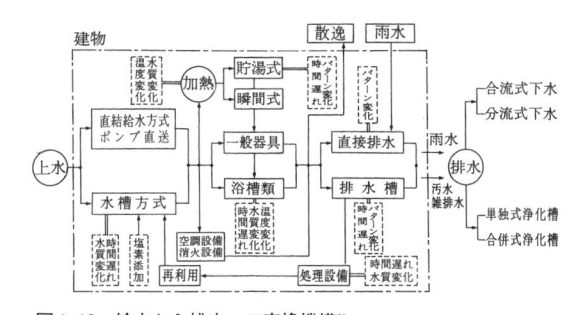

図1.13 給水から排水への変換機構[8]

系統と排水系統とは一貫したものと考えられるので、図1.13に示すような変換機構を考えることによって、上記の負荷パターンは排水系統にも密接に関係すると考えられる。また、排水再利用を行う場合や浄化槽を使用する場合には、水質の時系列的な負荷変動を知る必要がある。

1-6. 水の力学

a. 水の圧力

水は、常温では非圧縮性の流体として扱われるが、前述の水の物性の項に示し

たように，高温・高圧の下では比体積および密度がかなり変化する。

　水の運動を扱う場合，圧力について理解しておくことは基本である。圧力とは単位面積にかかる力であり，水の圧力の単位としては，

$Pa = N/m^2$

$bar = 1 \times 10^5 Pa$

$kgf/cm^2 = 9.80665 \times 10^4 Pa$

$atm = 1.01325 \times 10^5 Pa$

$mmHg = 1.33322 \times 10^2 Pa$

$mAq = 9.80665 \times 10^3 Pa$

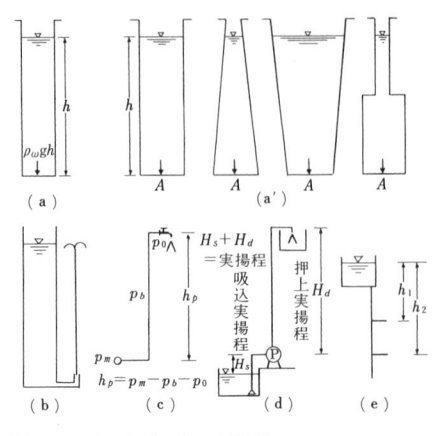

図 1.14　水の圧力（紀谷文樹）[10]

などが用いられてきたが，SI 単位では Pa である。

　図 1.14 は水圧の諸状態を示したものである。(a) は水深 h の容器の底面にかかる圧力が，水の密度を ρ_w とすれば，$\rho w g h$ となることを示している。また，(a′) は水深 h，底面積 A が等しければ，器の形状に無関係に底面にかかる圧力は等しいことを示している。$h = 10\,\mathrm{m}$ の場合を $10\,\mathrm{mAq}$（水頭または WG，H_2O とも表す）といい，水頭と呼ぶ。この水頭という言葉は水の圧力，水の高さ（深さ），水のもつエネルギーを表している。SI 単位では使用できないが，建築では有効な表現である。途中にまったく抵抗がなければ，(b) に示すように，容器の底部にあけた穴から噴出する水は，水面と同じ高さまで上がることになる。(c) は水道の配水管の圧力が P_m であるときの供給可能高さ h_p を示している。P_b は圧力損失，P_c は吐出し圧である。同様にして (d) に示すように，ポンプはその水圧に打ち勝って水を高所まで持ち上げる。実揚程のほかに吸込口や管路で失われる損失水頭，および吐出口の速度水頭を加えた全揚程があり，これらによってポンプを設計する。(e) は高置水槽から h_1，h_2 の落差をもつ階の水栓にかかる静水頭を示す。

b．流れの基礎[10]

　管路の両端に圧力差があると管内に流れを生じるが，非圧縮・定常流の流れの基礎式として，次の二式が挙げられる。

$$\text{連続の式} \qquad Q = V \cdot A \tag{1-1}$$

ベルヌーイの式 $\quad \dfrac{P}{\rho} + \dfrac{V^2}{2} + gh = \text{const.} \quad (1\text{-}2)$

ここに，Q：流量，V：流速，A：断面積，P：圧力，ρ：密度，g：重力の加速度，h：高さ，P/ρ：圧力の比エネルギー，$V^2/2$：運動の比エネルギー，gh：位置の比エネルギー

実際の管路における流速および流量は，次のヘーゼン-ウイリアムスの式による。

$$\overline{V} = 6.2\, Cd^{0.63}\, I^{0.54} \times 10^3 \quad [\text{m/min}] \quad (1\text{-}3)$$
$$Q = 4.87\, Cd^{2.63}\, I^{0.54} \times 10^3 \quad [\text{L/min}] \quad (1\text{-}4)$$

ここに，C：流速係数，I：動水勾配 [kPa/m]

この式は水道管の設計のために実験により求められたものであるが，C の値を適当に選ぶことより，建物内の配管に対しても応用され得ると考え，管種別に 10～15 年の経年変化を見込んでいる。なお水道の分野ではウェストンの公式を用いている。

c．湯の循環

水は加熱されると比体積が大きくなり，密度は小さくなる。給湯系統内では，配管その他からの熱損失によって温度差を生じるので，密度の違いによって自然循環力が働く。単純な配管では，この力によって湯は循環するが，複雑な配管では抵抗が大きくなるため，循環ポンプを必要とし，強制循環となる。

湯の流れは，水に比較してレイノルズ数が大きくなる分だけ管路の抵抗が減るので，より流れやすくなるが，配管が腐食しやすく，経年による有効断面積の減少が激しいと考えられ，両者を相殺して水の場合の式を用いてきたのが実状である。

d．排水の流れ

排水管内の流れは厳密には非定常3相流であるが，従来は水のみに着目した定常流の算定式が用いられ，最近ようやく気液または固液2相流としての研究が進められている。

排水は重力の作用によって，器具から排水された水が器具排水管，横枝管，立て管，横主管を経て敷地排水管から下水道へ導かれる。これは横管内の流れと立て管内の流れに分けられる。横管内の流れは管の勾配に支配され，次のマニングの式が用いられるようになってきている。

$$V = \left[\frac{1}{n}\right] R^{2/3} I^{1/2} \qquad (1\text{-}5)$$

ここに，n：粗度係数（≒0.012〜0.014），R：径深（$=A/P$）[m]，A：流水断面積 [m²]，P：ぬれ面長さ [m]

立て管内の流れは，図1.15に示すような水膜を形成して落下する．この一部の水輪と管壁との摩擦によるつり合いを考慮して導かれた式が次のワイリーの式である．

$$V_t = 1.96\,(Q_w/d)^{0.4}\,[\text{m/s}] \qquad (1\text{-}6)$$

$$L_t = 0.145\,V_t^{2} \qquad (1\text{-}7)$$

ここに，V_t：終局速度，Q_w：水の流量，d：管径（絶対粗度0.25 mm），L_t：終局長さ

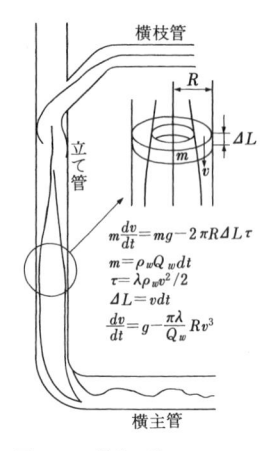

図1.15 排水の流れ
(紀谷文樹)[11]

図中の式：
$$m\frac{dv}{dt} = mg - 2\pi R\Delta L\tau$$
$$m = \rho_w Q_w dt$$
$$\tau = \lambda \rho_w v^2 / 2$$
$$\Delta L = v\,dt$$
$$\frac{dv}{dt} = g - \frac{\pi\lambda}{Q_w} R v^3$$

なお，排水の流れは，それによって空気流を生じ，配管各部で気圧変動を起こすので，通気管を設けるなどの処置がとられているが，さらに検討すべき課題が多く，曲がりや合流部の影響も考慮する必要がある．

参考文献・図表出典

1) 日本建築学会編：建築と水のレイアウト（設計計画パンフレット29），彰国社，1984
2) 空気調和・衛生工学会編：給排水・衛生設備の実務の知識，改訂第3版，オーム社，1986
3) 日本建築学会編：建築環境工学用教材・環境編，日本建築学会，1995
   日本建築学会編：建築雑誌，Vol.98, No.1208, 1983.6
4) ディテール44号，特集Ⅰ．人間環境とディテール4．水，彰国社，1975
5) 日本建築学会編：建築設計資料集成（環境1），丸善
6) 小島貞男：おいしい水の探求，日本放送出版協会，1985
7) 板谷松樹：水力学，朝倉書店，1966
8) 紀谷文樹他：給水設備の負荷設計，井上書院，1978
   紀谷文樹他：給排水の配管計画，井上書院，1982
9) 紀谷文樹：固定から流動へ，ガスニュース，1982年2月号
10) 紀谷文樹他編集：建築環境設備学，1988，彰国社
11) 中島康孝他：三訂版建築設備，学生のための建築学シリーズ，朝倉書店，1995

●第IV編——2章
熱の技術

2-1. 建物と熱環境

　建物の重要な役割の一つとして，過酷な自然環境から生活空間を守るシェルターとしての機能が挙げられる。なかでも，厳しい寒さや暑さを和らげ，居住空間の温熱快適性を確保することは建物に求められる基本性能といえよう。鉄，ガラス，コンクリートといった工業材料，電灯照明と空調に代表される工業技術を背景とした近代建築は，風土（自然）という束縛からの解放をもたらしたが，反面，エネルギー多消費や閉鎖型の建築空間がさまざまな都市環境・地球環境問題を招くに至ったことがすでに広く認識されている。図2.1は，室内気候調整における建築的手法と機械的手法の関係を示したものである。外部条件の大きな変動に対して，さまざまな建物自体の工夫（建築的手法）を適切に組み合わせ，できるだけ快適な室内環境とし，不足分のみを機械設備（機械的手法）により賄うことが今日求められている。

　どのようなつくり方をするにせよ，建物の外から中へ，あるいは内から外へ，熱は絶え間なく流れている。このような熱の流れを，地域の気候特性を考慮しつつ，適切な材料の選択，開口部のデザインなどをとおしてどのように設計するかは，これからの建築の価値を左右する重要なポイントとなっていくことは間違いない。とりわけ暑さと寒さの両方への対処が求められ，なおかつ地域差も大きい日本においては，その気候特性に適した建物のデザインを工夫することは建築家に課せられた大きな課題といってよい。選択肢は決して一つではなく，これからは建築家のデザイン力が試される時代といっても過言ではない。

　建築物の熱環境，と

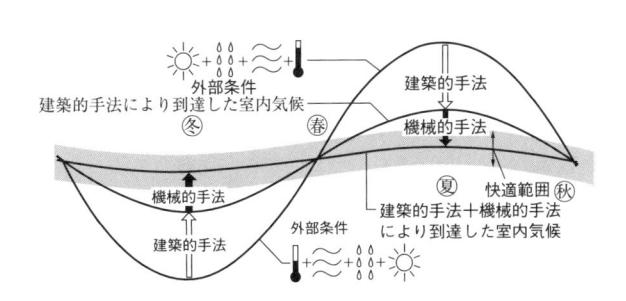

図2.1　室内気候調整における建築的手法と機械的手法[1]

りわけ伝熱工学を中心とした熱負荷計算法を解説した書は，建築環境工学の多くの教科書をはじめ，空調設備の各種便覧などすでに数多く存在している。その一方で，わが国の建築環境工学は，部材や設備と結びついた狭い領域での成果は多いものの，住空間をトータルな物理現象として把握する教育は十分果たしてこなかったとの批判も聞かれる。そこで本章では，伝熱の理論的解説の詳細は他書に譲り，環境共生住宅を考えるうえでポイントとなる日射遮へいや断熱，蓄熱などに注目しながら，できるだけ建物全体を視野に熱環境を解説することを試みる。

2-2. 熱移動の基本プロセス

熱の移動には，伝導，対流，放射という三種類の物理現象が関与する（図2.2）。建築にまつわる熱環境の特色は，これら三つの伝熱現象が複雑に絡み合って存在していることである。伝導とは，分子のマクロ的な運動なしに伝わる現象で，通常は固体内部を温度が高いところから低いところへ熱が流れる現象をいうが，液体や気体でも，静止している場合は伝導による熱移動が起こっている。対流は，流体のマクロ的な運動を伴って伝わる現象をいう。気体は絶対温度に比例して膨張するので，暖められた空気は周囲の相対的に冷たい空気に対して浮力をもち，上昇する。その上昇した空気を補うために，別の冷たい空気が下降してく

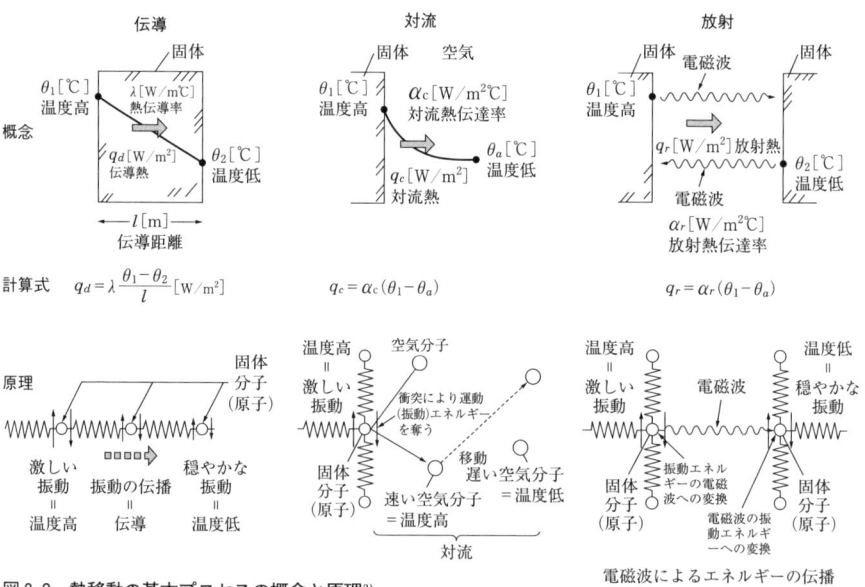

伝導
θ_1[℃] 温度高，λ[W/m℃] 熱伝導率，q_d[W/m²] 伝導熱，θ_2[℃] 温度低，l[m] 伝導距離

計算式 $q_d = \lambda \dfrac{\theta_1 - \theta_2}{l}$ [W/m²]

対流
θ_1[℃] 温度高，α_c[W/m²℃] 対流熱伝達率，q_c[W/m²] 対流熱，θ_a[℃] 温度低

$q_c = \alpha_c(\theta_1 - \theta_a)$

放射
θ_1[℃] 温度高，q_r[W/m²] 放射熱，θ_2[℃] 温度低，α_r[W/m²℃] 放射熱伝達率

$q_r = \alpha_r(\theta_1 - \theta_2)$

原理
伝導：激しい振動＝温度高 → 振動の伝播＝伝導 → 穏やかな振動＝温度低（固体分子（原子））

対流：温度高＝激しい振動（固体分子（原子））→ 衝突により運動（振動）エネルギーを奪う → 速い空気分子＝温度高，移動 遅い空気分子＝温度低（空気分子）

放射：温度高＝激しい振動（固体分子（原子））→ 振動エネルギーの電磁波への変換 → 電磁波 → 電磁波の振動エネルギーへの変換 → 穏やかな振動＝温度低（固体分子（原子））＝電磁波によるエネルギーの伝播＝放射

図2.2 熱移動の基本プロセスの概念と原理[2]

る。このように，温度の異なる流体塊自体が交換することで，結果として熱が輸送される。なお，このように温度差に起因して発生する対流を自然対流と呼び，一方，自然風や機械的なファンなどで生み出される対流を強制対流と呼ぶ。放射は，電磁波による非接触の熱移動で，真空中でも伝わる。焚き火による熱気が直接来ない場所でも暖かく感じるのは，この放射熱によるもので，逆に氷柱のそばに立つと，触らなくてもヒヤッと感じるのは，われわれの体から放射で熱が奪われているからである。

a．熱伝導に関わる事象

伝導による熱の伝わりやすさを表す物性値が熱伝導率で，厚さ1mで1℃[K]の温度差が存在する状態で移動する熱流[J/s=W]を表す。単位は$Wm^{-1}K^{-1}$を用いる。表2-1に主な建築材料の熱特性値を示す。身近な材料のなかで最も熱を伝えやすいのはアルミニウムである。建物の役割の一つとして，厳しい外界の気候から居住空間を隔離し，居住空間をマイルドな温熱環境に保つという機能が求められるが，アルミニウムのように熱を伝えやすい材料は，外部の寒さや暑さを容易に室内へもち込んでしまう。冬季にアルミサッシュの窓枠に見られる

表2.1 主な建築材料の熱特性値

材料分類	材料名	熱伝導率 λ [W/m・K]	比熱 c [kJ/kg・K]	熱拡散率 a [m^2/s]$\times 10^6$	熱容量 $c\rho$ [kJ/m^3K]	密度 ρ [kg/m^3]
金　属	アルミニウム 鋼　材	210.0 46.0	0.92 0.50	84.20 11.80	2486.0 3948.0	2700 7860
セメント系	鉄筋コンクリート ＡＬＣ	1.40 0.15	0.88 1.10	0.69 0.23	2022.0 653.0	2300 600
板硝子 れんが	板ガラス れんが	0.70 0.61	0.75 0.84	0.37 0.44	1914.0 1381.0	2540 1600
木質系	天然木材 合　板	0.12 0.19	1.30 1.30	0.23 0.26	519.0 714.0	400 550
石こう系	石こうボード 木毛セメント板(普通品)	0.14 0.14	1.10 1.70	0.15 0.17	904.0 837.0	800 500
繊維板	A級インシュレーションボード パーティクルボード	0.049 0.116	1.30 1.30	1.40 0.18	324.0 649.0	250 500
繊維系 断熱材	グラスウール セルローズファイバー ロックウール	0.046(0.04) 0.039 0.039	0.84 1.30 0.84	5.56 7.86 —	12.6(16.7) 50.2 33.5	15(20) 40 40
発泡系 断熱材	硬質ウレタンフォーム 発泡ポリスチレン フォームスチレン	0.027 0.037 0.037	1.05 1.05 1.05	0.64 1.28 1.19	41.9 29.3 31.4	40 28 30(1号)
その他	水 空　気	0.58 0.022	4.19 1.00	0.14 16.90	4180.0 1.3	998 1.3

水滴は，このようなアルミニウムの熱伝導率の高さに起因している。つまり，室内側の表面のなかで，アルミサッシの表面が他の材料に比べて極端に冷たくなるため，その部分のみに結露が生じることになる。

このように，どのような材料を使うかによって同じ気候条件下でも形成される室内環境に大きな差が生じるため，主だった建築材料の熱伝導率のオーダーを把握しておくことは建物の設計に役立つ。まず，鉄をはじめとする金属類は一般に熱を伝えやすく，10^1 のオーダーの熱伝導率をもつ。それに対し RC（鉄筋コンクリート）は，その約 1/10 の 10^0 のオーダー，木材はさらにその 1/10 の 10^{-1} のオーダー，そして，いわゆる断熱材と呼ばれる材料群は，そのさらに 1/10 の 10^{-2} のオーダーとなっている。なおガラスや土壁は，RC と木材の中間に位置している。注目すべき点は，空気の熱伝導率である。これは，先に述べたように「静止した」空気の値であるが，実はどの建築材料よりも小さな値となっている。つまり，空気はわれわれの身のまわりのなかで最も熱を伝えにくい材料で，断熱材というのは，この空気を材料の中に閉じ込めることで，その役割を果たしているに過ぎない。もう一つ注目しておかなければならないのは，水の熱伝導率である。水の熱伝導率は空気の 25 倍以上と木材よりも大きい。したがって，木材など吸湿性の材料は，含湿率が高くなると熱を伝えやすくなるし，グラスウールなどの繊維系断熱材が内部結露などで水を含むようになると，もはや断熱材としての機能はなくなってしまうことになる。

もう一つ熱伝導に関連した現象で重要なのは，ヒートブリッジ（熱橋）現象である。例えば，図 2.3 のように，断熱材を中に挟んだ壁体において，内部に金属製の留め金具が存在したりすると，その部分だけ集中的に熱移動が起こってしまい，冬季には局所的に室内表面温度を下げて表面結露を発生させたりする。先に述べたように，金属は断熱材より約 1,000 倍熱を伝えやすい。このように，熱伝導率が小さい材料のなかに部分的に熱伝導率が大きい材料が存在し，その部分に集中的に熱移動が起こる現象をヒートブリッジと呼ぶ。また図に示すように，RC 躯体は断熱材の 50 倍程度熱を伝えやすいため，RC 造の建物において梁や柱で断熱材が途切れた場合にも同様の現象が起こる。なお，建物隅角部は室内側表面に比べ外壁側の面積が大きくなるため，放熱面がふえる（フィン）効果で室内側の入隅部分の表面温度が特に低くなりやすく，結露やカビが発生しやすい場所となることが多い。

2章　熱の技術　173

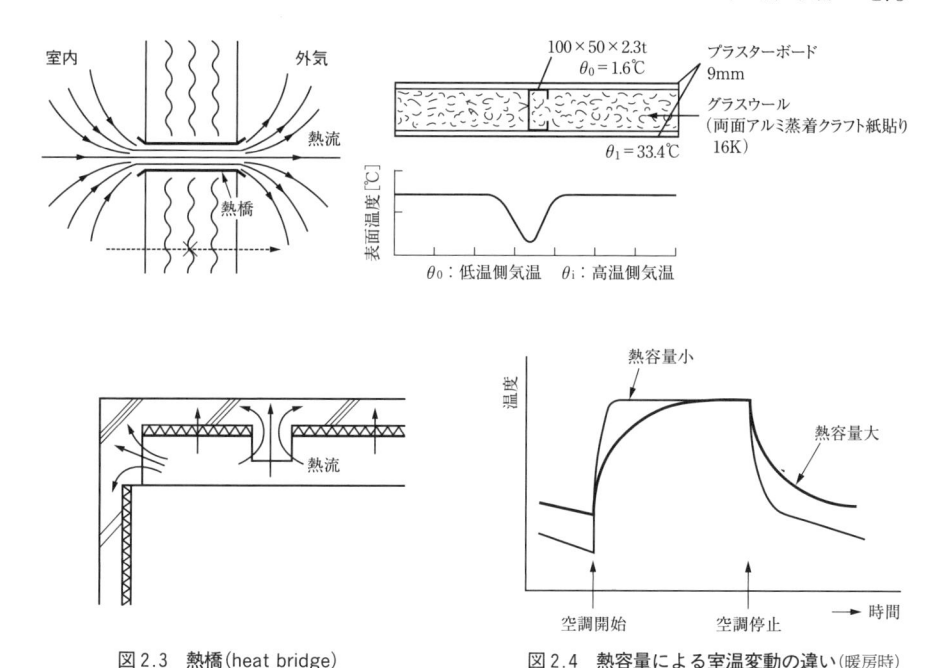

図2.3　熱橋(heat bridge)

図2.4　熱容量による室温変動の違い(暖房時)

b. 蓄熱という視点

　室温と外気温が与えられた場合に，建物の各部位の温度がどうなるかを考えるには，これまで述べてきた建築材料の熱伝導率が決め手となる。その場合に求められる温度というのは，その条件が長く持続した場合，すなわち熱平衡状態の結果であり，このような時間変化を伴わない現象を定常熱伝導という。しかし現実の建物では，外界の気象条件も刻々変化しており，そのような時間変化を伴う場合には，熱伝導率のほかに材料の温まりやすさ，冷めやすさを表す熱容量（容積比熱）が熱環境を考えるうえでの大きなポイントとなってくる。熱容量 $[\mathrm{Jm^{-3}\,K^{-1}}]$ は比熱 $[\mathrm{Jkg^{-1}\,K^{-1}}]$ と密度 $[\mathrm{kgm^{-3}}]$ の積で表されるが，材料による比熱の差異はあまり大きくないため，熱容量はおおむね密度に比例することになる。木材に比べ，RCは約4倍，鋼材はRCのさらに2倍近い熱容量がある。逆に断熱材の類は，木材の10分の1程度の熱容量しかない。RCのような熱容量の大きい材料でできた建物は温まるのに時間がかかるため，エアコンなどの空気暖房を入れてもなかなか室温が上がらない。その代わり，いったん温度が上がればなかなか冷めにくいため，熱を貯めておくことができる（図2.4）。

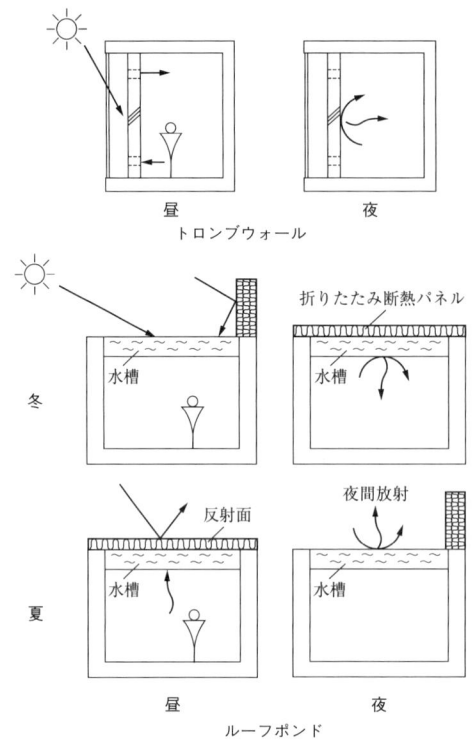

図2.5 蓄熱を利用したシステム[4]

設計の観点からいうと，蓄熱の効果とは建物を通過する熱の流れに意図的に「時間的なずれ」をつくることである。冬季は，日中に取得した熱を夜間まで貯めて暖房に利用すること，逆に夏季は夜間冷気で冷熱を貯めておき，日中の冷房に利用する。このように昼と夜の温度差を上手に利用することは，パッシブデザインの重要な要素であり，近年はオフィスビルにおいても夜間冷気利用による軀体蓄熱（ナイトパージ）が省エネルギー手法として多用されている。木材はRCのように熱容量が大きくないため，日本の木造住宅は基本的に蓄熱効果は小さい。そのため南面の壁の一部に蓄熱用のコンクリート壁（トロンブウォール）を設けたり，屋根で集熱した太陽熱を立下りダクトで床下に引き込み，床下の土間コンクリートに蓄熱させる手法（OMソーラー）などが工夫されている。

なお，身近な材料で熱容量が最も大きいのは水で，RCの2倍以上の値をもつ。したがって，ルーフポンドシステムのように屋上に水槽を設置したり，蓄熱壁に水槽を用いたウォーターウォールシステムも考案されている（図2.5）。

c．対流による熱伝達

熱伝達とは，流体と固体表面との間の熱移動をいう。このうち，対流によるものを対流熱伝達と呼んでいる。この場合の熱伝達のしやすさを表すパラメーターとして，対流熱伝達率が用いられる。対流熱伝達率 $[\mathrm{Wm}^{-2}\mathrm{K}^{-1}]$ は，熱流 $[\mathrm{Wm}^{-2}]$ を固体表面と流体の温度差 $[\mathrm{K}]$ で割った値で，固体表面で熱を交換した流体塊がどれくらい頻繁に遠方に運び去られるかを表している。対流熱伝達率は流体の種類，温度差，固体表面の形状や粗さなど複雑な要因が関与する量

で，一義的に決めることはなかなかむずかしい。実務的には，いくつかの条件別に実用値が決められている。

室内に関しては，暖房時の天井面と冷房時の床面は大きく，冷房時の天井面と暖房時の床面は小さい値が用いられる。前者では，室温より相対的に低温な天井面で冷やされた気塊が下方へ，あるいは室温より相対的に高温の床面で暖められた気塊が上方へ，という具合に上下混合が自然に活発化する条件となる。後者では逆に，暖められた気塊が天井付近に，あるいは冷やされた気塊が床面付近に，それぞれ滞留する条件となるため，対流熱伝達は抑制される。

壁に設けられた中空層や複層ガラスの間など密閉された空気層でも，両側に温度差があると，粘性に打ち勝って対流が生じる。先に静止空気は最良の断熱材であると述べたが，空気層の厚さが15〜20 mmを超えると対流が生じるため，厚さを増しても熱抵抗は増大しなくなる。断熱を意図したペアガラスの間隔が通常6ないし12 mmとされている理由は，対流が起こらないようにするためである。

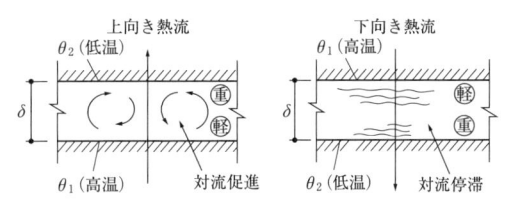

図2.6 熱流の向きによる対流伝達率の違い[3]

d. 放射による熱伝達

すべての物体は絶対零度でない限り，その温度に応じた放射を出している。放射量［Wm^{-2}］は絶対温度［K］の4乗に比例する（シュテファン-ボルツマンの法則）。このときの比例係数をシュテファン-ボルツマン定数と呼び，$5.67×10^8$［Wm^{-2}K^{-4}］という値をもつ。シュテファン-ボルツマンの法則で規定される放射量をフルに出す物体を完全黒体と呼ぶが，通常の物体から実際に出ている放射量は，これより常に小さくなっている。実際の放射量と同温の完全黒体からの放射量の比を放射率という。放射による熱伝達は，対象とする二つの面の絶対温度と放射率，それから二つの面の見え方の度合いを表す数値である形態係数で規定される。なお，常温の物体から出る放射の波長域は10 μm程度を中心とした赤外線である。

一方，ある波長の放射をよく放射する物質

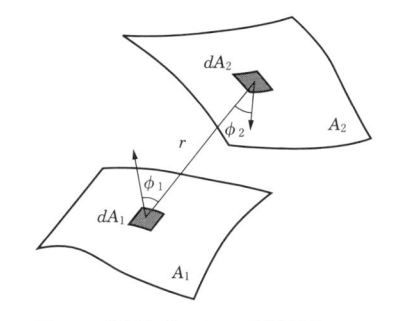

図2.7 放射伝達における形態係数

表2.2 各種材料の放射率と日射吸収率

材料	常温用 放射率 ε	日射吸収率 α
完全黒体	1	1
大きな空洞にあけられた小孔	0.97〜0.99	0.97〜0.99
黒色非金属面(アスファルト，スレート，ペイント，紙)	0.90〜0.98	0.85〜0.98
赤れんが，タイル，コンクリート，石，さびた鉄板暗色ペイント(赤，褐，緑など)	0.85〜0.95	0.65〜0.80
黄および鈍黄色れんが，石，耐火れんが，耐火粘土	0.85〜0.95	0.50〜0.70
白または淡クリームれんが，タイル，ペイント，紙，プラスター，塗料	0.85〜0.95	0.30〜0.50
窓ガラス	0.90〜0.95	大部分は透過
光沢アルミニウムペイント，金色またはブロンズペイント	0.40〜0.60	0.30〜0.50
鈍黄銅，銅，アルミニウム，トタン板，磨き鉄板	0.20〜0.30	0.40〜0.65
磨き黄銅，銅，モネルメタル	0.02〜0.05	0.30〜0.50
よく磨いたアルミニウム，ブリキ板，ニッケル，クローム	0.02〜0.04	0.10〜0.40

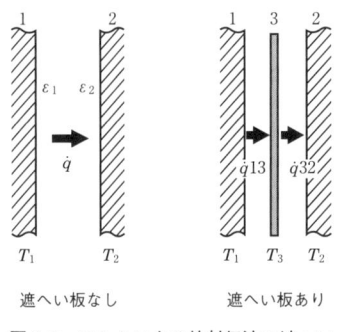

図2.8 アルミによる放射伝達の遮へい

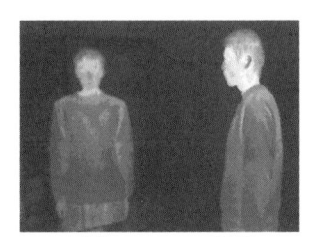

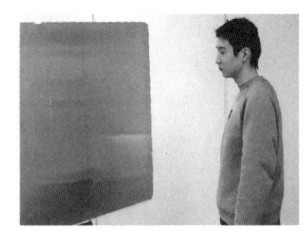

図2.9 アルミ板における赤外放射の映り込み現象

は，またそれをよく吸収する（キルヒホッフの法則）。したがって，同一波長に対しては放射率と吸収率は等しくなる。表2.2に，各種材料の放射率と日射吸収率を示す。ガラスは日射（可視光）を透すが，赤外線には不透明である。また，日射吸収率は色の白黒により大きく左右されるのに対し，赤外域の放射率に関しては色の違いはほぼ無視できる。したがって，白色ペイントは日中の日射をよく反射する一方，夜間の天空への放射冷却は妨げられないため，暑さ対策が必要な地域の外皮として適している。最も放射率が小さいのはアルミニウムの光沢面で，

0.03程度の値をもつ．このように放射率が小さい物質は，放射による熱伝達を小さくする作用をもっており，アルミ箔を中空層に挟んだ場合，放射伝達の96%以上をカットすることができる（図2.8）．

なお，アルミニウムの放射率が0.03ということは，赤外域に対して97%の反射率をもつことを意味しており，赤外放射カメラで撮影した場合には，ほとんど対抗面を映す鏡のように作用するため，表面温度の計測には注意を要する（図2.9）．

e．物質移動に関わる事象

水の蒸発あるいは凝縮に伴って起こる熱移動は，夏季の通風による快適性や冬季の結露など居住環境を考えるうえで重要なプロセスである．設備の面でも，空調排熱を気化熱として消費し，水蒸気のかたちで大気へ放出するクーリングタワー，あるいは吸収式の冷凍機など，潜熱を利用したものは数限りない．

濡れた物体表面から周囲の空気へ水が蒸発するプロセスは，対流による熱伝達と相似性があり，蒸発量を表面と空気の絶対湿度差で割った値を物質伝達率と呼ぶ．建築設備分野では，このような相似性を仮定して，（物質伝達率）＝（対流熱伝達率）/（湿り比熱），というルイスの関係がよく用いられる．

水蒸気の移動に関連して，建築において重要な点は水蒸気の拡散能力の大きさである．空気中での水蒸気拡散は，「移動する物質量は濃度勾配に比例する」というフィックの法則に従うが，水蒸気―空気の拡散係数は，例えばマツ材内における水蒸気の拡散係数と比較すると約5万倍という大きさをもつ．すなわち，水蒸気は針の穴程度の隙間でも簡単に通り抜けることができ，たとえドアや襖で仕切られていても容易に隣室へ拡散し，住戸内はほぼ一様の湿度になる．わが国では，居間など住宅の一部のみを暖房する部分暖房というスタイルが一般的で，温度については部屋間で大きな温度差がついている．このように熱については暖房

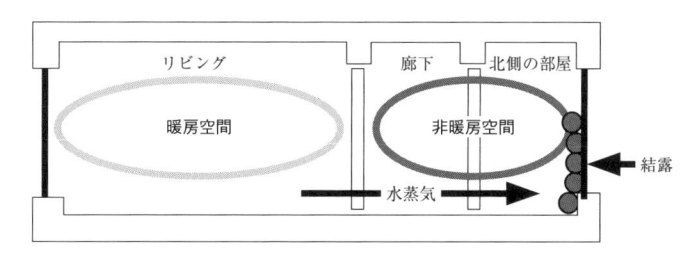

図2.10 非暖房室における結露の発生[5]

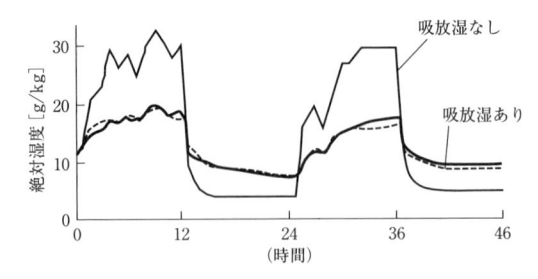

図2.11 調湿作用による湿度変化の安定化[5]

している部屋の熱が隣室にはなかなか広がらないが，そのような場合でも，暖房室で発生した水蒸気は隣室にもどんどん拡散する（濃度差があれば，空気が動かなくても移動が起こる）ため，非暖房室の冷たい壁面で結露を引き起こすことになる。室内で発生させた水蒸気は，瞬時に家中に広がる，このことを忘れてはならない（図2.10）。

もう一つ，物質移動に関連した事項で重要なのは，水蒸気の吸放出作用をもつ建材による調湿作用である（図2.11）。木材や紙，土壁などの材料は，高湿時には水蒸気を吸い，乾燥時には逆に水蒸気を放出してくれる。そのため，結露防止に寄与するだけでなく，乾燥しがちな暖房室の湿度を維持し，過乾燥を防いでくれる。なお，木材において，このような吸放出に寄与するのは表面から6 mm程度の範囲といわれている。

2-3．断熱と日射遮へい

建物の熱的性能を左右する大きな要因として，建物の断熱性能と日除け性能を挙げることができる。これは住宅における暑さ寒さ対策の基本であり，またオフィスビルにおける省エネルギーにおいても，いわゆる外皮計画として最も重要視される部分である。省エネルギー性の指標の一つであるPAL（Perimeter Annual Load）は，熱損失係数と日射取得係数というかたちで，まさにこの両者の性能を評価した数値である。

a．断熱の意義と種類

建物の断熱性能を向上させると，壁や窓をとおしての熱の出入りが抑えられ，その結果として室内の表面温度が室温に近くなる。また部屋間の温度ムラも小さくすることができることから，吹抜けの採用などオープンな間取りが可能となり，設計の自由度も高まる。その意義を列挙すると，以下のとおりである。

①熱の出入りが抑制されることによる暖冷房定常負荷の削減（省エネルギー）
②冬季の室内側表面温度の上昇による表面結露の防止

③上下温度差の縮小と放射環境の改善（快適性向上）

④非暖房室の熱環境改善（脳卒中の原因となるコールド・ショックの防止）

室内の放射環境（平均放射温度 MRT）の向上は，体感に対して室温と同じ程度の影響力をもつ（図2.12）。したがって，冬季に内壁面温度が上昇すれば，その分だけ暖房室温を低く設定しても快適性は変わらないため，省エネにもつながる。また断熱性能に乏しい伝統住宅では，浴室や脱衣場，あるいはトイレの寒さが原因で多くの高齢者がコールド・ショックに曝され，命を落とす場合も少なくなかった。断熱性の向上により室間の温度差をなくすことは，高齢者の生活を活発にし，また介護が必要な状況においては介護者の負担を減らすことにもつながる。住宅内の温度差という熱的な障壁を取り除くこと，すなわち「熱的バリアフリー」という考え方は，これからの住宅を考えるうえで重要なポイントである。

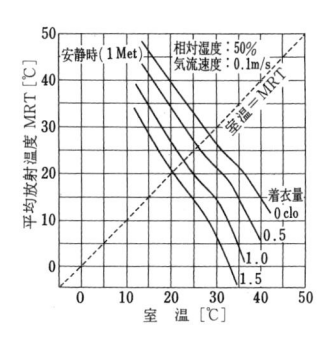

図2.12　温冷感に及ぼす放射温度の影響[6]

壁を断熱する方法には，大きく分けて断熱材を内側に張る方法と外側に張る方法の二種類がある。RC造の場合には，躯体の内側に断熱材を張る方法を内断熱，外側に張る方法を外断熱と呼ぶ（図2.13）。暖房時を考えると，暖まる範囲の境界は断熱材の位置となるので，外断熱の場合はコンクリートという熱容量が大きい部分も暖める範囲に含めることになる。それに対し内断熱の場合，暖める範囲は断熱材の内側の内装材のみとなり，コンクリート躯体部分は室内とは熱的に切り離した状態となる。この場合，透湿性の高い断熱材を用いると，室内の水蒸気が容易に断熱材を通り貫け，その外側の冷たいコンクリート躯体表面に達するため，その部分で内部結露を引き起こす危険がある。これを防ぐには，室内の水蒸気が断熱材内に侵入しないよう断熱材の室内側に vapor barrier と呼ばれる防湿フィルムを施工する。先に述べたよう

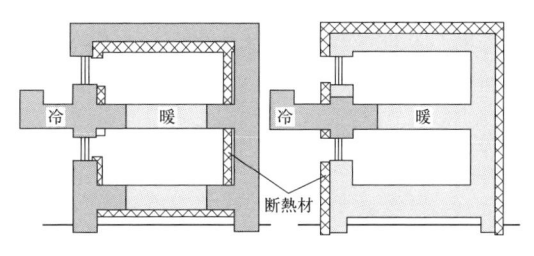

図2.13　RC造における内断熱（左）と外断熱（右）[7]

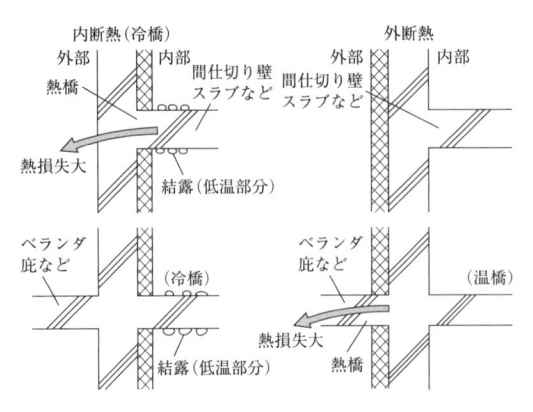

図 2.14　RC 造における熱橋の違い——内断熱(左)外断熱(右)[7]

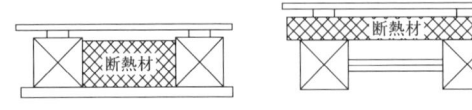

図 2.15　木造における充填断熱(左)と外張り断熱(右)[7]

に，水蒸気はわずかな隙間からも侵入するので，防湿フィルムは隙間なく張り巡らし，室内の空気が壁の中に極力漏れないようにする必要があり，結果として高気密仕様にならざるを得ない。「高断熱・高気密」ということばがよく用いられるように断熱性能と気密性能がセットで議論されるのは，このような内部結露対策という意味合いが大きい。外断熱では，透湿性の小さいコンクリート躯体が室内側となるため，内断熱とは異なり，このような内部結露を起こす危険性は小さい。

外断熱のメリットとされる点としては，このほか，スラブ部分等で断熱材が途切れないため熱橋を減じることができること（図2.13参照），躯体が外界に曝されないため耐久性が増すこと，熱容量が増すため室温が安定し，太陽熱利用も可能となること，などが挙げられる。その一方で，外装材と躯体の間に断熱材が挟まるため，外装材の取付けに工夫が必要なこと，複雑な外形には施工が困難となるため，デザイン上の制約が大きいこと，ベランダなどでは断熱材が途切れて熱橋が生じること，耐火性の規定（隣棟火災の延焼防止）から可燃性の断熱材は使用できないこと，使用頻度が低い場合には暖房開始時の室温の立上がりが遅い，などのマイナス面も指摘されている。

なお，木造の場合には木材自体がある程度の断熱性をもっているため，断熱材が内でも外でも大きな違いはない。木造の場合，壁の柱間に断熱材を入れる方法を充填断熱，柱の外側に全体を覆うように断熱材を張り付ける方法を外張り断熱と呼び，内断熱，外断熱という呼び方は本来しない（図2.15）。

断熱材の種類には，大きく分けて繊維系と発泡系の二つがあるが，その基本は空気などの熱伝導率の小さい気体を如何に閉じ込めるかということに尽きる。

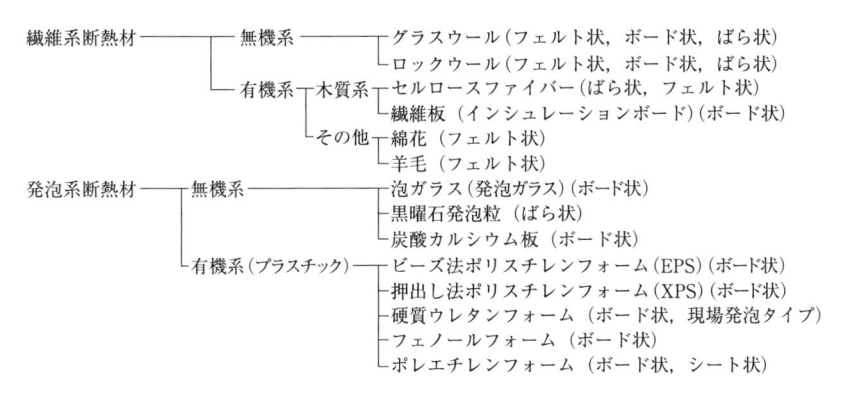

```
繊維系断熱材 ─┬─ 無機系 ──────┬─ グラスウール（フェルト状，ボード状，ばら状）
              │              └─ ロックウール（フェルト状，ボード状，ばら状）
              └─ 有機系 ─┬─ 木質系 ─┬─ セルロースファイバー（ばら状，フェルト状）
                        │          └─ 繊維板（インシュレーションボード）（ボード状）
                        └─ その他 ─┬─ 綿花（フェルト状）
                                   └─ 羊毛（フェルト状）

発泡系断熱材 ─┬─ 無機系 ──────┬─ 泡ガラス（発泡ガラス）（ボード状）
              │              ├─ 黒曜石発泡粒（ばら状）
              │              └─ 炭酸カルシウム板（ボード状）
              └─ 有機系（プラスチック）─┬─ ビーズ法ポリスチレンフォーム（EPS）（ボード状）
                                      ├─ 押出し法ポリスチレンフォーム（XPS）（ボード状）
                                      ├─ 硬質ウレタンフォーム（ボード状，現場発泡タイプ）
                                      ├─ フェノールフォーム（ボード状）
                                      └─ ポリエチレンフォーム（ボード状，シート状）
```

図 2.16　断熱材の種類と分類

　繊維系の断熱材では，カサ密度がなくなると放射と対流が生じ，熱伝導率が増大する。反対に，密度が高くなると繊維素材の量がふえるので素材の伝導伝熱が増加し，ふたたび熱伝導率が大きくなる。

　発泡系の材料では発泡させるガスとしてフロンガスが多く使われている。当然ながら，オゾン層破壊や温暖化の視点から問題とされている。またフロン系の発泡剤を用いたもののなかには，ガス拡散により徐々に空気と入れ替わり，それとともに断熱性能が低下するものがあり，経時変化が無視できない。

　最近は自然素材の断熱材も出回ってきたが，いずれにせよ建物の構法や気候風土に合ったものを選択することが重要である。

b．開口部の断熱性能

　開口部は，断熱材を容易に施工できる壁に比べ熱的には弱点となる。グラスウール 100 mm 厚断熱材の外壁の熱損失を 1 とすると，単板ガラスでは 20 倍，ペアガラスでは 10 倍，トリプルガラスでも 6 倍となる。開口部（窓のガラス面と窓の隙間）から逃げる熱は，高性能な高断熱・高気密住宅では全体の 3 分の 1 近くになる。住宅の性能が上がれば上がるほど窓の性能がより重要になってくる。

　1999 年に改正された次世代省エネルギー基準では，関東以西の温暖地域でも断熱性能の向上が求められているが，このような地域では夏の暑さ対策として通風は欠かせない要素であるし，冬季は日照に恵まれることから南面に大きな開口を設けて太陽熱を有効利用することが省エネルギーにもつながる。したがって，このような地域の建築では，十分な大きさの開口部が建築全体の断熱性を損なわ

ないよう，開口部の断熱性能を向上させることが特に重要となる。

　建具の見付け面積は窓全体の10〜15%を占め，断熱性能上重要な役割を果たすため，熱損失が少ないもの，あるいは見付け面積が少ないものが望まれる。最近は熱伝導率が大きいアルミに代わってプラスチックや木製のサッシが普及している。木製サッシは熱伝導率は小さいが，重量があること，塗装などのメンテナンスにコストがかかることが弱点となっている。

　窓から逃げる熱の半分近くは放射によるものである。室内から出ている放射熱は赤外線のかたちでガラス面に吸収され，その大半が外に放出されてしまう。Low-Eガラス（金属コーティングガラス）は，表面に金属をコーティングして熱を逃がさないようにしたもので，見た目は透明で光は透過する。主にペアガラスとして製品化されているが，コーティング面を室内側に施工すると，日射をよく透過する反面，この放射熱の大部分を反射して室内に閉じ込める（高断熱Low-E複層ガラス）。なお，コーティング面を室外側に施工すると室外側のガラスが熱せられても室内への熱の放射が少なく，日射熱の室内への侵入を抑えることができるため，温暖地の夏対策として用いられる（遮熱Low-E複層ガラス）。

　断熱性能を上げるために，空気の代わりに，より伝導率が小さい6フッ化イオウやアルゴンガスなどの特殊なガスを封入したガラスもある。また木製サッシではクリプトンなど空気よりも重い不活性ガスを封入し，重いガスにより層内の

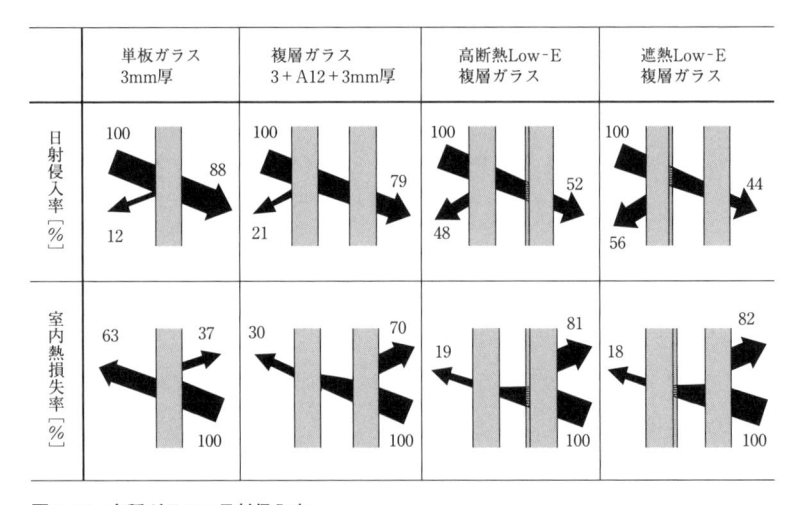

図2.17　各種ガラスの日射侵入率

対流を妨げることをねらったものがふえている。

究極のペアガラスとしては，2枚のガラスの間が100万分の1気圧という真空状態になった真空ガラスがある。これだと，わずか0.2 mmという真空層で十分な断熱性能が得られるため，重量も低減され，ガラスをはめる枠の厚さも約半分ですむというメリットがある。

c. 日射遮へい

夏の暑さが問題とならない北欧やカナダとは異なり，日本の住宅では日射遮へいという基本を怠ることは許されない。特に高断熱・高気密住宅では日射により室内に一旦取り込んだ熱はなかなか外へ排出されない。北海道に高断熱・高気密住宅が普及し始めた当初，庇を設けるという基本が疎かにされたため，これまで必要なかったエアコンが大量に売れるという悲劇？が起こってしまった。

大きな開口が必要となる温暖地では，特に徹底した日射遮へいが重要となる。太陽高度が高い南面に関しては，開口部の上端に水平の庇（当然ながら緯度を考慮して長さを決める）を設けることにより，容易に日射遮へいが可能である。問題は太陽高度が低くなる東西面で，ここでは，もはや水平の庇は機能しないため，垂直ルーバーや格子状の日除けを設けるなどの工夫が必要である。

ブラインドなどによる日射遮へいで注意しなければならないことは，日射を遮った遮へい部品に吸収された熱の行方である。日射量のうち室内に最終的に侵入する熱の割合（日射熱取得率 η）は，透過し

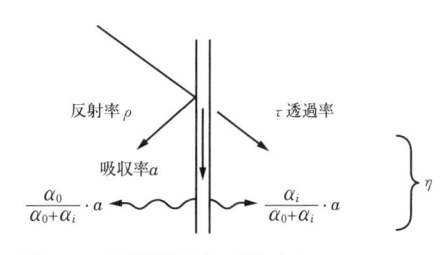

図 2.18　日射熱取得率の考え方[4]

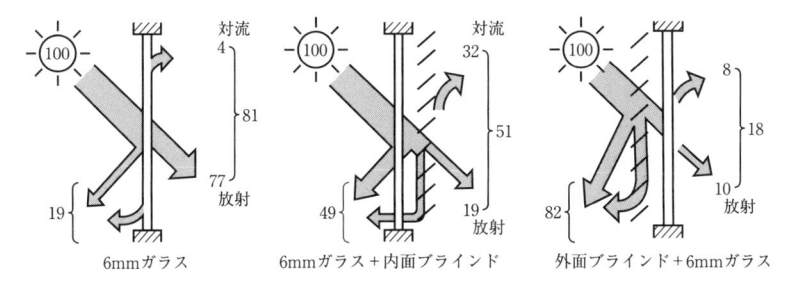

図 2.19　内ブラインドと外ブラインドの比較[6]

た成分と遮へい部品に吸収された成分のうち室内側に放出される分の和で表される（図2.18）。通常の室内側に設置したブラインドでは，ブラインドに吸収された熱のほとんどが室内側に放出されることになるので，光（あるいは明るさ）の減少でイメージされるほど熱はカットされていない。この吸収成分の寄与を避けるためには，ブラインドを窓の外側に設置すればよい（図2.19）。しかしながら，日本では台風など耐候性の面で問題があるため，二重サッシュにブラインドを内蔵させ，吸収した熱を排気するエアフローウィンドウが開発されている（図2.20）。

熱線吸収ガラス（吸熱ガラス）は赤外線域をよく吸収する鉄分やコバルトなどを特に添加し，青や灰色の色をつけたものである。ガラスについても，ブラインドと同じように日射熱取得率が考えられ，吸熱ガラスは吸収された日射熱が風速の大きい外気側により多く流れることを期待したものである。しかしながら，日射を吸収したガラスが高温となり，窓際の放射環境が悪化することは避けられない。一方，熱線反射ガラスはガラス表面にアルミなどを蒸融着して反射率を高めたもので，ガラスに日射が吸収されないので高温とはならない。なお，両者とも熱貫流率は透明ガラスとほぼ同じで，冬期の断熱効果はない。したがって，冬期の日射熱取得および採光の点ではマイナスとなる。なお最近，ガラスの温度が設定温度以上になると化学反応で自動的に透明ガラスが白く濁る白濁調光ガラスというのも開発されている。

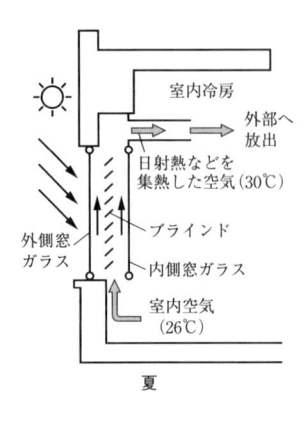

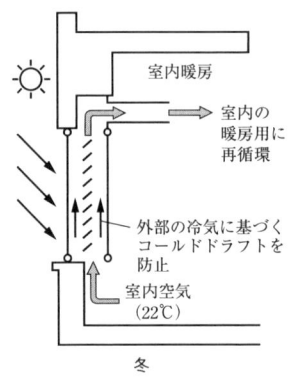

図2.20 エアフローウィンドウ

2-4. 高断熱・高気密，パッシブデザイン，環境共生

これからの住宅を考えるうえで，高断熱・高気密化は，その基本性能としてますます重要視されていくと考えられる。そのときに大事なことは，単に熱の流れをコントロールするという考えではなく，湿気の流れのコントロールを合わせて

考えることである．加えて，気密性能のレベルや，どのような換気システムを採用するかという空気の流れも重要で，この三者をバランスよくコントロールする視点が欠かせないということである．

次に，できるだけ省エネルギーとなるよう，自然を利用したパッシブデザインを志向することも大切である．その折にポイントとなるのは，まず地域の気候特性を十分把握することである．例えば，ある場所で成功した蓄熱利用システムを採用したとしても，日射の少ないところでは室温は上がらずに低い温度で安定してしまい，同じ設計でも逆効果になる場合がある．集熱，断熱，蓄熱の三つをうまくバランスさせることが肝要である．

もう一つ，快適性そのものの見直しも不可欠である．これまでのような暑くも寒くもないという熱的中立条件を一定に維持することが最適解とする考え方では，時々刻々変動する自然条件は厄介者でしかあり得ない．ある程度の変動は許容し，また自ら積極的に行動しながら快適性をつくり出すという姿勢が必要である．パッシブなデザインはアクティブなライフスタイルと結びついてこそ真価を発揮する．

最後に，パッシブ建築で忘れてはならないのは屋外環境の重要性である．もし，屋外環境が常に室内よりも劣悪ならば，われわれはできるだけ閉じる方向を選択せざるを得ない．屋外環境を良好に保つことことで初めて開放的な建築を活かすことができる．建物内部だけでなく，連続した居住空間としての屋外環境をも視野に，積極的な働きかけをしながら住まうこと，それこそが真の環境共生への方途であろう．熱の基本原理を理解することは，そのための重要な手掛かりを提供してくれるに違いない．

図表出典
1) 日本建築学会編：建築設計資料集成，6巻，丸善，1973
2) 加藤信介・土田義郎・大岡龍三：図説テキスト建築環境工学，彰国社，2002
3) 田中俊六ほか：最新建築環境工学，井上書院，1985
4) 環境工学教科書研究会編：環境工学教科書，彰国社，1996
5) 南雄三・坂本雄三監修：結露の完全克服マニュアル，建築技術，2002
6) 日本建築学会編：建築設計資料集成，1巻，丸善，1978
7) 南雄三監修：外断熱ってしってる，建築技術，2002

● 第 IV 編 ── 3 章
空気の技術

3-1. 室内空気汚染の防止

a．「建築物における衛生的環境の確保に関する法律」（通称：建築物衛生法）の大幅改正に伴う"空気"の取扱い

　建築基準法の，特に室内空気環境と温熱環境に関する"質のあり方"の不整備を補うべく昭和45年（1970年）に制定された「建築物衛生法」（建築基準法施行令129条に「環境衛生管理基準」として影響）により，建築物の衛生水準が著しく向上した。この法律が，欧米諸国での省エネビルにおけるSBS（Sick Building Syndrome「シックビル症候群」1982年，WHO報告，日本では「シックハウス症候群」）やBRI（Building Relate Illness）問題のドラマチックな露呈に比べ，日本での顕在化の少なさに寄与し，"室内空気質"の確保に大変効果を発揮したことは周知の事実である。

　この法律が施行され30年余を経過するなかで，環境共生型建築物が提案されて一般化し，地球環境規模の省エネルギー対策が進み，建築工法や建築設備の進歩に伴う建築物衛生上の克服すべき問題点も新たに生じ，時代に相応した法律内容の見直しが必要となった。過去にも対象建物の延床面積など一部の変更は重ねられたが，今回のような大幅な変更は類を見ない。

　空気環境のみにしぼると，以下の三項目が主たる追加・変更点である。

　①空気調和設備および機械換気設備については，中央管理方式の設備のみを対象としていたが，他の方式での換気量不足や湿度管理の不備に鑑み，ほぼすべての方式に適用される。

　②CO_2，CO，浮遊粉じんに加え，居室でのホルムアルデヒドの量を追加して，基準値を「$1 m^3$ につき0.1 mg以下（0.08 ppm）」とすることとした。

　③レジオネラ属菌や結核の集団感染，インフルエンザの集団感染等，種々の病原体の汚染源として空気調和設備の構成機器（空気清浄装置，加湿装置，冷却塔，ダクト等）への汚染防止対策。

　以上，これらのうち①と②は室内空気汚染防止技術の基本であり，対策となる

"換気"に，③は直接的に人体に影響し，その設計・管理基準値の提案が待たれる"微生物"に関連したもので，いずれも大幅改正の根幹を成すものである．特に，②については，「建築物衛生法」および「建築基準法」でGuideline（指針値）として取り扱われていたものがStandards（基準値）として加えられたことの意義は大きい．また，特定建築物の他建築物との複合化に伴って生じた，法律逃れともいうべき超過面積に該当する他建築物への当法律の適用も加えられた．このことは，「建築物衛生法」の長年にわたる実績と高い評価に基づく社会的要請といえる．

b．室内空気汚染と換気

"換気"の重要性を前述したが，室内空気汚染濃度の構成と換気との関連を，自然換気と機械換気に分けて示す．

1）自然換気の場合

図3.1に示すような室で，毎時一定割合で自然換気が行われ，室内に M という汚染発生がある場合に，一種類（例えばCO_2，あるいは粉じん）の汚染物質に限定して室内に対するその物質の収支の式を考える．

ただし，汚染物質は不吸着，不沈積，化学変化なし，瞬時に一様に拡散，温度および湿度の影響を受けないことを仮定する．

　　　流入する量　C_0Q+M
　　　流出する量　CQ

とし，定常状態（C_0, Q, M ともに時間変化を伴わず一定）とすると，室内汚染濃度 C は（3.1）式のように表せる．

$$C = C_0 + \frac{M}{Q} \tag{3.1}$$

または， $$C = \frac{C_0Q + M}{Q} \tag{3.1}'$$

ここで，C：室内汚染濃度［例えば％，ppm，mg/m³］　C_0：外気汚染濃度［例えば％，ppm，mg/m³］　Q：換気量［m³/h］　M：汚染発生量［例えばm³/h，mg/h］

（3.1）式は室内濃度が，右辺第1項の外気濃度に，室内発生量を換気量で割ったものを第2項として上乗せした値となることを示し

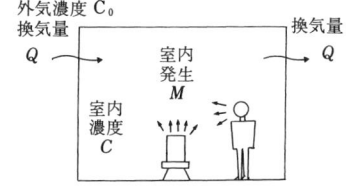

図3.1　自然換気のシステム

ている。換気のために導入する外気が著しく汚染している場合は，外気取入れに際して第1項の C_0 の値自体を下げるよう空気浄化装置を用いなければならないし，また室内発生量 M 自体が大きい場合は，換気量 Q を大きくして，第2項の値を小さくするようにしなければならない。

非定常状態では，空気積を R [m³]，経過時間を t [h]，室内初期濃度を C_1 とすることで，以下の式となる。

$$C = C_0 + (C_1 - C_0)e^{-\frac{Q}{R}t} + (1 - e^{-\frac{Q}{R}t})\frac{M}{Q} \tag{3.1}''$$

右辺第1項は一定値である外気濃度，第2項は換気効果により低減化された初期濃度，第3項は汚染物質発生増加と換気による減衰のバランス値濃度である。第2, 3項への換気の影響度の高さがうかがえる。

2) **機械換気で空気浄化装置をもつ場合**　図3.2に示すような空気浄化装置をもつ室について，同様の量的収支の式を求めると次式が得られる。

$$C = \frac{C_0 p Q_f + C_0 Q_{ns} + M}{(1 - rp)Q_r + Q_{nr}} \tag{3.2}$$

ここで，p：空気浄化装置（例えばフィルターなど）の汚染通過率 [%]　Q_f：取入れ外気量 [m³/h]　$Q_{ns}\cdot Q_{nr}$：自然給気・排気量 [m³/h]　Q_r：機械排気量 [m³/h]　r：再循環率 [%, 再循環量/機械排気量]

この式は，室内濃度 C が，分子の汚染要因と分母の浄化要因とによって決定されることを意味する。このことは，簡単な(3.1)′式についてももちろんあてはまる。

建築物が大型化，複雑化し，各室に要求される空気環境性能が多様化するにつれて，空調設備のうちの空気浄化システムもさまざまなかたちを取り得るが，いずれにしても室内空気汚染濃度の構成の仕組みを考えた場合に，室内濃度は汚染

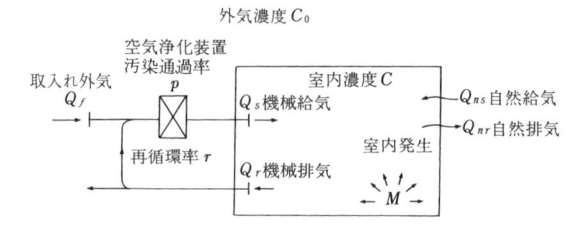

図3.2　空気浄化装置をもつシステム

要因(外部よりの侵入汚染および室内発生汚染)と浄化要因(空気浄化装置等の浄化能力と換気)とのかね合いによって決定されるのである。

非定常状態では以下の式となる。

$$C = C_1 e - \frac{Q_r + Q_{nr}}{R} t + \frac{(pQ_f + Q_{ns})C_0 + M}{(1-rp)Q_r + Q_{nr}} \cdot \left(1 - e - \frac{Q_r + Q_{nr}}{R} t\right) \quad (3.2)'$$

右辺第1,2項に機械・自然換気量が関与し,指数べき項と第2項分母で室内濃度低減効果をもたらす。

3) **無換気の場合** 1),2)の換気状態と比較し,室内濃度上昇が次式で与えられ,空気積の大小と経過時間が濃度に対して反比例,比例の関係となる。

$$C = \frac{M}{R} t$$

c. 室内汚染要因の排除

1) **室内発生源対策** 室内で発生する汚染物質は,在室者,喫煙,燃焼器具および炊事,その他の生活活動に由来するものが主体である。その発生量は,在室者の数と活動量,喫煙の頻度,燃焼器具の使用状況等によって異なるが,発生量そのものを抑える工夫とともに,発生した汚染物質が室内に拡散して室内濃度が上昇することを極力抑えることが大切である。燃焼式ストーブには後述(3-3節 b.1)参照)するような半密閉型または完全密閉型のものを用いるようにし,炊事レンジにはフードや換気扇を設けるなど,汚染物を直接室外に排出することが望ましい。労働衛生分野では局所換気設備と呼ばれる装置が多く用いられている。

2) **外気汚染対策** 従来,外気は清浄なものと考えられていたが,大気汚染の進んだ地域や交通量の多い道路沿いなどでは,ある特定の汚染物質については室内の空気より汚れている場合が起こり得る(例えば,土壌や植栽からの真菌(カビ))。また室内の空気の許容濃度より,たとえ低くても,外気の取入れによって浄化を図るとすれば,その濃度差が小さいほど多量の外気の導入を図らなければならないので,暖冷房時の負荷を考えると経済的な損失は大きくなるばかりである。第III編4章に示した大気汚染物質だけに限らず,一般に外気を汚さないようにするための努力がなされなければならないが,外気が清浄でない限り,どうしても以下に述べる空気清浄装置を用いて,その浄化を図ることが必要となる。

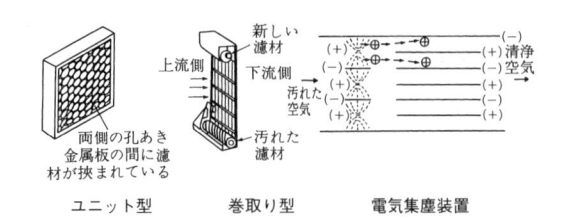

図3.3 エアフィルターの例

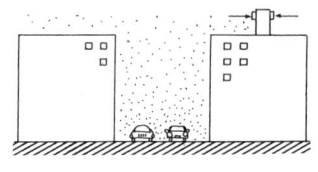

図3.4 外気取入れ口の位置

d. 空気浄化要因の助長

1) 空気浄化装置 室内空気汚染を防止するためには，汚染の原因を調べて，これを制御するとともに，汚染した場合には適当な方法でこれを取り除くことが必要である。

前述した外気の汚染に対しては，一般に空気調和機をもつ建築物では，図3.3に示すような，空気を濾過するエアフィルターが中に装備されていて，空気中の不純物を取り除く。また室内で発生した汚れを含む空気は，暖・冷房時にはその一部（通常20～40%）が戸外へ捨てられるのみで，大部分はエネルギー節約のために再循環させ，取入れ外気と合わせて再度エアフィルターを通すようにしている。特に室内で発生する汚染が著しい室には，特定の空気清浄機を置く場合もある。最近は各種の空気清浄機が開発されており，それさえ設置すれば，空気汚染問題はすべて解決するかのような印象を与えるが，後述するような新鮮外気そのものの再生を保証するものではないから注意したい。

また外気用空気清浄装置については，単に装置そのものの機械的浄化力の性能も大切な要素であるが，外気取入れ口の位置についての考慮も重要である。交通頻繁な道路に面して低い位置に取入れ口があると，自動車排ガスなどの汚染物質が拡散されないで，高濃度のまま取り入れられるおそれがあるので，一般に外気取入れ口はできるだけ高い所に，しかも近隣の煙突，汚染空気排気口などからの近傍汚染の影響をできるだけ受けない所に設けるようにしなければならない（図3.4）。

2) 換気による空気汚染の防止 換気は元来，室内空気を新鮮な外気とできるだけ同質のものに保つための行為である。建物が雨露をしのぐだけの目的しかもたなかった当初の開放的な構造から，次第に密閉化されるにつれ，室内空気の温熱・清浄度両条件の改善のために，人為的に換気を行うことが建築物の必須の条件になってきた。

現在，空気調和を行っている建築物では，室内に供給される空気（給気）は必ずしも外気ばかりとは限らず，前述のように再循環空気を含んでいる場合が多いので，給気がそのまま空気条件の改善に寄与するとは限らない。ことに空気汚染防止の観点からは，実際に取り入れる外気の量（厳密な意味での換気量）のみに注目する必要があるので，この点を区別して考えなければならない。

3) **換気による真菌（カビ）の侵入**　3-1節で述べた大規模建築物への病原性微生物対策と違い，真菌の種類によっては室内濃度より外気濃度が高く，換気による室内濃度上昇も懸念され，かつ空調機内部での増殖も確認されている。感染症のみならず，食物の腐敗や物品の汚れにも関与することで，体系的な対策が今後の課題である。

e．**クリーンルーム**

近年，半導体工業や遺伝子工学を頂点とする先端科学技術産業から，医薬品，食品などの各種の産業分野で，室内清浄度を極限まで追求したクリーンルームが不可欠の基盤技術となってきた。また病院の手術室や特殊病室等において，主として細菌やウイルスなどの微生物粒子除去の観点から，工業的クリーンルームと同様のバイオクリーンルームと呼ばれる施設が普及し始めている。

クリーンルームを支える最も基礎的な技術は，HEPAフィルター（High Efficiency Particulate Air Filter）と呼ばれる超高性能フィルターである。微小な粉じんに対して，99.99％とか99.9999％とか，9がいくつも並ぶ捕集率をもつフィルターの出現で，ほとんど無じんの空間がつくられるようになった。しかし，人や物がその中で動けば，ただちに莫大な数の粉じん，微生物等の汚染物質が発生するので，発生源からの拡散をできるだけ抑えるために，さらに空気の流れを一方向に限定するための工夫がなされている。

気流方向によってクリーンルームは水平層流型，垂直層流型に大別される。ま

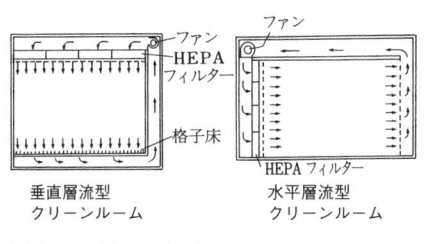

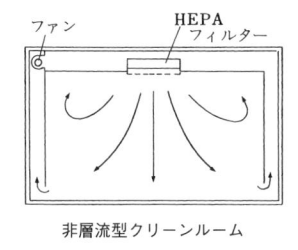

図3.5　クリーンルーム

た空気吹出口が限定されてはいるが，HEPA フィルターを通す吹出し空気の風量を格段に多くして室内の清浄を図るタイプのものは非層流型（または乱流型）クリーンルームと呼ばれる（図 3.5）。

3-2．換気力学の基礎

室内空気環境を構成する空気の力学的側面，すなわち空気の流れと量に関する基礎的問題を取り扱う。

a．空気流動

1) **圧力と圧力差**　空気の流れは室内に出入する室の内，外の圧力差に起因するので，これを換気の駆動力と呼んでいる。換気力学の分野では，主に相対圧力が用いられ，空気は圧力の高い所から低い所への流れとして生ずる。

2 点間の空気流動の駆動力は圧力の差であり，その圧力差を生み出すものとして，屋外風速による風圧力，室内外温度差（内外空気の比重量の差）による浮力，ファン等による機械力が挙げられる（図 3.6）。

2) **流れの基礎式**　基本的には第 IV 編 1 章 1-6「水の力学」(p.165) と同様に取り扱われるので，ここでは簡単に述べる。

図 3.7 に示すような流管内で，非圧縮性の理想流体としての空気を対象とした場合，流管内での温度が一定とすると，任意の断面 I，断面 II で質量保存の法則により，次の連続の式が成り立つ。

$$\gamma v_1 A_1 = \gamma v_2 A_2 = G = 一定 \quad (Q = G/\gamma) \tag{3.3}$$

ここに，γ：比重量 [kg/m³]　v：平均風速 [m/s]　A：管の断面積 [m²]　G：流量または風量 [kg/s]　Q：流量または風量 [m³/s]

次に，断面 I と断面 II の関係は，空気流動時の抵抗による圧力損失 (P_r) を含めると次式となる。

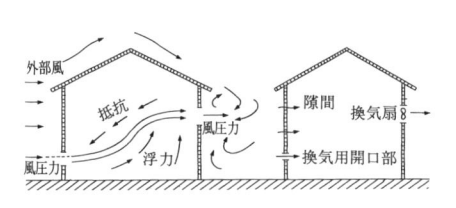

図 3.6　換気の駆動力

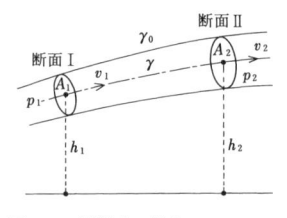

図 3.7　流管内の流れ

$$P_1 + \frac{\gamma}{2g} v_1^2 + (\gamma - \gamma_0) h_1 = P_2 + \frac{\gamma}{2g} v_2^2 + (\gamma - \gamma_0) h_2 + P_r \quad (3.4)$$

ここに，P：ある点の圧力を，それと同じ高さの静止外気圧を基準として表した相対圧力 [kg/m²]　h：高さ [m]　γ_0：外気の比重量 [kg/m³]　g：重力加速度 [m/s²]

ここで，第1項は静圧，第2項は動圧（速度圧），第3項は位置圧を表し，各圧力の和，すなわち全圧は常に等しいことを示している。これをベルヌーイの定理と呼ぶ。

また，圧力損失（P_r）を考慮せず管内外温度が等しく（$\gamma = \gamma_0$），$h_1 = h_2$ では次式となる。

$$P_1 + \frac{\gamma}{2g} v_1^2 = P_2 + \frac{\gamma}{2g} v_2^2 \quad (3.5)$$

一般的には，簡易化したこの (3.5) 式をベルヌーイの定理と呼ぶことが多い。

3) 圧力損失　(3.4) 式で P_r は抵抗による圧力損失であったが，空気の流れに対する抵抗は，空気の粘性の影響を受ける摩擦抵抗と，流管の形の変化に由来する形状抵抗とに分けられる。両者による圧力損失をおのおの次式で示す。

$$Pr = \lambda \frac{l}{D} \frac{\gamma}{2g} v^2 \quad (3.6)$$

$$Pr = \zeta \frac{\gamma}{2g} v^2 \quad (3.7)$$

ここに，λ：摩擦抵抗係数　D：管径 [m]（円管以外では $D = 4 \times$ 断面積/周長）　l：管の長さ [m]　ζ：形状抵抗係数（または局部抵抗係数）

また，管内の流れに関する無次元数としてレイノルズ数（Re）が次式で示される。

$$Re = \frac{vD}{\nu} \quad (3.8)$$

ここに，v：平均流速 [m/s]　D：管の代表径 [m]　ν：流体の動粘性係数 [m²/s]　（$Re < 2,300$ 層流，$> 2,300$ 乱流）

λ はレイノルズ数と管壁の粗さに影響され，これらの関係を示したものがムーディ線図（図3.8）である。ζ も Re 数に影響されるが，実用的には乱流場が多く，ζ を一定値として曲がり部分を直管とみなす相当長 l' [m] を求めて圧力損

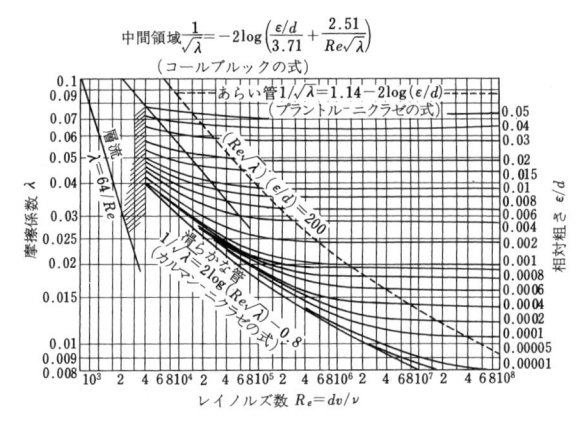

図3.8 ムーディ線図[4]

表3.1 ダクトの圧力損失係数[1]

名称	形状	計算式	圧力損失係数 ζ	文献
急拡大	$V_1 \to V_2$, P_1, A_1, A_2	$p_r = \frac{r}{2g}(V_1-V_2)^2$ $= \zeta_1 r \frac{V_1^2}{2g}$	A_1/A_2 = 0.1　0.2　0.4　0.6　0.8 ζ_1 = 0.81　0.64　0.36　0.16　0.04	Fan Eng. (5th Ed.) 1949 Rietchel
急縮小	$V_1 \to V_2$, A_1, P_1, A_2	$p_r = \zeta_r \frac{rV_2^2}{2g}$	A_2/A_1 = 0.1　0.2　0.4　0.6 ζ_1 = 0.48　0.46　0.37　0.26	Fan Eng. (5th Ed.) 1949
曲管(円形)	R	$l'=$相当長 $p_r = \zeta \frac{rV^2}{2g}$ ほぼ $\lambda=0.02$とする	R/d = 0.5　0.75　1.0　1.5　2.0 l'/d = 23　17　12　10 ζ = 0.90　0.45　0.33　0.24　0.19	ASHRAE GUIDE 1959
曲管(矩形)		同　上	$l'/d=65$ $\zeta=1.30$	同　上
曲管(長方形)	H, W, R	同　上 ほぼ $\lambda=0.02$とする	H/W　0.5　0.75　1.0　1.5 R/W 1/4　$l'/W=25$　12　7　4 1/2　　　　40　16　9　4 1　　　　　50　21　11　4.5 4　　　　　65　43　17　6 1/4　$\zeta=1.25$　0.60　0.37　0.19 1/2　　1.10　0.50　0.28　0.13 1　　　1.00　0.41　0.22　0.09 4　　　0.96　0.37　0.19　0.07	同　上
エルボ(円形)	W, H	同　上	$H/W=1/4$　1/2　1　4 $l'/d=25$　49　50　110 $\zeta=1.25$　1.47　1.50　1.38	同　上
ガイドベーン付		同　上	$\zeta=0.35$(1枚ベーン) $=0.10$(形成ベーン)	同　上

失計算を行う。表3.1にダクトの形状抵抗係数の一例を示す。

b. 換気計算法

1) 風力と温度差による自然換気　自然換気では室内外の圧力差が空気流動の駆動力となり，建物側の隙間や換気用小窓，開口部，窓などを通して空気の入れ替えが行われる。自然換気は屋外風圧力による風力換気と室内外温度差による重力換気（温度差換気）に分けられる。

a) 風力換気　建物に風が当たると風上側，風下側，側壁で図3.9のように風圧係数に差が生じる。風圧係数は模型を用いた風洞実験より求めるもので，下式の C で表され，建物に当たる速度エネルギーが圧力に変換される割合を示す。

$$P_w = CP_v = C\frac{\gamma}{2g}V^2 \quad (3.9)$$

ここに，P_w：風圧力　P_v：速度圧　V：一般風の速度　C：風圧係数

また，建物の風上側，風下側の風圧係数を C_1, C_2 とすると，その圧力差 ΔP は次式となる。

$$\Delta P = (C_1 - C_2)\frac{\gamma}{2g}V^2 \tag{3.10}$$

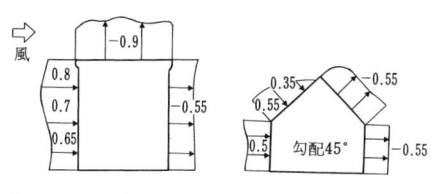

図 3.9 風圧係数（断面分布，Brit. St. Code. Bayurin）[1]

b) **重力換気** 室内外空気の比重量を γ_m, γ_0, 同じ高さでの静止外気圧を基準とした室内圧を P_m とすると，床面より h の高さでの室内外圧力差は次式となる。

$$\Delta P_h = P_m - \gamma_m h - (-\gamma_0 h) = (\gamma_0 - \gamma_m)h + P_m \tag{3.11}$$

ただし，室内から外気への圧力を正とする。

$\Delta P_h = 0$ となる床上高さを h_n とすると，(3.11) 式は (3.12) 式となる。この高さの面を中性帯という。

$$\Delta P_h = (\gamma_0 - \gamma_m)(h - h_n) \tag{3.12}$$

図 3.10 に温度差による圧力分布の一例を示すが，中性帯を境として下部開口部からは外からの空気が侵入し，また上部からは室内の空気が流出することを意味する。また，風力換気，重力換気とが同時に起こる場合の室内外圧力差は次式となる。

$$\Delta P = P_m - P_w + (\gamma_0 - \gamma_m)h \tag{3.13}$$

2) **換気扇の性能** 送風機を用いる機械換気による室内外圧力差は，その作用方向により全面で正または負圧となる。また，風量と圧力差の関係は送風機と室の開口部や隙間との特性により決まる。図 3.11 は送風機全圧（吹出し側と吸込み側それぞれの全圧の差）と風量との関係を求めたもので，送風機の特性曲線と呼ばれ，送風機の形式，大きさ，回転数などにより異なる。室に送風機を取り付けると，室側の特性（抵抗 R）は風量の関数となり，$R(Q)$ 曲線で示され，特性曲線との交

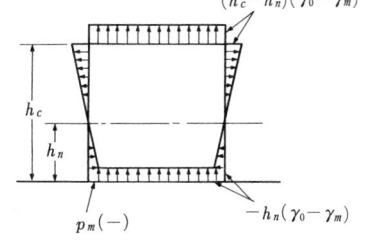

図 3.10 温度差による圧力分布

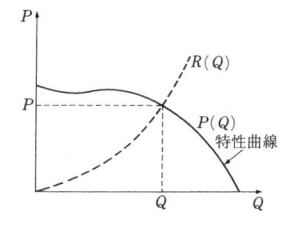

図 3.11 送風機の特性曲線

点から圧力差，風量が求められる。

3） 流量と圧力差　　建物壁面の開口部前後に圧力差が生じると空気流動が起こる（図3.12）。これは（3.4）式で $h_1 = h_2$, $\gamma = \gamma_0$ すなわち，流れの位置圧と開口部前後の温度差がない場合で，かつ断面Ⅰと断面Ⅱの風速は開口部内風速 v に比べて十分に小さいと，開口部通過時の圧力損失は次式となる。

$$P_r = P_1 - P_2 \tag{3.14}$$

次に，開口部前後の形状抵抗と開口部内での摩擦抵抗を考慮して，（3.6）式，（3.7）式を用いて圧力損失を求めると下式となる。

$$P_r = \left(\zeta_1 + \zeta_2 + \lambda \frac{l}{D}\right) \frac{\gamma}{2g} v^2 \tag{3.15}$$

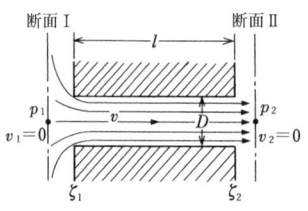

図3.12　開口部の流れ

表3.2　窓の圧力損失係数（ζ），流量係数（α）（無風時）[1]

名称	形状	角度 β	$b/l=1:1$		$b/l=1:2$		$b/l=1:\infty$	
			ζ	α	ζ	α	ζ	α
一重はね出し窓	排気口	15	16.0	0.25	20.6	0.22	30.8	0.18
		30	5.65	0.42	6.90	0.38	9.15	0.33
		45	3.68	0.52	4.00	0.0	5.15	0.44
		60	3.07	0.57	3.18	0.56	3.54	0.53
		90	2.59	0.62	2.25	0.62	2.59	0.62
	給気口	15	11.1	0.30	17.3	0.24	30.8	0.18
		30	4.9	0.45	6.9	0.38	8.60	0.34
		45	3.18	0.56	4.0	0.50	4.70	0.46
		60	2.51	0.63	3.07	0.57	3.30	0.55
		90	2.22	0.67	2.51	0.63	2.51	0.63
一重回転窓		15	45.3	0.15	—	—	59.0	0.13
		30	11.1	0.30	—	—	13.6	0.27
		45	5.15	0.44	—	—	6.55	0.39
		60	3.18	0.56	—	—	3.18	0.56
		90	2.43	0.64	—	—	2.68	0.61

b：窓の幅，l：窓の長さ

表3.3　各種開口の圧力損失係数，流量係数（無風時）[2]

名称	形状	流量係数 α	圧力損失係数 ζ	摘要	文献
単純な窓		0.65〜0.7	2.4〜2.0	普通の窓など	
刃形オリフィス		0.60	2.78	刃形オリフィス	Fan Eng. 5th Ed.
ベルマウス		0.97〜0.99	1.06〜1.02	十分滑かな吸込口	Fan Eng. 5th Ed.
よろい戸	90°	0.70			斉藤 石原
	70°	0.58			
	50°	0.42			
	30°	0.23			

したがって，(3.14)式は(3.15)式に等しく，断面Ⅰと断面Ⅱの圧力損失は，

$$P_r = P_1 - P_2 = (\zeta_1 + \zeta_2 + \lambda \frac{l}{D}) \frac{\gamma}{2g} v^2 \tag{3.16}$$

となる。ここで，

$$\zeta_1 + \zeta_2 + \lambda \frac{l}{D} = \xi$$

とすると，(3.16)式は，

$$P_1 - P_2 = \xi \frac{\gamma}{2g} v^2 = \Delta P$$

となり，v は次式となる。

$$v = \frac{1}{\sqrt{\xi}} \sqrt{\frac{2g}{\gamma} \Delta P} = \alpha \sqrt{\frac{2g}{\gamma} \Delta P} \tag{3.17}$$

α を流量係数と呼び，一例を表3.2，表3.3に示す。ここで実用上は $\sqrt{2g/\gamma} ≒ 4$ として差し支えない。したがって断面積を $A[m^2]$ とすると，流量 $Q[m^3/s]$ は次のようになる。

$$Q = vA ≒ 4\alpha A \sqrt{\Delta P} \tag{3.18}$$

4) 流量係数の合成

a) 開口部が並列の場合（図3.13）　圧力差 ΔP のもとで面積 A，流量係数 α，流量 Q とすると，全流量は下式となる。

$$Q = Q_1 + Q_2 + Q_3 ≒ 4\alpha A \sqrt{\Delta P} \tag{3.19}$$

ただし，$\alpha A = \alpha_1 A_1 + \alpha_2 A_2 + \alpha_3 A_3$

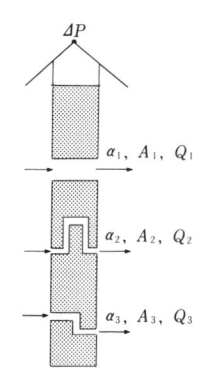

図3.13　並列開口　　　図3.14　直列開口

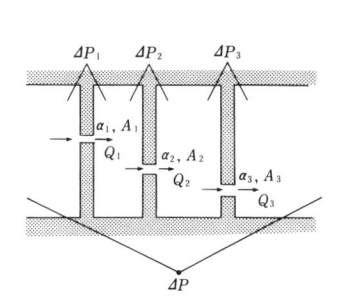

$αA$ を総合実効面積という。

b) 開口部が直列の場合（図3.14）　各面の風量は等しいので Q は下式となる。

$$Q = Q_1 = Q_2 = Q_3 ≒ 4\,αA\sqrt{ΔP} \qquad (3.20)$$

ただし，$αA = \dfrac{1}{\sqrt{\left[\dfrac{1}{α_1 A_1}\right]^2 + \left[\dfrac{1}{α_2 A_2}\right]^2 + \left[\dfrac{1}{α_3 A_3}\right]^2}}$

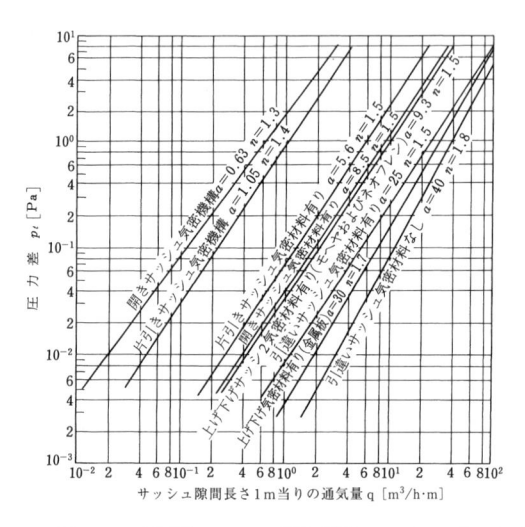

図3.15　金属製サッシの通気特性（勝田高司，寺沢達二）

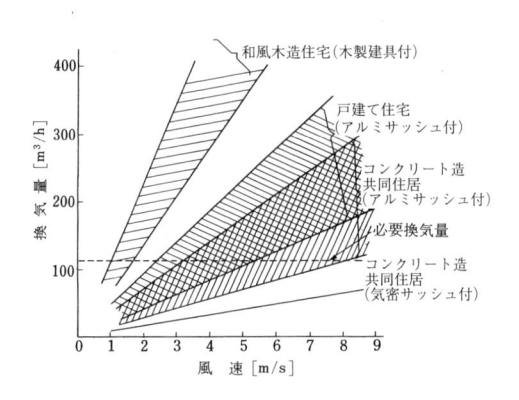

図3.16　各種住居の風力による自然換気量[2]
（面積 50 m² 程度，窓，出入口を閉めきったとき）

5) **隙間の通気量（流量）**

サッシの隙間と通気量の関係は圧力差 $ΔP$ のもとで一般的に次式により示される。

$$Q = Q_0 (ΔP)^{1/n} \qquad (3.21)$$

ここに，Q：通気量 [m³/s]　Q_0：$ΔP=1$ mmAq のときの通気量 [m³/s]　n：隙間により決まる定数（「1〜2の間で，木製，金属性サッシの試験では1.3〜1.8の範囲に入り，通常は1.5を用いることができる」[*1]

図3.15にサッシの通気特性，図3.16に各種住宅での自然換気量と屋外風速の関係を示す。

3-3. 換気計画

a. 換気方式の種類

1) **自然換気と機械換気**　換気の方法を原動力によって分けると，自然風の圧力や室内外の温度差による浮力を利用する自

[*1] 石原正雄：建築換気設計，朝倉書店，p.112，1969

然換気と，機械力を利用する機械換気との二種となる。

自然換気は常に一定の換気量を保つことは困難であるが，機械換気はほぼ安定した換気量を保つことができ，図3.17に示す三種類がある。大規模な建築物では，こうした設備が不可欠となる。

第一種換気方式は，給気送風機(略して単に送風機)と排気送風機(排風機)を有する最も完全な換気方法であり，室内の気流分布や圧力の制御も容易である。

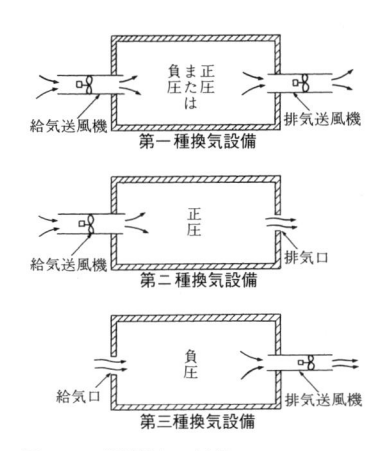

図3.17　機械換気の種類

第二種換気方式は，送風機によって室内に給気し，排気は適当な排気口やドアがらりから流出させる方法である。室内は常に正圧に保たれるので，室外に汚染空気があっても侵入するおそれがない。手術室など室内を汚染させることを警戒する部屋に用いられる。

第三種換気方式は，排風機のみを有し，換気用の空気は適当な給気口やドアがらりから取り入れる方法で，室内は常に負圧に保たれる。便所，厨房，浴室，蓄電池室など，その室で発生する汚染物質を周囲の室に流出させてはならない所に用いられる。

第二種方式，第三種方式で注意すべきことは，送風機の近傍に換気口を設けたり，不注意に近傍の開口部を開放した場合に，短絡を起こして，送風機と近傍開口部の間でだけの空気移動に終始し，室内全体の空気が入れ替わらないことが起こりやすいことである。意識的に開口を設ける場合は，送風機からできるだけ遠い位置に設置し，また同一系統で何室も結ぶ場合には，特定の室の開口を大きくとって，各室の流量バランスを崩すことのないように注意しなければならない。

2) **全体換気と局所換気**　一般的に，熱，水蒸気，汚染物質の発生源が分散している場合には，室全体の均一な換気を図らなければならない

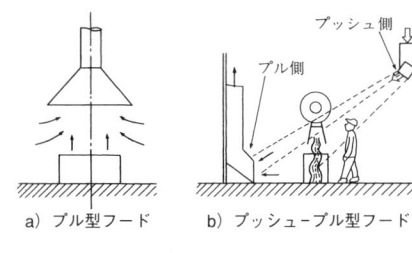

図3.18　フードの例

が，1点または数点に限定されている場合は，汚染物質が室全体に拡散する前に捕集し，排除する局所換気（または局所排気）方式が適している。

これを効果的にするためにフードを用いるが，図3.18に代表的なフード例を示す。a)は吸込み気流を利用するプル型フード，b)は押込み気流と吸込み気流を併用するプッシュ-プル型フードである。

3) **戸建て住宅や共同住宅での24時間換気**　省エネルギー化が推し進められるなかで，寒冷地での高断熱・高気密仕様の住宅が住宅金融公庫の後押しもあり，健康指向性住宅として脚光を浴び，各地で建設されるようになった。2割程度の建築費用の上昇で，自然風下での不安定な換気依存を，定・低換気に置き換えて安定化を図るもので，一般的には家全体の換気回数を0.5回/hに抑えている。

各居室に設けられた給気口より外気を導入して，ユティリティや台所の換気扇で第三種換気方式により排気している。しかし汚染物質の動態や，そのものの性質に対応した方式とはいえず，空間分布問題や装置劣化への対策と設計手法の確立が待たれる。

b．必要換気量

人を対象とした必要換気量については，すでに第Ⅱ編4章で述べたが，各種の室内汚染物質を多量に発生する可能性をもつ意味で最も重要な，燃焼器具を対象とした必要換気量について述べる。

1) **燃焼器具を対象とした必要換気量**　燃焼器具は形式によって次の三種に分けられ，それに応じて必要換気量も大きく変わってくる。

表3.4　各種燃料の理論廃ガス量（建築基準法）

燃料の種類		理論廃ガス量
燃料の名称	発熱量	
都市ガス		0.93 m³/kWH
LPガス（プロパン主体）	50.2 MJ/kg	0.93 m³/kWH
灯油	43.1 MJ/kg	12.1 m³/kWH

a)　密閉型　燃焼部分が室内空気と完全に隔離されているもの。BF型[*2]やFF型[*3]がある。燃焼器具のための室内換気は考える必要はない。

b)　半密閉型　器具への給気は室内空気を使うが，廃ガスは煙突を通して室外へ排出されるもの。建築基準法

[*2]　BF型：Balanced Flue の略で，給・排気の開口を外壁の同じ位置に設けることで，給・排気口に作用する風圧力の差や，浮力の影響を少なくした器具。バランス型とも呼ばれる。

[*3]　FF型：Forced Flue の略で，BF型の外壁開口部に必要とされる給・排気口の大きさや位置の制約を改善し，給気系に送風機を組み込んで，開口部に自由度をもたせたもの。強制換気型とも呼ばれる。

施行令（建設省告示第1826号）では燃料の理論廃ガス量の2倍の外気量と定めている。理論廃ガス量は理論空気量（燃焼に必要な酸素量に相当する空気量）にほぼ等しい。

c) 開放型　煙突もなくて，廃ガスが室内にそのまま排出されるもの。良好な燃焼状態を保ち，また廃ガス中に含まれるあらゆる汚染成分の濃度を許容値以下に維持するためには，かなり多量の換気が必要である。前述した建築基準法では表3.4に示す理論廃ガス量の，さらに40倍と定めている。

例えば，毎時0.5 kgの灯油を消費する開放型ストーブを使用した場合は，理論廃ガス量が約6 m³/hであるから，その40倍の240 m³/hの換気量が必要となるわけである。

開放型ストーブの場合，注意すべきことは，ストーブから発生する有毒ガスのCOの発生量が，そのときの酸素濃度によって敏感に変化し，器具によっては20%以下，一般的に19%以下になると不完全燃焼が生じてCOの発生が突発的に急増する事実である。燃焼器具使用に際しては十分な換気が特に重要で，建築基準法では安全をみて，O_2濃度が20.5%以下（0.5%以上の低下）にならないよう定めている。

2) **換気量と換気回数**　必要換気量を理論的に求めるとき，多くの場合は侵入

表3.5　日本の必要換気量規定の一例

建築基準法	在室者に対して有効換気量	中央式空調設備	在室人員×30 m³/h	CO_2濃度1,000ppm規定から換算			令129条の2の6
		機械換気設備	在室人員×20 m³/h	在室人員密度実状人/m²	居室の場合	0.1人/m²以上	法28条 令20条の2 〃の3 令129条の2の6 告示1826
					特殊建築物	0.33人/m²以上	
	燃焼廃棄に対して所要排気量	開放型器具　理論廃ガス量×40 フード付き　理論廃ガス量×20 排気筒直結　理論廃ガス量×2					法28条 令20条の2 告示1826
ビル管理法	在室者に対して有効換気量	中央式空調設備	在室人員×30 m³/h	CO_2濃度1,000ppm規定から換算			法4条 令2条
空気調和・衛生工学会換気規格案HASS 102	居室	実質在室者に対して30 m³/h人（基本必要換気量） たばこ　浮遊粉じん　0.15 mg/m³以下｝が守られる 　　　　CO　　　　　10 ppm　　　以下　　排気量					
		開放型燃焼器具を有する場合　理論廃ガス量×40 燃焼廃ガス直接排出の場合　　理論廃ガス量×2					

し発生した汚染物質が室内全体に瞬時に拡散し，室内濃度はどの部分でも常に一様であると仮定している．このとき室自体の容積は考慮しなくてもよいが，実際には汚染物質の拡散には時間がかかること，汚染発生量が時間的に常に一定ではないこと（このことは，例えば1人当りの必要換気量をもとに供給外気量を設定していたとしても，在室者数は通常，絶えず変化することでも明らかであろう）などの理由により，建築物の各室の必要換気量を考える場合には，時々刻々変化する汚染発生を追いかける換気量のかたちではなく，各室の用途に応じた代表的使われ方から予想される換気量を設定し，室容積との比，

$$n = \frac{Q}{V} \tag{3.22}$$

ここに，n：換気回数［回/h］　Q：換気量［m³/h］　V：室容積［m³］
のかたちで示すほうが適していることが多い．

一般的に換気設備または空気調和設備そのものについての外気の処理風量は，換気量そのもので，建築物のゾーンや用途の異なる室ごとの換気量については換気回数のかたちで表現されることが多いといえる．

3) **必要換気量の基準**　わが国の必要換気量の基準の一例は，表3.5に示すとおりである．在室者に対しては，わが国がおよそ30 m³/h・人を示しているのに対し，イギリスでは17.0 m³/h・人（気積11.3 m³/人以上），ドイツでは禁煙室が20 m³/h・人，喫煙のある室で30 m³/h・人，アメリカでは省エネルギーの要請から一時8.5 m³/h・人まで下げられたものが，いろいろ障害を起こしたことから見直しが加えられ，最近25.5 m³/h・人へと引き上げられようとしている．空気調和・衛生工学会規格 "HASS 102 換気"（1997年）では，汚染質を総合的指標と単独指標に分け，前者ではCO_2を，後者ではCO_2を含む9物質に対する居室での詳細な換気量算出例を示すと同時に，付室，施設室の換気方式，換気要因と換気回数を設計必要換気量として提示している．また，表3.6に化学物質（揮発性有機化合物：VOC）の規制濃度を示す．物質によっては換気効果のみでの対策によらず，発生源規制に基づく．例えば建築材料使用量および質の制限が必要となる．

c．**通風計画**

通風とは，建物の2面以上の開口部を通して大量の換気を自然に行うことで，換気とほぼ同じ目的をもつものであるが，いわゆる風通しのよいことを目指して

行う換気である．特に，わが国では高温多湿の夏季に体熱の放散を促進することが必要で，空気調和設備のない建築物では，熱，水蒸気，汚染物質等を通風によって制御する手法は，建築計画上重要な項目となる．

冬期の換気では，室内汚染の制御が主目的となるが，通風の場合は換気量よりも，図3.19のように，その速度および経路が問題となる．一般に夏期では人体が感じる風速の最低限の0.5 m/sから1 m/s程度がよいとされている．

表3.6 化学物質の国土交通省基準値と厚生労働省指針値
25℃換算

	汚染物質	室内濃度
基準値	ホルムアルデヒド クロルピリホス	100 $\mu g/m^3$ (0.08 ppm) 使用禁止 (発散すると換気効果なし)
指針値	ホルムアルデヒド* クロルピリホス トルエン キシレン パラジクロルベンゼン エチルベンゼン スチレン フタル酸-n-ブチル テトラデカン フタル酸ジ-2-エチルヘキシル ダイアジノン アセトアルデヒド フェノブカルブ TVOC	同上 1 $\mu g/m^3$ (0.07 ppb) 小児 0.1 $\mu g/m^3$ (0.007 ppb) 260 $\mu g/m^3$ (0.07 ppm) 870 $\mu g/m^3$ (0.20 ppm) 240 $\mu g/m^3$ (0.04 ppm) 3800 $\mu g/m^3$ (0.88 ppm) 220 $\mu g/m^3$ (0.05 ppm) 220 $\mu g/m^3$ (0.02 ppm) 330 $\mu g/m^3$ (0.04 ppm) 120 $\mu g/m^3$ (7.6 ppb) 0.29 $\mu g/m^3$ (0.02 ppb) 48 $\mu g/m^3$ (0.03 ppm) 33 $\mu g/m^3$ (3.8 ppb) 400 $\mu g/m^3$

注) ＊2003年4月1日より，「ビル衛生管理法」施行令第二条に新たに30分平均の基準値として加えられた．

通風経路は室内全域にわたることが望ましいが，教室などの天井の高い大きな室では，居住領域（床上約1.5 m以下）全体に行きわたるようにする．

通風の良否を決定する指標として，通風率がある．これは室内のある点の風速と，外部自由風速との比で表される．通風率は，建築物そのものの形状およびその周辺状況，開口部形状，開口比などにより決定されるが，実際の室内では，家具や間仕切りなどがあるため，実測や模型実験によることが多い．図3.20に実際のRC造集合住宅の通風の実測例を，また図3.21に教室模型による通風率分布の例を示す．

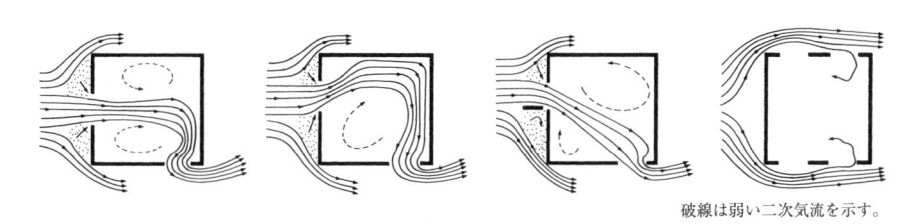

破線は弱い二次気流を示す．

図3.19 開口位置と通風経路[3)]

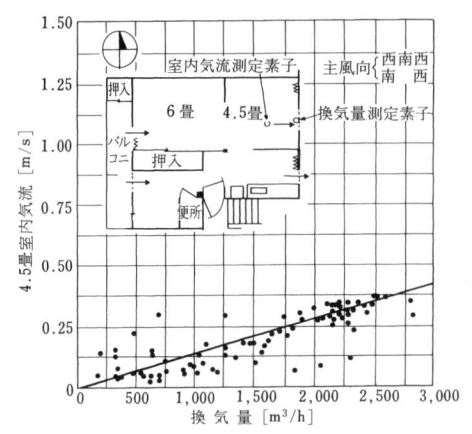

通風量と室内気流の相関

外部風速と室内気流の相関

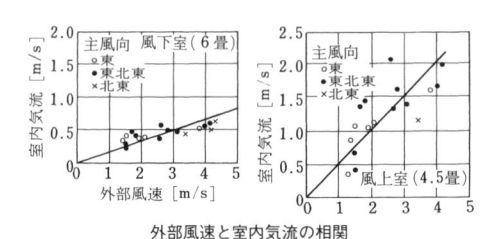

図 3.20　鉄筋コンクリート造住居の通風の実測例
(石原正雄)

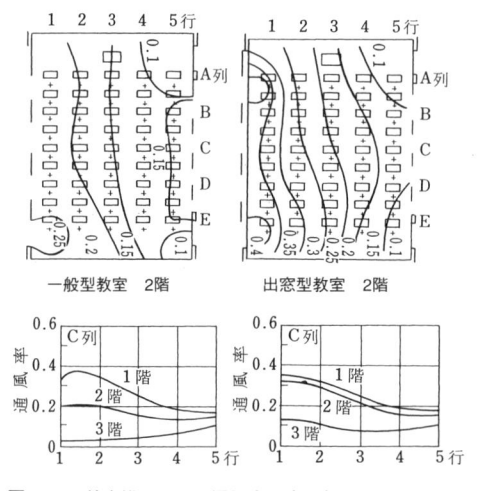

図 3.21　教室模型による通風率分布の例
(勝田高司, 寺沢達二)

d. 換気量の測定

1) トレーサーガスによる方法

あるトレーサーガスの濃度に注目し, 換気によるその濃度の減衰から換気量を知る方法である。

トレーサーガスの濃度が室内で一様であると仮定すれば, その濃度は次式で表される。

$$C = C_0 + (C_1 - C_0)e^{-\frac{Q}{V}t} + \frac{M}{Q}(1 - e^{-\frac{Q}{V}t}) \quad (3.23)$$

ここに,

C：室内のトレーサー濃度
C_0：外気のトレーサー濃度
C_1：$t=0$ におけるトレーサー濃度
Q：換気量
V：室の容積
M：室内のトレーサー発生量

今, トレーサーをいったん放出後, その発生量がない ($M=0$) とすれば, (3.23)式の第3項が0となり,

$$C = C_0 + (C_1 - C_0)e^{-\frac{Q}{V}t} \quad (3.24)$$

これより Q を求めると,

$$Q = 2.303 \times \frac{V}{t} \times \log_{10}\frac{C_1 - C_0}{C - C_0} \quad (3.25)$$

したがって，トレーサーガスを一定量室内に放出した後の濃度減衰量を知れば，換気量が求められる．実際には扇風機などで十分室内の空気を撹拌しながら，適当な時間間隔で数回濃度を測り，図3.22のような片対数グラフ上にプロットし，直線近似させる．

(3.25)式で $C_1 - C_0/C - C_0 = 10$ となる時間を T とすれば，

$$Q = \frac{2.303 \times V}{T} \tag{3.26}$$

または，

$$\text{換気回数} \quad n(=\frac{Q}{V}) = \frac{2.303}{T} \tag{3.27}$$

これより，グラフ上で簡便に換気量（または回数）が求められる．

トレーサーガスとしては CO_2 が最も多く用いられ，その濃度の測定にはガス検知管という簡易な測定器具が利用される（図3.23）．

2) 流速測定による方法　　室内にあいまいな隙間などがなく，室内に出入する空気の流れの条件が，すべて流速測定に適している場合は，風速計によって求めた気流の平均流速と流れに直角な断面積との積で換気量を求めることができる．

気密なビルで換気が機械のみによって行われている場合や，クリーンルームなど換気量が多く，しかも各開口の空気の流入，流出状態が安定している場合などに有効である．

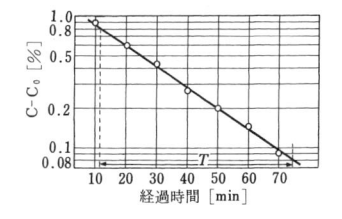

図ではCO₂濃度が0.8%から0.08%まで減衰する時間 T が約1.25時間であることから，$n=2.303/1.25=1.84$ [回/h] であることがわかる．

図3.22　換気回数の算出

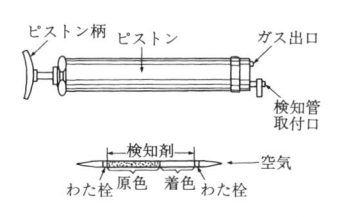

図2.23　ガス検知管と吸引ポンプ

引用文献
紀谷文樹，関根孝，入江建久，宿谷昌則編：建築環境設備学，彰国社，1988年第1版
参考文献
日本建築学会編：換気設計（設計計画パンフレット18），彰国社，1965
日本建築学会編：病院のバイオクリーン施設(設計計画パンフレット25)，彰国社，1979
日本建築学会編：空気特集（建築雑誌，Vol.96, No.1185, 1981.10）
空気調和・衛生工学会編：室内気流特集（空気調和・衛生工学，58(3)，1984）
日本建築学会編：建築設計資料集成1（環境），丸善，1978
日本建築学会編：建築学便覧1（計画），丸善，1980
板本守正，市川裕通，壇直樹，片山忠久，小林信行：環境工学，朝倉書店
伊藤克三，中村洋，桜井美政，松本衛，楢崎正也：建築環境工学，オーム社
田中俊六，武田仁，足立哲夫，土屋喬雄：建築環境工学，井上書院，1985
国土交通省住宅局編：建築基準法令集（上・下巻），2001年
空気調和・衛生工学会規格"HASS 102 換気"1997年
図表出典
1) 日本建築学会編：換気設計（設計計画パンフレット18），彰国社，1980
2) 藤井正一：住居環境学入門，彰国社，1984
3) Reed, R. H.：Design for Natural Ventilation in Hot Humid Weather, Tex. Eng. Experi. Stat. Reprint 80, 1953
4) 板谷松樹：水力学，朝倉書店，1966

● 第 IV 編 —— 4 章
光の技術

　光環境のデザインとは，光を操作することによって空間や空間内の物の見え方を，その目的や用途に合わせて調整することであり，光環境デザインには，光の物理的な特性に対する知識と，光と見え方の関係についての知識が必要となる。ここでは，光の物理的な特性と光を操作する方法を解説する。

4-1．光の基礎
a．光束

　電磁波によるエネルギーの伝播を放射といい，単位時間当りに伝播される放射エネルギーを放射束という。放射束はワット［W］という単位で表される。

　目に入射した電磁波によって，われわれは明るさ感覚を生ずるが，波長が約380〜780 nm［nm：ナノメーター＝10^{-9}m］の範囲の電磁波のみを知覚し，しかも波長ごとに視覚系の感度が異なっていることから，光のエネルギーを表現するためには，放射束を視覚系の感度を用いて評価することが必要となる。このようにして評価したエネルギーを光束 F といい，lm（ルーメン）という単位で表される。

$$F = K_m \int_{380}^{780} V(\lambda)\, P(\lambda)\, d\lambda \qquad (4.1)$$

　$V(\lambda)$：標準比視感度，$P(\lambda)$：放射束の分光分布
　ここで K_m は最大比視感度といい，683 lm/W である。
　光束は明所視の標準比視感度曲線（第 II 編 5 章，図 5.2, p. 78 参照）で評価されたエネルギーである。そのため暗所視の環境にそのまま用いることはできない。

b．照度

　光を受ける面を考え，その面の単位面積当りに入射する光束を照度という。受照面の照度 E は，その面積を dS［m²］，入射光束を dF［lm］とすると，

$$E = dF/dS \qquad (4.2)$$

　このときの E の単位が lx（ルクス）である。

机や床のように照らされている面が水平面の場合の照度を水平面照度，黒板や壁のような鉛直面の場合の照度を鉛直面照度，光が進む方向に垂直な面の照度を法線面照度という。

c．光束発散度

光を発する面（反射面でもよい）の単位面積当りから発散する光束を光束発散度という。すなわち，ある面の光束発散度 M は，その面積を dS [m²]，発散光束を dF [lm] とすると，

$$M = dF/dS \tag{4.3}$$

M の単位は lm/m²（ルーメン毎平米）または rlx（ラドルクス）である。

光束発散度と照度は，式よりわかるように，光束の面積密度であり，両者の違いは，光が入射するか（照度），光が出るか（光束発散度）の違いだけである。

d．光度

光を発する点（点光源）から，ある方向に向けての単位立体角当りの発散光束を光度という。ある点の光度 I は，発散光束を dF [lm]，その点を頂点とする微小立体角を $d\omega$ [sr] とすると，

$$I = dF/d\omega \tag{4.4}$$

I の単位は cd（カンデラ）である。

立体角 ω とは空間上の広がりを表す量で，sr（ステラジアン）という単位をもつ。図 4.1 に示すように，ある点を中心とする半径 r の球面を考え，その球面上に面積 S をもつ対象が張る立体角 ω を，

$$\omega = S/r^2 \tag{4.5}$$

と定義する。これは，平面上の角度 a をラジアン表記する場合（$a = l/r$）を空間に拡張したものである。

球の表面積は $4\pi r^2$ で表されるから，半球，すなわち前後左右に地平線だけが見えるようなときの空の立体角は 2π となる。

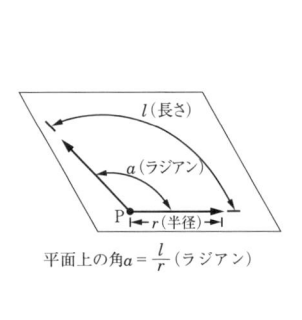

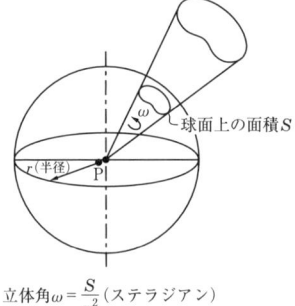

平面上の角 $a = \dfrac{l}{r}$（ラジアン）

立体角 $\omega = \dfrac{S}{r^2}$（ステラジアン）

図 4.1　立体角とラジアン

表4.1 測光量一覧

測定量	記号	定義式	単位	単位略号	ディメンジョン
光束	F	$F = K_m \int_{380}^{780} V(\lambda) P(\lambda) d\lambda$	lumen	lm	lm
照度	E	$E = \dfrac{dF}{dS}$	lux	lx	$\dfrac{\text{lm}}{\text{m}^2}$
光束発散度	M	$M = \dfrac{dF}{dS}$	radlux	rlx	$\dfrac{\text{lm}}{\text{m}^2}$
光度	I	$I = \dfrac{dF}{d\omega}$	candela	cd	$\dfrac{\text{lm}}{\text{sr}}$
輝度	L	$L = \dfrac{dI}{dS \cos\theta}$	$\dfrac{\text{candela}}{\text{m}^2}$	$\dfrac{\text{cd}}{\text{m}^2}$	$\dfrac{\text{lm}}{\text{m}^2 \cdot \text{sr}}$

K_m：最大視感度＝683 [lm/W]，$V(\lambda)$：標準比視感度，$P(\lambda)$：放射束の分光分布

e. 輝度

大きさをもつ光源（ランプそのものである必要はなく，反射面でもよい）から発散する光束を考えるとき，光度ではなく輝度を用いる。輝度 L は，光を発する微小面をある方向から見たときの，見かけの単位面積をもつ面から，単位立体角当りに発散される光束であり，対象となる微小発光面積を dS [m^2]，発光面の法線と，それの見られる方向との間の角度を θ，見られる方向の光度を dI [cd] とすると，

$$L = \frac{dI}{dS \cos\theta} \tag{4.6}$$

単位は通常 cd/m^2 をそのまま用いる。

一方，ある点から見た光源の輝度は，この点を通り，見る方向に垂直な面の照度 dE を，この点を頂点とし，光源を底とする錐体の立体角 $d\omega$ で割ったものである。すなわち，

$$L = dE/d\omega \tag{4.7}$$

光源が，後に述べる均等拡散面である場合，両者は同じ値となる。

f. 反射，透過，吸収

ガラスのような透過面に光が入射する場合，入射した光の一部は反射し，ガラス内部に入り込んだ光の一部は内部で吸収され，残りが反対側に透過する（図4.2）。

入射光束を F，反射光束を F_r，吸収さ

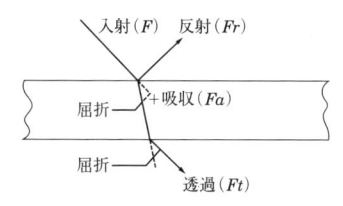

図4.2 反射，透過，吸収

れる光束を F_a, 透過光束を F_t とすると, 反射率 ρ および透過率 τ は次のように定義される.

$$\rho = F_r/F = F_r/(F_r + F_a + F_t) \tag{4.8}$$

$$\tau = F_t/F = F_r/(F_r + F_a + F_t) \tag{4.9}$$

したがって, 照度 E の受照面に対して, 反射による光束発散度を M_r, 透過による光束発散度を M_t とすると, 次のような関係が成り立つ.

$$M_r = \rho \times E \tag{4.10}$$

$$M_t = \tau \times E \tag{4.11}$$

g. 均等拡散面

発光面, 反射面, 透過面などの面で, すべての方向の輝度が等しいものを均等拡散面という. このような面は現実には存在しないが, 快晴時の青空, 一様な曇り空, 良質な乳白色パネルの表面などは均等拡散面に近い.

面積が dS の均等拡散面の法線方向の光度を I_n, 輝度を L_n とすると, $L_n = I_n/dS$ である. 一方, 法線と角 θ をなす方向の光度を I_θ, 輝度を L_θ とすると, $L_\theta = I_\theta/(dS \cos\theta)$ であり, 均等拡散面では $L_n = L_\theta$ となるので,

$$I_\theta = I_n \cos\theta \tag{4.12}$$

すなわち, 均等拡散面の各方向への光度分布は, I_n を直径とする球で表すことができ, これをランベルトの余弦則という.

また, 均等拡散面から発散する全光束は, 面の光度を立体角 2π の範囲で積分すれば求められる. すなわち,

$$\begin{aligned}
dF &= \int_{\omega=2\pi} dI_\phi \, d\omega \\
&= \int_0^{\frac{\pi}{2}} L dS \cos\theta \cdot 2\pi \sin\theta \, d\theta \\
&= \pi L dS \left[\sin^2\theta \right]_0^{\frac{\pi}{2}} \\
&= \pi L dS
\end{aligned} \tag{4.13}$$

ここで dF/dS は, この面の光束発散度 M にあたるから,

$$M = \pi L \tag{4.14}$$

反射率 ρ の均等拡散面が照度 E で照らされたとき, この面の光束発散度は ρE で表されるから, その輝度 L は,

$$L = \frac{1}{\pi} \rho E \tag{4.15}$$

4-2. 照明計算

　光源から受照面に直接入射する光による照度を直接照度という。一方，光源から発散する光の一部は，室内の仕上げ面や什器で反射したり，反射を繰り返したりした後に受照面に入射するが，そのような光による照度を間接照度という。

a. 直接照度の計算

　微小な受照面の法線上に光度 I [cd] の点光源がある場合を考える。光源から受照面に達する光束を dF [lm]，微小部分の面積を dS_n [m²]，その照度を E_n [lx]，微小部分と光源の距離を r [m]，光源から受照面に張る立体角を $d\omega$ とすると（図 4.3），

$$I = dF/d\omega = dF\, r^2/dS_n = E_n\, r^2$$

したがって，

$$E_n = I/r^2 \tag{4.16}$$

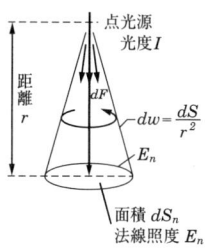

これを照度の逆二乗則という。

　ここで，微小な受照面が図 4.4 のように θ だけ傾いたとき，光束 dF [lm] を dS_θ，すなわち $dS_n/\cos\theta$ の面積で受けることになるから，θ だけ傾いた受照面の照度 E_θ [lx] は，

$$E_\theta = dF/dS_\theta = (dF/dS_n)\cos\theta = E_n \cos\theta \tag{4.17}$$

これを照度の余弦則という。

　式(4.16)と式(4.17)を合わせると，

$$E_\theta = \frac{I}{r^2}\cdot \cos\theta \tag{4.18}$$

となり，点光源による直接照度の基本式が求まる。点光源とは大きさをもたない光源を指すが，光源の直径の 5 倍～10 倍以上離れた位置の照度を考える場合，その光源を点光源とみなして計算しても実用上支障はない。

　光源の大きさが無視できない場合，面光源とみなして照度を計算する。

　全体の面積が S [m²] の面光源を考え，その微小部

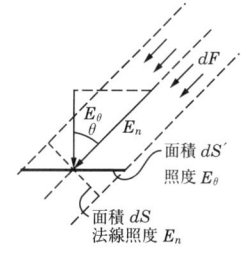

分の面積を dS [m²], 受照点方向への輝度を L [cd/m²] とし, 微小部分の法線方向が受照点方向と θ だけ傾いているとすると, その微小部分を点光源と考えた場合の光度 dI [cd] は,

$$dI = L\,dS\,\cos\theta$$

ここで, 図4.5のように, 微小部分からの光の入射方向が受照面の法線方向と i だけ傾いており, 距離が r [m] である場合, 式(4.18)より, 受照点における照度 dE [lx] は,

$$dE = \frac{dI \cdot \cos i}{r^2} = \frac{L \cdot dS \cdot \cos\theta \cdot \cos i}{r^2}$$

したがって, 面光源による照度 E [lx] は

$$E = \int_S dE = \int_S \frac{L \cdot \cos\theta\ \cos i}{r^2} dS \tag{4.19}$$

また, 受照点に対する面光源の微小部分の立体角を $d\omega$ とすると, $d\omega = dS\cos\theta/r^2$ であることから,

$$E = \int_\omega L \cdot \cos i\ d\omega \tag{4.20}$$

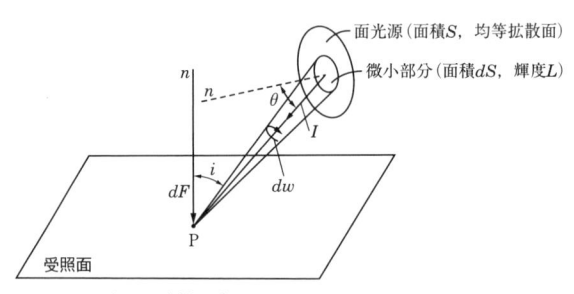

図4.5 面光源の直接照度

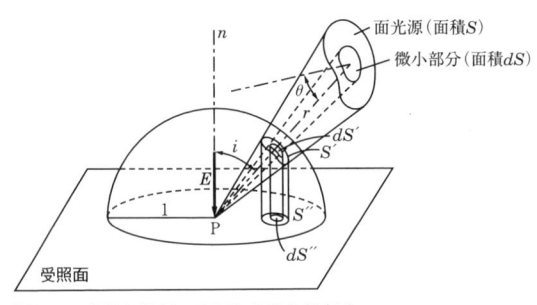

図4.6 立体角投射の法則と立体角投射率

ここで，面光源が均等拡散面，すなわち輝度が一定であるとすると，

$$E = L\int_\omega \cos i \; d\omega \tag{4.21}$$

式(4.19)～(4.21)は，面光源による照度を求める基本式である。

次に，図4.6のように受照点を中心に半径1の半球面を考え，面光源の微小部分を底面とし受照点を頂点とする錐体が切り取る球面上の面積を dS'，これを受照面に正射影した面積を dS'' とすると，$dS' = d\omega$，また $dS'' = dS' \cos i = d\omega \cos i$ であることから，面光源の輝度が一定の場合，式(4.21)より，

$$E = L\int_\omega \cos i \; d\omega = L\int_{S'} dS'' \tag{4.22}$$

したがって，半球面に写った面光源全体を底面に投射した面積を S'' とすると，

$$E = L\, S'' \tag{4.23}$$

これを立体角投射の法則という。

天空全体が均一の輝度 L で覆われているとすると，底面に投射した面積は π となるから，そのときの照度 Es は，

$$Es = \pi L \tag{4.24}$$

Es は，均一輝度を仮定した全天空照度である。ここで式(4.23)，式(4.24)で輝度 L が等しいとすると，

$$E/Es = S''/\pi = U \tag{4.25}$$

この U は天空率，立体角投射率，あるいは形態係数などと呼ばれ，光源と受照面の幾何学的な関係が決まれば一つに定まる。そのため，単純な形をした光源の形態係数がしばしば図表で与えられ，これらを使って面光源からの直接照度を計算することもできる。

b．間接照度の計算

間接照度は室の形状や室内面の反射率によって変化するが，直接照度に比べると，その分布は緩やかで，一定と考えても差し支えないことが多い。そのような場合は，作業面切断公式を使って平均間接照度を求める。図4.7に示す

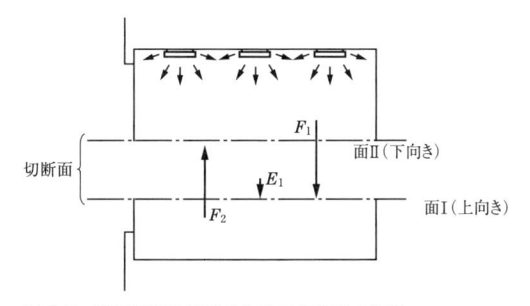

図4.7　間接照度の計算のための作業面の切断

ように，室を作業面で切断し，上向きの切断面Ⅰと，下向きの切断面Ⅱを考える。室内に入射する光束を，作業面より下方および上方に入射する光束 F_1 と光束 F_2 に分割すると，作業面の平均間接照度は，

$$E_r = \frac{(F_1 \cdot \rho_1 + F_2) \cdot \rho_2}{A \cdot (1 - \rho_1 \cdot \rho_2)} \tag{4.26}$$

となる。ここで，A [m²] は作業面の面積である。また，ρ_1 と ρ_2 は切断面Ⅰおよび Ⅱ の等価反射率で，作業面より下部と上部の室内表面積を S_1 および S_2，それぞれの平均反射率を ρ_{m_1} および ρ_{m_2} とすると，下記により求められる。

$$\rho_1 = \frac{A \cdot \rho_{m_1}}{S_1 - (S_1 - A)\rho_{m_2}}$$
$$\rho_2 = \frac{A \cdot \rho_{m_1}}{S_2 - (S_2 - A)\rho_{m_2}} \tag{4.27}$$

作業面より下方および上方に入射する光束 F_1 と光束 F_2 の分割は，人工照明の場合，近似的に照明器具より下方に向かう下方光束と上方に向かう上方光束とする。

c．照度分布と輝度分布の計算

コンピューターの発達により，現在では，ここまで述べたような照明計算はコンピューターを用いて簡単に行え，照度分布図や輝度分布図の作成も可能となっている。輝度分布図はコンピューターグラフィック（CG）に近いが，通常の CG 画像は測光量である輝度と対応関係をもっておらず，輝度分布図とはいえない。

相互反射した光を考慮した照度分布図，輝度分布図を作成する方法には，ラジオシティ法，モンテカルロ法，レイトレーシングを応用した方法の大きく三つの方法がある。

ラジオシティ法は，空間が均等拡散面だけから構成されているという仮定，すなわち，すべての面の輝度は方向により変化しないと仮定することにより，面相互の幾何学的関係（形態係数）だけから相互反射を計算するもので，光沢などの反射特性を考慮することができない。

モンテカルロ法は，光源から発生した光子が任意の面で反射，吸収される光路を追跡していくもので，配光特性や物体の反射特性に対応するように，光子の乱数発生確率をコントロールしたり，重みを与えることができるので，より現実に近い計算ができるが，安定した結果を得るためには膨大な数の光子を発生させ，

十分にエネルギーが減衰するまで追跡しなければならない。

レイトレーシング法は，視点から光線を追跡して物体にぶつかる点を求め，この点の各光源からの直接照度を計算し輝度を算出するもので，通常間接光は扱えない。この点を補う方法として，このような光線追跡を光源側から行う方法がある。

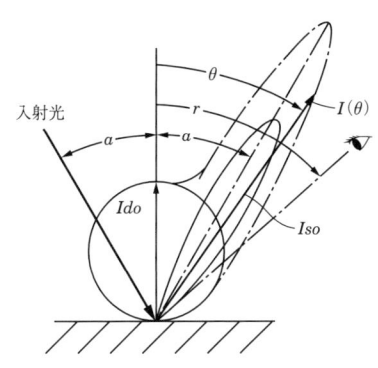

図4.8 物体の反射特性のモデル

これらのそれぞれの手法には一長一短があり，現在のところ，これらの手法を組み合わせた方法が主流となっている。

輝度分布図の作成には，物体の反射特性をモデル化する必要があるが，一つの例として下記のようなものが挙げられる（図4.8）。

$$I(\theta) = Ido \cdot \cos\theta + Iso \cdot \cos^n(\theta - a)$$
$$= (dF \cdot Rd/\pi)\cos\theta + (dF \cdot Rs)/(2\pi/(n+1)) \cdot \cos^n(\theta - a) \quad (4.28)$$

ここに，$I(\theta)$：θ方向への反射光の光度 [cd]
$\quad Ido$：均等拡散反射成分の光度の最大値 [cd]
$\quad Iso$：指向性反射成分の光度の最大値 [cd]
$\quad\quad$ 正反射角aのまわりに$\cos^n(\theta - a)$の角特性に従って広がるものとする。
$\quad dF$：入射光の光束 [lm]
$\quad Rd$：面素の拡散反射率（$0 \leq Rd \leq 1.0$）
$\quad Rs$：面素の鏡面反射率（$0 \leq Rs \leq 1.0$）
$\quad\quad$（面素の全反射率は（$Rd + Rs$）とする）

4-3．光源

a．昼光光源

太陽からの光を昼光といい，太陽から大気層を正透過しての地表に達する直射日光と，大気層で散乱された後地表に達する天空光からなる。

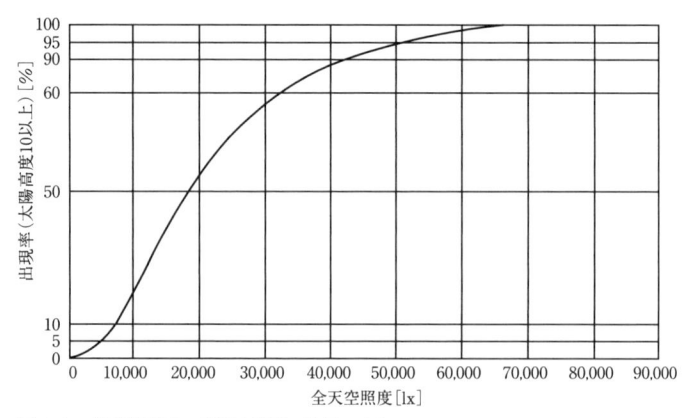

図 4.9 全天空照度の累積出現率 (北緯 35°)[1]

直射日光の地表面での法線照度 E_n はブーゲの式と呼ばれる次式で表される。

$$E_n = E_0 \, P^{cosec\,h} \tag{4.29}$$

ここで，P は大気透過率で，快晴時で 0.75〜0.85 程度，もやのかかった晴天で 0.55〜0.65 程度の値となる。E_0 は大気外の法線照度の平均で 133,800 lx とされている。また h ［度］は太陽高度である。

直射日光法線照度は天候の影響を大きく受け，快晴で太陽高度が高い場合は 100,000 lx 以上となるが，曇りの場合はほとんど 0 lx となり，晴れでも雲の動きにより大きく変動する。

天空光の量は通常まず，全天空からの天空光のみによる水平面照度を考え（すなわち直射日光や地物反射光を含まない），これを全天空照度という。全天空照度も時刻と天候の影響を大きく受けるが，太陽高度 10 度以上の時間帯（採光昼間）の累積出現率は図 4.9 のようになり，5,000 lx 以上に約 95% が，15,000 lx 以上に約 65% が含まれることから，暗い日を想定する場合は 5,000 lx，平生を想定する場合は 15,000 lx の全天空照度とすることが多い。

このような全天空照度をもたらす天空の輝度は，天候や時間によってさまざまに変化する。全天空にわたって輝度が一定であると仮定すると（一様輝度天空），天空輝度は式(4.24)を使って求めることができる。一方，天候ごとの天空輝度の分布性状は CIE によって標準が提案されており，CIE 標準曇天空（1955 年），CIE 標準晴天空（1973 年）がある。また現在，CIE 標準一般天空が策定作業中である。

最も頻繁に使用される CIE 標準曇天空では，高度 h の天空輝度 L_θ は，天頂輝度を L_z として，

$$L_\theta/L_z = (1 + \sin\theta)/3 \tag{4.30}$$

この輝度分布より全天空照度 E_s を計算すると，

$$E_s = 7/9 \, \pi \, L_z \tag{4.31}$$

したがって全天空照度 5,000 lx の暗い日を想定すると，天頂輝度は約 2,000 cd/m²，水平線方向の天空輝度は，その 3 分の 1 の約 700 cd/m² ということになる。

昼光の色は，直射日光と天空光では大きく異なる。直射日光の色は太陽高度によって変化し，高度 90 度で約 5,000 K（ケルビン）程度で，太陽高度が低くなるにつれて赤みを帯び，色温度が下がる。これは，高度が低く，透過する大気層が厚くなると，散乱によって短波長の光が大きく減衰することによる。天空光の色は天候や方位によって異なるが，最も色温度が高い晴天の北天で 12,300 K 程度，曇天空では 6,250 K 程度である。

b．人工光源

人工光源には表 4.2 に示すように，温度放射を利用した白熱電球，ハロゲン電球と，放電を利用した蛍光ランプ，HID ランプ，低圧ナトリウムランプがある。

白熱電球は，フィラメントと呼ばれるコイルに通電し，コイルが高温となることにより放出される可視光を利用するものである。一般照明用電球では，フィラメントが燃え尽きにくいように，真空とするかアルゴンガスを封入しているが，

表 4.2 主たる人工光源の性能

	白熱電球	蛍光ランプ	HID ランプ		
			蛍光（高圧）水銀ランプ	メタルハライドランプ	高圧ナトリウムランプ
発光	温度放射	ルミネセンス（低圧放電）	ルミネセンス	ルミネセンス	ルミネセンス
大きさ [W]	10〜2,000 一般には 30〜200	予熱始動形 4〜40 ラピットスタート形 20〜220 高周波点灯形 20〜80	一般には 400〜1,000	125〜2,000 一般には 250〜1,000	150〜1,000
効率 [lm/W]	良くない 10〜20	比較的良い 50〜90	比較的良い 40〜65	良い 70〜95	非常に良い 95〜140
寿命 [時間]	短い 1,000〜2,000	比較的長い 6,000〜12,000	長い 6,000〜12,000	比較的長い 6,000〜9,000	長い 9,000〜12,000
演色	良い	比較的良い 特に演色性を良くしたものもある	あまり良くない	良い	良くない 高演色形もある

ハロゲン電球ではハロゲン元素が封入され，長寿命，小型化が実現されている。

　放電を利用したランプは，放電によって電流が流れると光や紫外放射が発生することを利用したもので，放電を制御する安定器と呼ばれる回路が必要となる。

　蛍光ランプは，放電によって生ずる紫外線によって蛍光体を光らせるランプで，蛍光体を変化させることによって，さまざまな色温度（電球色，温白色，白色，昼光色など），さまざまな演色性（普通型，三波長形など）のランプを実現することができる。形状も直管形，環形，コンパクト形，電球形などがあり，安定器が内蔵されているものもある。また点灯方式には，最も一般的な予熱形，点灯が容易なラピッドスタート形，フリッカの少ない高周波点灯形がある。

　HIDランプ（高輝度放電灯）は，高圧水銀ランプ，メタルハライドランプ，高圧ナトリウムランプの総称で，これらのランプはそれぞれ，管内に封入された水銀，水銀と金属ハロゲン化物，ナトリウムが放電により可視光を発することを利用している。ランプ1個当りの光束が大きく，発光効率も高いという特徴があり，広い場所の照明に適している。

　低圧ナトリウムランプは，高圧ナトリウムランプと同様にナトリウムを発光させるが，低圧放電であるためオレンジイエローの単色光を放射する。この放射光が比視感度のピークに近い波長であるため，その効率は光源のなかで最も高い。しかし物体の色はまったく識別できないことから，主に道路照明やトンネル照明に使われている。

c．照明器具

　人工光源は照明器具に装着されたり，天井や壁に組み込まれたり（建築化照明という）して使用されるが，装着する器具の特性や建築への組込み方によって，空間への光の供給のされ方が異なる。

　照明器具が発する光の光度の空間的な分布を配光といい，図4.10のような配光曲線のグラフで表される。図は反射笠付き蛍光灯器具の鉛直断面配光曲線で，通常，このような鉛直断面の配光が極座標で表される。

　配光は，ランプより上方の光束と下方の光束との比率を基に表4.3のように分類される。作業面に発散光束のほとんどが直接到達するような配光を直接照明，ほとんどが上向きで，天井からの間接光で作業面を照明するものを間接照明という。それぞれの配光は，この直接照明，間接照明の比率が異なっている。

　照明器具には，天井から吊り下げられるペンダント形，机上や床に置かれるス

タンド形，天井などの表面に取り付けられた直付け形，天井などに埋め込まれた埋込み形やダウンライト形，壁に取り付けられたブラケット形などがある。一方，建築化照明は，光源となる照明器具が見えないように建築の内側に組み込んだ照明をいい，直接光ではなく，天井，壁，床などで反射した間接光が空間に供給され，空間の見え方や雰囲気をつくり出す。

4-4．光環境の設計

光環境のデザインでは，光を操作して目的や用途に合わせた空間の見え方や，空間内の物の見え方を調整するが，その光の操作とは，どのような光を，どのよ

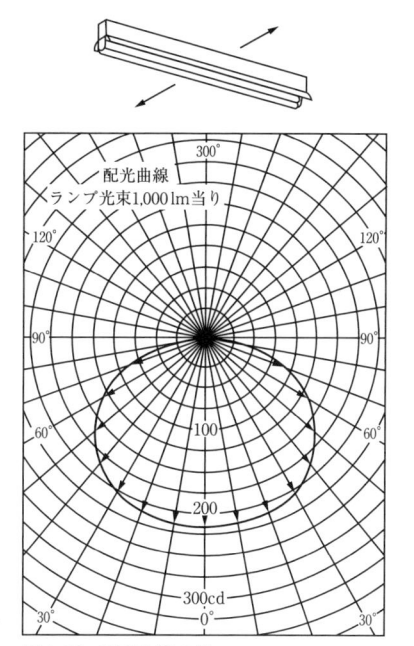

図 4.10　配光曲線の例

表 4.3　配光による照明器具の分類

直接照明器具	半直接照明器具	全般拡散照明器具	直接間接照明器具	半間接照明器具	間接照明器具
上向光束　0～10% 下向光束100～90%	上向光束10～40% 下向光束90～60%	上向光束40～60% 下向光束60～40%	上向光束40～60% 下向光束60～40%	上向光束60～90% 下向光束40～10%	上向光束90～100% 下向光束10～　0%

うな方向から，どれだけの量で供給するかを決定することである。

a．光源の決定

光環境を構成する光そのものの性質は，基本的には使用する光源によって決まる。その性質は，厳密には光の分光特性で表されるが，通常は光源の演色性と光色を検討すれば十分である。演色性とは，その光で照明された物体の色彩がどれだけ忠実に見えるか，あるいはその程度のことをいい，光色とは光の見かけの色のことをいう（第Ⅱ編 5 章参照）。一般的な空間では平均演色評価数（Ra）が 80

以上の光源が望ましく，光色の異なる光源を組み合わせる場合は注意が必要となる。

b．照明方式の決定

人工照明の照明方式には大きく全般照明と局部照明がある。全般照明は，照明範囲全体を一様に必要な明るさに照明する方法で，ベース照明とも呼ばれる。一方，局部照明は特定の場所や局部に高照度が必要な場合の照明方式である。また，空間全体に供給する環境照明（アンビエント照明）と，作業に必要なタスク照明に分けて照明を考える方式もあり，タスク・アンビエント照明と呼ばれる。

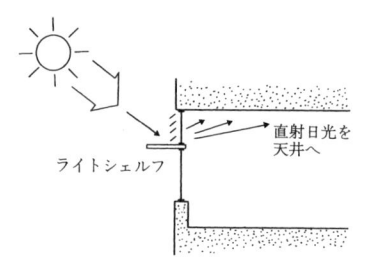

図4.11 ライトシェルフの概念

昼光照明では，通常は窓を通して昼光を空間内に導入する。窓の位置，形，大きさは重要で，天窓と側窓の違い，横長窓と縦長窓の違いなどによって，室内の照度や照度均斉度は大きく異なる。例えば，同じ大きさの窓であっても，天窓によってもたらされる机上面照度は，側窓の3倍程度にもなる。

窓面の内外にはいろいろな設備が付加される。窓の外側には庇やルーバーが，内側にはベネシャンブラインド，カーテン，紙障子などがしばしば置かれる。これら窓内外の諸設備と窓面を構成する材料により，光の広がり方，直射日光がそのまま入ってくるかどうか，窓外の景色がどのように見えるかなどが決定される。

昼光照明では直射日光を利用しないことが多い。しかし近年は，省エネルギーという観点から，直射日光を積極的に利用しようという試みもある。窓面のガラスに志向性ガラスブロックやプリズムガラスを使用したり，ベネシャンブラインドの羽根角を調整したりして，直射日光を室奥の天井面に反射させたり，庇の上面で反射させた直射日光を欄間から採光したり（ライトシェルフ，図4.11），グラスファイバーや，内面に反射鏡を貼ったライトダクト，あるいは鏡を組み合わせて光を室内に導くライトガイドなどを利用して，直射日光を室奥に導入することもしばしば行われるようになった。

c．光の量の計算

光の量を確保することは，特に明視の観点から重要である。与えられる光の量は照度を用いて表現することができるから，照度がまず光環境設計の指標とされ

4章 光の技術

表 4.4 各施設の所要照度

照度階級	事務所	工場	学校, 病院	商店	美術館, 博物館
2,000 lx	―	○検査 a ○設計 ○製図	―	○レジスター	―
1,000 lx	○設計 ○製図 ○タイプ ○計算 ○キーパンチ	事務室 a 営業室 製図室	○検査 b 設計室 製図室	○精密製図 ○精密実験 ○ミシン縫製	○包装台 ○エスカレーター乗降口	○彫刻（石，金属） ○造形物 ○模型
500 lx	待合室 食堂 エレベーターホール 娯楽室 守衛室	事務室 b 会議室 集会室 応接室	○検査 c 倉庫内の事務	教室 実験実習室 図書閲覧室 書庫 教職員室	○キーパンチ ○図書閲覧 ○黒板 製図室 被服教室	○院長室 医局 研究室 面会室 一般検査室	○剖検 ○かん介助 救急処置	○視診 ○注射 ○調剤 診察室 薬局	○休憩室 商談室 エレベーターホール	○彫刻（プラスター，木，紙） ○洋画 研究室 入口ホール
200 lx	書庫 講堂 食堂 エレベーター	電気室 出入口 廊下 階段 洗面所 便所	会議室 集会室 食堂 ロッカー室 昇降口 廊下 公仕室	生理検査室 調剤室	病室 X線室 物療室 麻酔室 薬品室 更衣室	洗面所 便所 階段 廊下	○絵画（ガラスカバー付） ○日本画 ○工芸品 ○一般陳列品 洗面所
100 lx	喫茶室 宿直室 更衣室		渡り廊下 倉庫 車庫		車寄せ 眼科暗室 病棟の廊下	カルテ室 宿直室		
50 lx	非常階段	非常階段 屋外動力設備	非常階段	動物室 暗室 非常階段		○はくせい品 食堂 廊下 階段 格納庫
20 lx	―	屋 外	―	―	―	―

備考：○印の作業の場所は，局所照明によって，この照度を得てもよい。

表 4.5 照明率表[2]

照明器具	配光曲線 (ランプ光束 1,000 lm)	保守率 器具間隔 最大量	反射率	天井	80%			70%			50%			30%		0%
				壁	50	30	10	50	30	10	50	30	10	30	10	0
				床	10%			10%			10%			10%		0
			室指数		照明率											
埋込み形 (下面プリズムパネル)		保守率 良 70 普通 65 不良 55 器具間隔 最大限 1.25 H	0.5 (I)		32	29	26	32	29	26	32	29	26	29	26	25
			0.8 (I)		39	35	32	38	35	33	30	34	32	34	32	31
			1.0 (H)		42	30	34	42	38	36	41	38	35	38	35	34
			1.25 (G)		45	42	39	46	42	40	45	41	39	41	39	33
			1.5 (F)		48	45	42	48	45	42	47	44	43	43	41	40
			2.0 (E)		52	49	47	52	40	47	50	48	46	47	46	43
			2.5 (D)		55	52	50	55	52	50	53	51	40	50	46	42
			3.0 (C)		56	54	52	56	54	52	55	58	62	52	51	49
			4.0 (B)		58	56	55	58	56	55	55	55	54	54	53	52
			5.0 (A)		59	58	56	59	58	56	59	58	53	55	55	53

る。

　人間の眼は順応などによって広い照度範囲でものを見ることができ，5 lx あれば 7 ポイントの活字を読むことができる。しかし，照度が上がれば視力は上がり，文字も楽に読めるようになることから，空間の目的に応じて必要な照度が推奨され，わが国では表 4.4 のような所要照度が JIS に規定されている。表の一番左に示された照度段階は公比が約 2 の等比数列になっているが，これは照度と感覚の間にはフェヒナーの法則が成り立つと考えられているからである。これらの所要照度が目安となって，設計照度が設定される。

　人工照明の設計で全般照明を行う場合，その平均照度が重要であることから，光束法と呼ばれる方法によって照度の計算を行う。

　光束法では室内作業面の平均照度 E [lx] は次式より計算される。

$$E = NFMU/A \tag{4.32}$$

　ここで，N はランプの総数，F はランプ 1 個当りの光束 [lm]，A は作業面面積で，通常床面積である。U は照明率で，

　　　$U =$ (作業面に到達する光束) / (光源から発する全光束)

と定義される。

　市販されている照明器具には，表 4.5 のような照明率表が与えられており，この表から，天井，壁，床の反射率と室指数に基づいて照明率を読み取る。照明率は照明器具の配光と効率，室内面の反射率，室の形により異なるが，室の形は室指数(k)という指数によって示されている。室指数は，室の間口と奥行を X, Y,

作業面から照明器具までの高さを H として次式で表される。

$$k = XY/(H(X+Y)) \quad (4.33)$$

M は保守率で，ランプを含む照明器具の清掃状況など維持管理の状態を示すが，この保守率のおおよその目安も照明率表に示されている。

計算の結果得られた室に必要とされるランプの総数と，表4.5に合わせて示された器具間隔の最大値から照明器具を等間隔に配置する。

昼光照明では，昼光光源が時間的な変動を伴うことから，照度を設定するような設計はむずかしく，これまでは下記のような昼光率(D)を用いて検討が行われてきた。

$$D = E/E_s \times 100 \quad (4.34)$$

表4.6 昼光率基準

作業または室の種別例	基準昼光率[%]	左の場合の昼光照度(lx)			
		明るい日	平生	暗い日	非常に暗い日
時計修理，昼光のみの手術室	10	3,000	1,500	500	200
長時間の裁縫，精密製図，精密工作	5	1,500	750	250	100
短時間の裁縫，長時間の読書，製図一般，タイプ，電話交換，歯科診察	3	900	450	150	60
読書，事務，診察一般，普通教室	2	600	300	100	40
会議，応接，講堂平均，体育館最低，病室一般	1.5	450	225	75	30
短時間の読書(昼間)，美術展示，図書館書庫，自動車車庫	1	300	150	50	20
ホテルロビー，住宅食堂，居間一般，映画館，休憩室，教会客席	0.7	210	105	35	14
廊下階段一般，小型貨物倉庫	0.5	150	75	25	10
大型貨物倉庫，住宅納戸，物置	0.2	60	30	10	4

ここで，E は対象となる点の照度，E_s は全天空照度である。

表4.6に示すのは，このようにして定義された昼光率の基準値である。これらの基準昼光率は，平生の明るさである15,000 lx の全天空照度が与えられたとき，表4.4の照度基準が満たされるように設定されている。

しかし近年，省エネルギーや地球環境問題などの点から昼光照明を積極的に利用する傾向にあり，昼光の変動を光センサーでとらえて人工照明を細かく制御する制御システムなどが工夫されている。今後は昼光照明設計においても，昼光率を介さず，照度そのものを使った設計が進められることになろう。その場合，昼光による照度をどのように設定するかが問題となるが，現在のところは，空調負荷計算用の気象データの天空日射量と直達日射量より，全天空照度と直射日光照度を推測するという方法が採られている。

d．光環境の質の確保

光の量が確保されていても，それだけでは良い光環境とはいえない。これまで

は，光の量が確保されていれば少なくとも明視性は確保されると考えられていたが，現在では，パソコンの画面のように光が供給され過ぎると逆に見えにくくなるものもあることから，もう一段の検討，例えばパソコン画面位置での鉛直面照度の検討が必要となっている。

そのうえ，光環境の評価は，①明視性の確保，②不快がないこと，③積極的な快適性，という三つの側面からトータルに考えられなければならない。この三つの側面のうち，不快がないこと，積極的な快適性を合わせて光環境の質という。あるいは，光の量以外の要素をすべて含めて光環境の質と呼ぶこともあり，この場合は演色性や光色といった光自体の特性も含まれている。

光環境の質で，まず検討する必要があるのは照明器具や窓からのグレアである。人工照明の設計では，室の用途に合わせたグレア分類の照明器具を選択することによって，グレアの程度を抑えることができる。

環境内の立体的な物体の見え方，例えば，表面のテクスチュアや凸凹などの立体的構成あるいは人の顔などの見え方は，光の方向性の強さによって大きく変化する。このような効果をモデリングというが，モデリングは鉛直面照度比やベクトル・スカラー比を用いて検討することができる。

空間から受ける印象は，空間を構成する面の明るさのバランスによって大きく

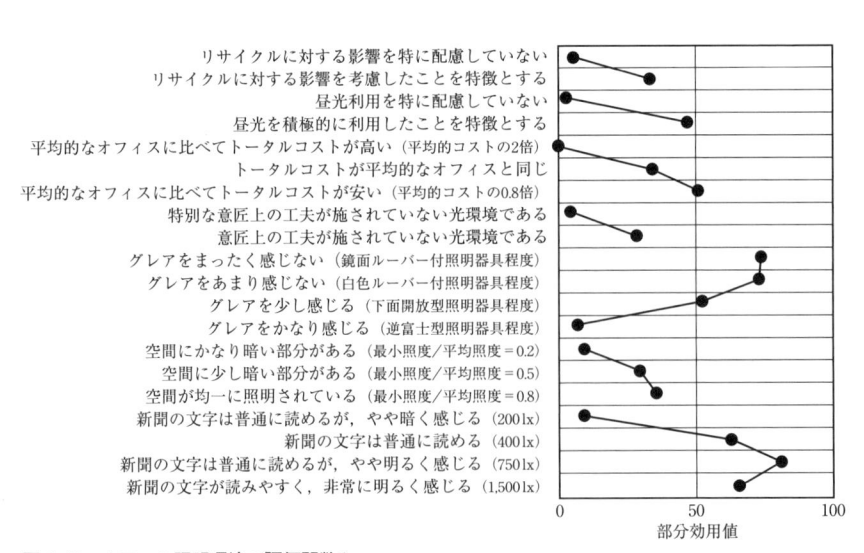

図4.12　オフィス照明環境の評価関数[3)]

異なる.例えば,不均一な明るさ分布をもつ空間は落ち着いた印象を受けるが,逆に活気のない印象を受けることもある.また,天井,壁,床がすべて十分明るいと浮遊感のような独特な印象を受ける.

　最近では,省エネルギーや地球環境問題との関係から,昼光の積極的な利用や,リサイクルの考慮が求められるようになった.このような点も,最近では,広い意味での光環境の質に含まれるようになりつつある.図4.12に示すのは,コンジョイント分析と呼ばれる方法を使って,光環境の設計で考慮する要素の重要性を比較した結果である.光環境の総合的な評価を考えると,光の量を確保するだけでは不十分であることがわかる.

参考文献・図表出典
1) 伊藤克三,大野治代:日本建築学会論文報告集,No.229,85 (1976)
2) 日本建築学会:設計計画パンフレット23,照明設計,彰国社
3) 照明学会編:オフィス照明の質的評価研究調査委員会報告書,2000年8月

●第 IV 編 —— 5 章
音の技術

5-1. 音の基本

a. 音の波形

太鼓の面がふくらむと近くの空気は密になり，次の瞬間面がへこむと近くの空気は疎になる。こうして太鼓の面の振動は空気の粗密の変化（音圧変化）の繰返しを生み，この音圧変化が周辺の空気中を伝わっていく。

図 5.1 の縦軸には場所 x_0 における時間 t による音圧 p の変化波形を，横軸には時刻 t_0 における x_0 からの距離 x による音圧 p の変化波形を示す。縦軸の波の山から山の時間が周期 T，1 秒間に繰り返される波の数が周波数 f，横軸の波の山から山の距離が波長 λ である。音の伝わる早さが音速 c であり，温度 t の関数として $c \fallingdotseq 331.5 + 0.6t$ で与えられ，常温では約 340 [m/s] である。波が x_0 で 1 回繰り返される間 T に，その波は 1 波長 λ 伝わる。このことから f 周期の間に波は c だけ伝わり，$f = c/\lambda = 1/T$ の関係がある。

人の耳が音として感じることができる音圧の範囲は 2×10^{-5} [Pa = N/m²] から 20 Pa であり，大気圧の 1,013 hPa に比べるとごく小さい。20 Pa の音でも 10 m の深さの水槽の表面を浮遊する高さ 2 mm の波に相当する程度である。

電気回路にたとえると，音圧 p は電圧に相当し，電力に相当するのが音の強さ I であり，$I = p^2/\rho c$ [W/m²] となり，1 秒間に 1 m² の断面を通過する音のエネルギーを示す。ρ は空気の密度，c は音速であり，ρc は空気の固有音響抵抗と呼ばれる。

図 5.2 は断面積 1 で長さ c の円筒に音が伝わる様子を示す。単位時間に流入した音の

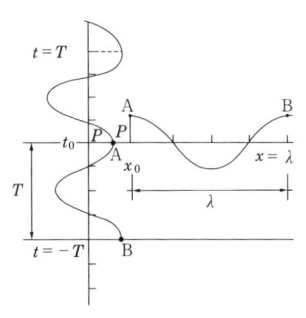

図 5.1　音圧 p の変化波形

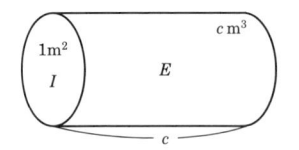

図 5.2　音の強さ I と音のエネルギー密度 E の関係

エネルギー I がこの筒（体積は c）を満たすことから，単位体積当りの音のエネルギーである音のエネルギー密度は $E = I/c = p^2/\rho c^2$ [J/m³] となる。

b. 実効値

図5.1のような音（純音）では，波の高さ P で音の大きさを示すことができるが，一般の音では波の高さが複雑に変化することから，実効値 p_e（RMS 値）を用いて，ある時間 T 内におけるエネルギー平均で音の大きさを示す。純音の場合，その実効値は $P/\sqrt{2}$ となる。

$$p_e = \sqrt{1/T \int p^2(t)\, dt} \quad [\text{Pa} = \text{N/m}^2] \tag{5.1}$$

c. デシベル

聞こえる音の大きさが音圧で 10^6，音の強さで 10^{12} の広い範囲にわたることから，これを対数圧縮して表現することが合理的である。基準値を定め，これとの比を対数で表現してレベルと呼んでいる。単位は dB を用いる。これは人が音を比べる場合，音の大きさそのものの差でなく，音の大きさの比が関係することとも符合する。

音圧レベル

$$L_p = 10 \log_{10} p^2/p_0^2 = 20 \log_{10} p/p_0$$
$$[\text{dB}]$$
$$p_0 = 2 \times 10^{-5} \quad [\text{Pa}] \tag{5.2}$$

音の強さのレベル

$$L_I = 10 \log_{10} I/I_0 \quad [\text{dB}]$$
$$I_0 = p_0^2/\rho c = 10^{-12} \quad [\text{W/m}^2] \tag{5.3}$$

音響エネルギー密度レベル

$$L_E = 10 \log_{10} E/E_0 \quad [\text{dB}]$$
$$E_0 = p_0^2/\rho c^2 = 2.94 \times 10^{-15} \quad [\text{J/m}^3] \tag{5.4}$$

これらの三つのレベルの値が平面波の場合には一致するように，基準値（p_0, I_0, E_0）を音の波形で述べた関係を用いて定めている。音圧レベルと音響エネルギー密度レベルとはほとんど

音の強さ [W/m²]	音圧レベル [dB]	音圧 [N/m²]	出力	パワーレベル [dB]
10^2	140	2×10^2	10kW	160
	134	10^2		
10	130	$20\sqrt{10}$	1kW	150
			100W	140
1	120	20		
	114	10	10W	130
10^{-1}	110	$2\sqrt{10}$		
			1W	120
10^{-2}	100	2		
	94	1	100mW	110
10^{-3}	90	$0.2\sqrt{10}$	10mW	100
10^{-4}	80	2×10^{-1}	1mW	90
10^{-5}	70	$0.02\sqrt{10}$	10^{-4}W	80
10^{-6}	60	2×10^{-2}	10^{-5}W	70
10^{-7}	50	$0.002\sqrt{10}$	10^{-6}W	60
10^{-8}	40	2×10^{-3}	10^{-7}W	50
10^{-9}	30	$0.0002\sqrt{10}$	10^{-8}W	40
10^{-10}	20	2×10^{-4}	10^{-9}W	30
10^{-11}	10		10^{-10}W	20
			10^{-11}W	10
10^{-12}	0	2×10^{-5}	10^{-12}W	0

図5.3 dB 尺度[1]

の音場で一致する。

音源が1秒間に放射する音のエネルギーを音響出力 W [W] といい，やはりレベル表示する。

音響パワーレベル

$$L_W = 10\log_{10}W/W_0 \quad [\text{dB}] \quad W_0 = 10^{-12} \quad [\text{W}] \tag{5.5}$$

図5.3は音圧レベルに対応する音の強さと音圧，パワーレベルと音響出力との関係を示す。

d．レベルの合成と分解

エネルギー密度とそのレベルが E_1, L_1, E_2, L_2, $\cdots$ E_n, L_n である n 個の音が同時に存在したときのエネルギー密度とそのレベルを（あるいは連続して n 個の音が発生した場合の全体のエネルギー密度とそのレベルを）E_t, L_t とする。音同士の干渉が無視できる場合はエネルギー加算の関係 $E_t = E_1 + E_2 + \cdots + E_n$ が成立し，また $L_n = 10\log_{10}E_n/E_0$ であるから $E_n/E_0 = 10^{Ln/10}$ となる。したがって，

$$E_t/E_0 = 10^{L1/10} + 10^{L2/10} + \cdots + 10^{Ln/10} \tag{5.6}$$

となり，合成した音のレベルは，

$$L_t = 10\log_{10}E_t/E_0 = 10\log_{10}$$
$$(10^{L1/10} + 10^{L2/10} + \cdots + 10^{Ln/10}) \quad [\text{dB}] \tag{5.7}$$

となる。2個の音が同じ大きさの場合 $L_t = 10\log_{10}2E_1/E_0 = L + 3$ となり，3 dB 音が大きくなり，10個の音が同じ大きさの場合 $L_t = 10\log_{10}10E_1/E_0 = L + 10$ となり，10 dB 音が大きくなる。

また，連続した n 個を平均した平均音響エネルギー密度のレベルは，

$$L_m = 10\log_{10}(10^{L1/10} + 10^{L2/10} + \cdots + 10^{Ln/10})/n \quad [\text{dB}] \tag{5.8}$$

となり，L_1, L_2, $\cdots L_n$ が騒音レベルの場合は等価騒音レベル（L_{Aeq}）となる。

ある対象の音（E_1, L_1）を測定しようとすると，それ以外の音（暗騒音 E_2, L_2）も同時に含めた値（E_3, L_3）を測定せざるを得ない。このとき対象音だけを取り出すには $E_1 = E_3 - E_2$ の関係を用いる。L_2 は対象音源の稼働を止めて得られる。

$$L_1 = 10\log_{10}E_1/E_0 = 10\log_{10}(10^{L3/10} - 10^{L2/10}) \quad [\text{dB}] \tag{5.9}$$

e．音の種類

音の波形は時間で複雑に変化（時間特性）していく。この変化はさまざまな周

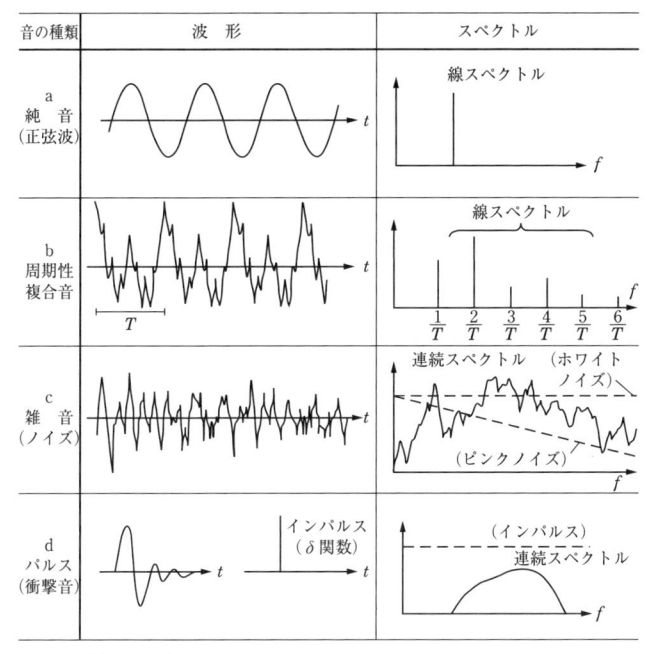

音の種類	波形	スペクトル
a 純音 (正弦波)	正弦波形	線スペクトル (単一の線)
b 周期性複合音	周期Tの複合波形	線スペクトル $\frac{1}{T}, \frac{2}{T}, \frac{3}{T}, \frac{4}{T}, \frac{5}{T}, \frac{6}{T}$
c 雑音 (ノイズ)	ランダム波形	連続スペクトル (ホワイトノイズ) (ピンクノイズ)
d パルス (衝撃音)	衝撃波形／インパルス (δ関数)	(インパルス) 連続スペクトル

図5.4 基本的な音の種類[1]

波数の音の複合(周波数特性,スペクトル)から生まれる.図5.4は代表的な種類の音の時間特性と周波数特性を示す.

音叉の音が純音であり正弦波を示し,一つの周波数からなる.楽器の音は周期的複合音で,一定の波形が周期的に繰り返される.これは繰返し周期の逆数を周波数 ($1/T$) とする基音と,その整数倍を周波数 (n/T) とする倍音が重ね合わさったものである.身のまわりにある音はほとんど雑音で,その波形には周期性もなく振幅もランダムに変化する.雑音の周波数特性は連続スペクトルとなる.物が衝突した音の波形は,ごく短い間だけ継続し衝撃音となる.衝撃音の継続時間を無限に短くしたものをインパルスという.

f. 周波数帯域

ある音の2倍の周波数をもつ音は,1オクターブ高い音といわれる.周波数 f_1, f_2 の二つの音の関係が $f_2/f_1 = 2^x$ となる場合,f_2 は f_1 より x オクターブ高い音ということになる.身のまわりにある音は可聴周波数範囲にわたって連続スペクトルをもつが,いくつかの周波数帯域(バンド)ごとの音圧レベルを求め検

	低音域				中音域		高音域			
中心周波数 f_c	31.5	63	125	250	500	1,000	2,000	4,000	8,000	16,000 [Hz]
切断周波数	22.5	45	90	180	355	710	1,420	2,840	5,600	11,200 22,000 [Hz]
f_l または f_h										

図 5.5　1/1 オクターブバンドの中心周波数 f_c と切断周波数 f_l, f_h の標準[2]

討することがよくある．各帯域の高音側の切断周波数 f_2 が低音側の切断周波数 f_1 より 1 オクターブ高い場合がオクターブバンド分析であり，各オクターブバンドごとに求めた音圧レベルがオクターブバンド音圧レベルである．オクターブバンドを代表する周波数が中心周波数であり，$f_m = \sqrt{f_1 f_2} = \sqrt{2f_1} = f_2/\sqrt{2}$ となる．緻密に分析する場合はオクターブをさらに三つに分けた 1/3 オクターブバンドごとに分析する．図 5.5 は標準的なオクターブバンドの中心周波数と切断周波数を示す．中心周波数 250 Hz のオクターブバンドまでが低音域，500 Hz と 1,000 Hz のオクターブバンドが中音域，2,000 Hz 以上のオクターブバンドを高音域と大きく区分して呼ぶこともある．

g．距離減衰

自由空間にあって，あらゆる方向に一様に音を放出している無指向性点音源から距離 d の位置での音の強さを I_d とすると，音源から単位時間に出た音響エネルギー（W）は半径 d の球面を単位時間に通過するエネルギーに等しくなることから，$W = 4\pi d^2 I_d$ の関係が成立し，$I_d = W/4\pi d^2$ となる．これから距離 d の位置での音をレベル表示（音圧レベル，音の強さのレベル，音響エネルギー密度レベル）すると，

$$L_p = L_w - 10 \log_{10} d^2 - 11 \quad [\text{dB}] \tag{5.10}$$

となる．無指向性点音源が地上に置かれている場合は $W = 2\pi d^2 I_d$ が成立し，

$$L_p = L_w - 10 \log_{10} d^2 - 8 \quad [\text{dB}] \tag{5.11}$$

となる．これらの式は，音源からの距離が 2 倍になると 6 dB 減衰すること（倍距離 6 dB 減衰）を示し，これを逆二乗則と呼ぶ．

線音源や面音源の場合は点音源の集合として計算する．長さ l の線音源の場合，音源からの距離が l/π までは倍距離 3 dB，それより離れると点音源とみなされ，倍距離 6 dB で減衰する．短辺 a，長辺 b の面音源の場合，音源からの距離が a/π までは距離減衰なし，b/π までは倍距離 3 dB，それより離れると点音源とみなされ，倍距離 6 dB で減衰する．

5-2. 吸音

a. 吸音率

図5.6に示すように、壁に入射した音のエネルギー（E_i）は、一部は反射され（E_r）、一部は壁内部で熱エネルギーとなって吸収され（E_a）、残りは壁の反対側に透過していく（E_t）。このとき、入射エネルギーに対して反射されなかったエネルギーの割合を壁面の吸音率（a）と呼ぶ。

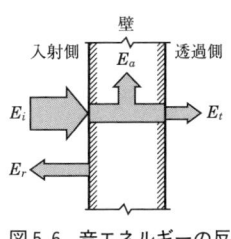

図5.6 音エネルギーの反射、吸収、透過[1]

$$a = (E_i - E_r) / (E_i) \tag{5.12}$$

硬いコンクリートの壁面は吸音率が0.0に近く、開放された窓面の吸音率は1.0となる。一般に吸音率は音の周波数と入射条件、材料、施工方法などによって変化するので注意が必要である。

b. 吸音機構

吸音材料は大きく多孔質材料、板状材料、孔あき板に分類できる。多孔質材料はグラスウールなどのような綿状の材料で、繊維の表面との摩擦によって音のエネルギーが熱エネルギーとなって吸音される。その吸音率は図5.7に示すように、周波数が高いほど大きくなる。

板状材料は合板、石膏ボードなどであり、これを剛壁から離して施工すると、板と背後空気層が共振系を形成し、その共振周波数に近い音が入射すると板は激しく振動し、板の内部損失や取付け部の摩擦抵抗によって音のエネルギーはやはり熱エネルギーに変換される。吸音率は図5.8のように、一般に低音

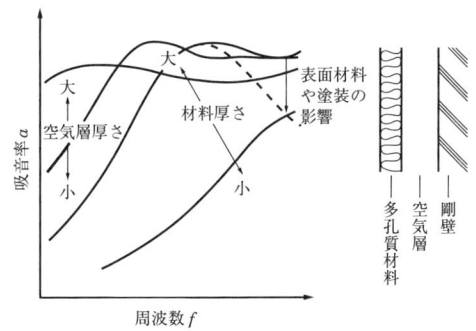

図5.7 多孔質材料の吸音特性の傾向[1]

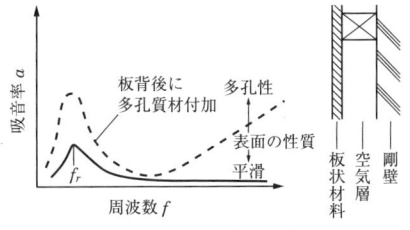

図5.8 板状材料の吸音特性の傾向[1]

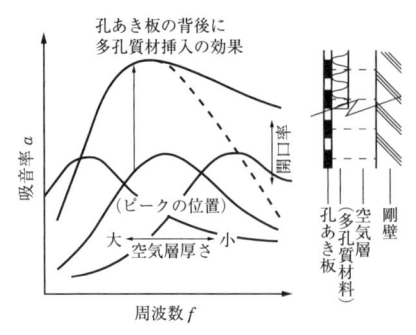

図 5.9 孔あき板の吸音特性の傾向[1]

域にある共振部分で大きくなる。

孔あき板は，硬質の板状に貫通孔を多数並べたもので，個々の貫通孔と背後空気層からなる共鳴系が形成される。図 5.9 は，その吸音率の傾向を示す。背後空気層の厚さを増すと吸音率の山の位置は低音に移動し，孔あき板の背後に多孔質材を入れると吸音の山が大きくなる。さらに開口率を大きくしていくと，山の位置より高音域での吸音率が増し，多孔質材料の特性に近づく。

c. 吸音力（吸音面積）と平均吸音率

室内においては，壁面に入射した音が吸音されるほか，室内の聴衆や椅子などの家具によっても吸音される。このような室内の吸音性能をすべて加算したものを総吸音力（A, $[m^2]$）と呼んでいる。個々の家具や聴衆の吸音力（吸音面積）を a_j，個々の壁の吸音率を α_i，面積を s_i とすると総吸音力（等価吸音面積）は，

$$A = \sum a_j + \sum s_i \alpha_i \quad [m^2] \tag{5.13}$$

となる。単位は建築音響の偉大な先駆者 W. C. Sabin に因み，セービンとも呼ぶ。この総吸音力を室内総表面積（$S = \sum s_i$）で割ったものを平均吸音率 $\overline{\alpha}$ としている。

$$\overline{\alpha} = A / \sum s_i \tag{5.14}$$

5-3. 遮音

a. 透過損失

先の図 5.6 に示すように，壁に入射した音のエネルギー（E_i）の一部は壁の反対側に透過していく（E_t）。このとき，入射エネルギーに対して透過されたエネルギーの割合を壁の透過率（τ）と呼ぶ。

$$\tau = E_t / E_i \tag{5.15}$$

この透過率の逆数は，音の透過に対する壁の抵抗の大きさを示すが，これを dB で表示したものを透過損失 TL [dB] と呼んでいる。

$$TL = 10 \log_{10}(1/\tau) \quad [dB] \tag{5.16}$$

透過損失の値は材料の質量，剛性，施工具合，音の入射方向や周波数などによ

って変化する。

b．質量則

音が壁に垂直に入射するとき，垂直入射の透過損失（TL_0, [dB]）は壁の面積当りの質量（m, [kg/m²]）と入射音の周波数（f, [Hz]）との積の対数に比例する。このことを遮音に関する質量則と呼んでいる。

$$TL_0 = 20 \operatorname{Log}_{10}(mf) - 42.5 \quad [\mathrm{dB}] \tag{5.17}$$

実際の室内では，音は壁にさまざまな方向から入射されるので，0度から78度の範囲での値を平均した値を音場入射透過損失（TL_f, [dB]）として用いている。

$$TL_f \fallingdotseq TL_0 - 5 \quad [\mathrm{dB}] \tag{5.18}$$

c．コインシデンス効果

壁の透過損失は質量則が基本であるが，壁の微小な曲げ振動（自由屈曲振動）が関与するコインシデンス効果によって，特に高域の周波数において質量則による値から低下する現象が生じる。これは図5.10に示すように，斜めから入射した音の壁面上で生じる音圧の山と谷と，壁が自由に屈曲する場合の曲げ振動の谷と山とが一致すると，壁が振動し，音のエネルギーが反対側に透過しやすくなるためである。このとき，壁の屈曲と一致する音のなかで，壁面に沿って入射する音の波長が最も長くなる，すなわち周波数が最も低くなる。この周波数を限界周波数（f_0, [Hz]）と呼び，透過損失の低下は，この周波数で顕著となる。

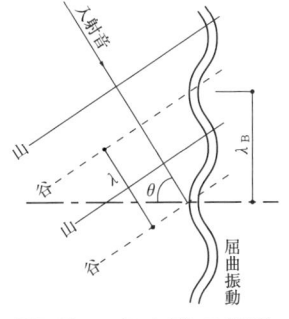

図5.10 コインシデンス効果[1]

d．二重壁の透過損失

同じ面密度をもつ二つの壁を密着して一つの壁にすると，面密度は2倍となり，質量則から透過損失は6dB大き

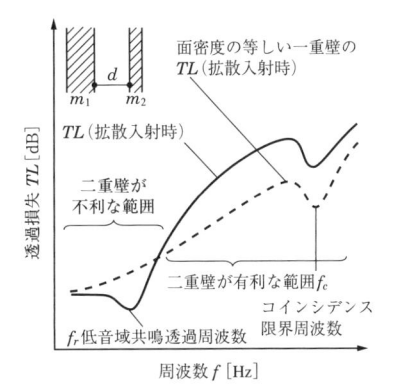

図5.11 中空二重壁の透過損失の一般的傾向[1]

なる。これに対し，二つの壁を理想的に独立して設けた場合，二つの壁による透過損失は，それぞれの透過損失の和になる。このことが間仕切りの軽量化による透過損失の低下を補うために二重壁を採用する理由であるが，実際には二つの壁は独立とはならない。図5.11は，空気層を間に置く中空二重壁の透過損失と，二つの壁の面密度の和と同じ面密度（$m_1 + m_2$）をもつ一重壁の透過損失を比較したものである。

低音域において，二つの壁が中空部分の空気（d）をばねとして共鳴するため，一重壁の透過損失より低下する。その周波数は低音域共鳴透過周波数と呼ばれ，次式で表される。d は空気層の厚み [m]，ρ は空気の密度 [kg/m³] である。

$$f_r = 1/2\pi \sqrt{\rho c^2/d \, ((m_1 + m_2)/m_1 m_2)} \quad [\text{Hz}] \tag{5.19}$$

二重壁の透過損失は，この f_r の約 $\sqrt{2}$ 倍の周波数近くで一重壁の透過損失と同程度になり，それより高い周波数域においては大きく上回り，中空壁の効果が顕著になる。しかし，さらに高音域になるとコインシデンス効果による透過損失低下が見られる。グラスウールなどの多孔質材料を中空部分に挿入すると，この落込みを緩和することができる。

e．総合透過損失

実際の建物では，間仕切り壁や外壁には窓や扉など異なる遮音性能をもつ部分がある。このとき，壁全体としての遮音性能は総合透過損失（$\overline{TL}$, [dB]）で示される。

$$\overline{TL} = 10 \log_{10} 1/\overline{\tau} \quad [\text{dB}] \tag{5.20}$$

$\overline{\tau}$ は平均透過率で，各部分の透過率を τ_i，透過損失を TL_i，面積を s_i とすると次のようになる。

$$\overline{\tau} = \sum s_i \tau_i / \sum s_i \tag{5.21}$$

τ_i は，$TL_i = 10 \log_{10} 1/\tau_i$ の関係を基に，$\tau_i = 10^{-TL_i/10}$ により求める。

例えば，大きさが 2 m × 5 m で，透過損失が 30 dB（透過率は 0.001）の防音窓を幅 10 cm だけ開けた（この部分の透過率は 1）とすると，この窓の平均透過率は $(9.8 \times 0.001 + 0.2 \times 1)/10 = 0.021$ で，総合透過損失は 17 dB となる。このように，壁あるいは境界全体の音を防ぐ能力は透過損失が低い部分や隙間の影響を大きく受けることになる。

5-4. 室内の音場と音響設計
a. 直方体室の固有周波数

距離が l_x である平行な剛な壁面間を音が往復するとき，l_x が半波長の整数倍となる定在波ができる。これは，ゴム紐の両端を固定し弾いたときにできる波形と同じである。これらの定在波の周波数を f_n とすると，$l_x = nc/2f_n$ であるから，

$$f_n = nc/2l_x \ (n = 1,\ 2,\ 3,\ \cdots\cdots) \quad [\text{Hz}] \tag{5.22}$$

となり，固有周波数という。$n = 1$ のときの値が基本周波数である。

剛壁に囲まれた直方体室では，上記の式を三次元に拡張した固有周波数の定在波ができる。室の幅，奥行，高さを l_x，l_y，l_z とすると，

$$f_n = \sqrt{(n_x c/2l_x)^2 + (n_y c/2l_y)^2 + (n_z c/2l_z)^2} \quad [\text{Hz}] \tag{5.23}$$

ただし，n_x，n_y，n_z は 0，1，2，3，……の値をとる。

上記の式は，f_n が三次元の直行座標における原点 $(0,\ 0,\ 0)$ から点 $((n_x c/2l_x),\ (n_y c/2l_y),\ (n_z c/2l_z))$ までの距離に相当することを示している。n_x，n_y，n_z は 0，1，2，3，……の値をとり，その組合せは無数で，固有周波数も無数に存在する。そこで，$(c/2l_x)$，$(c/2l_y)$，$(c/2l_z)$ を単位とするグリッド格子を図 5.12 のようにつくると，各節点が一つ一つの定在波に対応し，原点までの距離がその固有周波数になる。図において，x，y，z の各軸上の節点は一次元の定在波，(x, y)，(y, z)，(x, z) 面上の節点は二次元の定在波となり，他の節点は三次元の定在波となる。原点からの半径が f である球体の中に含まれる節点数は f^3 に比例することから，f 以下の固有周波数の数も f^3 に比例する。また，ある周波数 f 付近の固有周波数の密度は球の表面積上の節点数であり，f^2 に比例し，周波数が高くなると急速に密度は高くなる。

固有周波数の周波数軸上での密度分布は，室内音場の特性を左右し，ある周波数付近での密度が突出して高まると，その周波数が強調され歪んだ音になる。低音域になるほど固有周波数分布が疎らになるので，この傾向が強い。また，室の寸法が大きいほど固有周波数の密度は高くなるが，小さいとグリッドの単位が大きくなり，低音域での

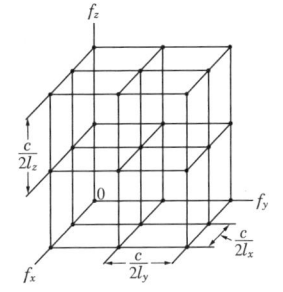

図 5.12 直方体室の固有振動を表す周波数空間

固有周波数が一層疎らになる。さらに，このような室の寸法を倍数比にすると，節点の位置は異なるが，原点までの距離は同じになり，特定の固有周波数に重なりができ，室全体が共鳴してブーンとなる。このような現象を縮退（ブーミング）と呼び，音響設計上避けなければならない。

b．室内音圧レベル分布

室内の音響エネルギー密度を E とすると，室内表面にはさまざまな方向から音が入射することから，単位時間に単位面積の室内表面に入射する音のエネルギーは $I_i = cE/4$ となる。垂直入射の場合は $I_i = cE$ である。

音源から単位時間に出た音響エネルギーを W とすると，定常状態では，このエネルギーは室内表面で吸収されるエネルギーと平衡している。したがって，$\bar{\alpha}$ を室内平均吸音率，S を総表面積とすると，$W = (cE/4)S\bar{\alpha}$ の関係から，

$$E = I/c = 4W/cS\bar{\alpha} = 4W/cA \quad [\text{J/m}^3] \tag{5.24}$$

となる。ここで I は音の強さ，A は総吸音力を示す。

音をレベル表示すれば，音響パワーレベルを L_w とすると次のようになる。

$$L_p = 10\log_{10} I/I_0 = 10\log_{10} W/10^{-12} + 10\log_{10}(4/A)$$
$$= L_w + 10\log_{10}(4/A) \quad [\text{dB}] \tag{5.25}$$

この式によれば，室内の総吸音力が2倍になると室内の平均音圧レベルは3dB減衰する。

上式は，室内の音圧レベルが室内で一様であることを前提にしているが，実際の講堂などでは前方の席は音が大きく後方では小さい。これは拡散音は室内で一様となっているが，音源からの直接音が音源から距離が離れると小さくなるためである。そこで，点音源から距離 d にある受音点での音のエネルギーを音源からの直接音のエネルギー（E_d）と拡散音のエネルギー（E_r）に分離して検討する。直接音のエネルギー密度は距離減衰の式から $E_d = I_d/c = W/4\pi d^2 c$ となる。拡散音のエネルギーは，音源から出た音響エネルギーが一度壁面で反射された後，室内に一様に拡散されたものであり，$W(1-\bar{\alpha}) = (cE_r/4)S\bar{\alpha}$ の関係から $E_r = 4W(1-\bar{\alpha})/cS\bar{\alpha}$ となる。こうして受音点でのエネルギー密度は，

$$E = I/c = W/c\,(1/4\pi d^2 + 4(1-\bar{\alpha})/S\bar{\alpha})$$
$$= W/c\,(1/4\pi d^2 + 4/R) \quad [\text{J/m}^3] \tag{5.26}$$

となり，同じようにレベル表示すれば，室内音圧レベル L は

$$L = 10\log_{10} I/I_0 = L_w + 10\log_{10}(1/4\pi d^2 + 4/R) \quad [\text{dB}] \tag{5.27}$$

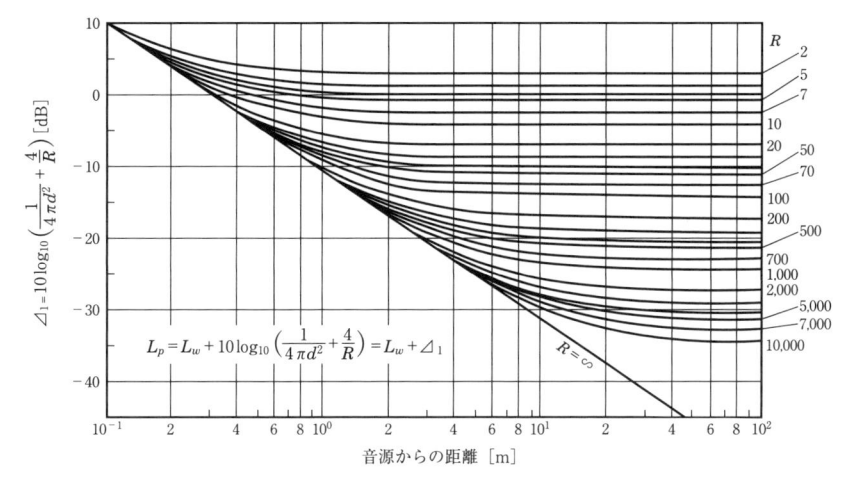

図 5.13 室常数 R と室内音圧レベル[1]

となる。（ ）内の第 1 項は直接音，第 2 項は拡散音によるものである。ここに $R = S\bar{a}/(1-\bar{a})$ は室定数と呼ばれ，室の吸音性能を示す。自由音場（平均吸音率が 1.0）では無限大となり，平均的なオーディトリアムでは 4,000 から 5,000 m² となる。図 5.13 は，さまざまな室定数をもつ室において音源からの距離減衰を示している。

c. 残響時間

室内の残響感を示す重要な指標として残響時間がある。室内で一定の音を発生させ，定常状態にあるとき音源を止めると室内には響きが残る。これを残響といい，徐々に減衰していく音響エネルギー密度が定常状態の音響エネルギー密度に対して $1/10^6$（-60 dB）になるまでの時間を残響時間 T [s] という。

Sabin はさまざまな室内の残響時間の実測から，残響時間 T が室の容積 V に比例し，総吸音力 A ($= S\bar{a}$) に反比例することを見つけ，次の基本的な残響公式を導いた。

$$T = 0.161 V/A \quad [\text{s}] \tag{5.28}$$

Eyring は残響を，音源を停止すると室内の壁の近傍から無限遠までにある無数の虚音源（鏡像）も同時に停止し，それらからの音が受音点に時間遅れで次々と伝わってくる現象ととらえ，S を室内総表面積，$\bar{a}$ を平均吸音率とする次の残響公式を導いた。

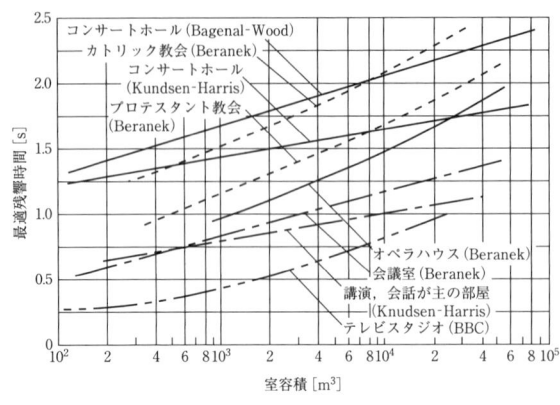

図 5.14 500 Hz の最適残響時間と室容積[1]

$$T = 0.161\,V / (-S \log_e (1 - \overline{\alpha}))\quad [\text{s}] \tag{5.29}$$

平均吸音率 $\overline{\alpha}$ が 0.2 以下であれば Sabin の式は Eyring の式とほぼ同じ値になるが，0.2 以上となると誤差が生じる。

Knudsen は，さらに音が室内を伝播するときに空気によって吸収されることを考慮し，m を空気による音の減衰率とする次の残響公式を導いた。

$$T = 0.161\,V / (-S \log_e (1 - \overline{\alpha}) + 4mV)\quad [\text{s}] \tag{5.30}$$

m は，音の周波数が 1，2，4 kHz では，それぞれ 0.001，0.002，0.006 となるので，大容積の空間では無視できない。しかし大容積でも低音域や中規模程度以下の場合は，その影響を無視して $m = 0$ とすると Eyring の式 と一致する。

図 5.14 は，室の使用目的と室の大きさによって好まれる残響時間（最適残響時間）を 500 Hz について示す。コンサートホールなど音楽の聴取を目的とする室では比較的長い残響時間が好まれ，その周波数特性は 500 Hz より低音域で，やや長めの特性が望まれる。講演を目的とする室の最適残響時間は会話の明瞭性を重視するため短めである。

d．第一次反射音

ホールなどでの音量感を増すには直接音に続く袖壁や天井からの第一次反射音が必要である。図 5.15 に示すように約 30 ms 以内の第一次反射音が有効に寄与する。逆に 50 ms 以上遅れてくる大きな反射音は音が分離して聞こえ，音響障害の一つであるエコー（ロングパスエコー）となるので注意が必要である。ホール等では適切な時間内に到達する有効な第一次反射音が室内全体に行き渡るように，

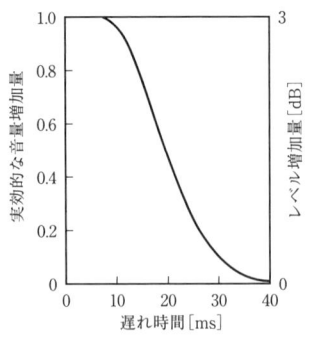

図 5.15 二つの短音の時間遅れと実効的な音量増加（山本）

平面形，断面形などの室形の検討，袖壁や天井の傾斜を工夫することが重要である。図 5.16 はホールの断面形の検討例である。

e．**室形と音響障害**

室形によっては音楽や会話の受聴に差障りが生じる音響上の障害が発生し，音響設計にあたっては事前に十分検討し避ける必要がある。先に述べた小室での縮退によるブーミングもその例で，部屋の寸法比が倍数比にならないよう注意が必要である。

50 ms 以上遅れてくる反射音は音が分離しエコーとなる。この時間差を直接音と反射音の伝播距離にすると 17 m の差に相当する。図 5.17 はエコーの発生しやすい反射壁面の例を示す。エコー発生の可能性がある壁面の処理は拡散処理や吸音処理を組み合わせて行う。

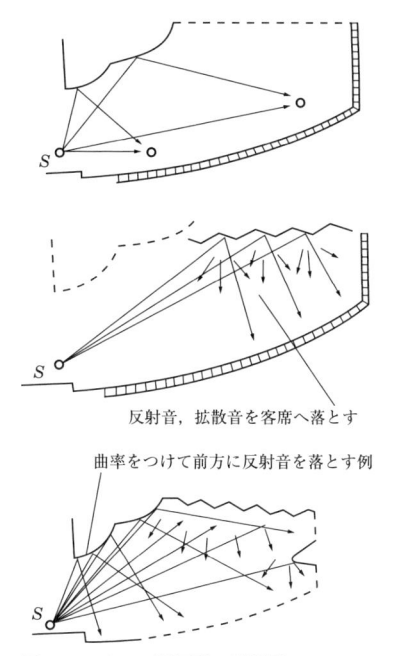

図 5.16 ホール断面形の検討例[1]

反射音，拡散音を客席へ落とす
曲率をつけて前方に反射音を落とす例

短い音を出した場合に特定の壁面間で音の多重反射が生じ，耳にプルプル，ピチピチという音が残る現象をフラッターエコーという。反射性の大凹面の天井をもつ体育館の中央付近で床と天井の間で，いつまでも反射が繰り返される場合などである。小さな室でも生じる可能性があるので，室形や吸音材の配置に注意が必要である。図 5.18 はフラッターエコーの生じやすい室形の例を示す。

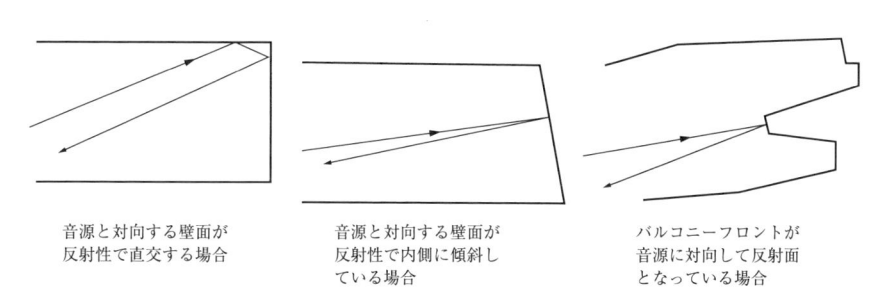

音源と対向する壁面が反射性で直交する場合

音源と対向する壁面が反射性で内側に傾斜している場合

バルコニーフロントが音源に対向して反射面となっている場合

図 5.17 エコーの発生しやすい反射壁面の例[1]

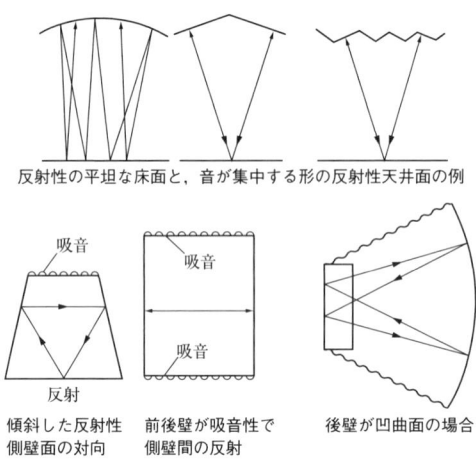

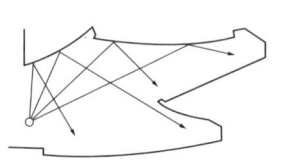

図5.18　フラッターエコーの発生しやすい室形の例[1]

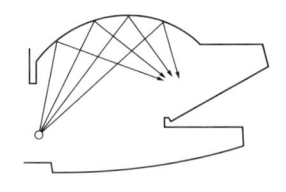

図5.19　音の焦点[1]

ドーム状の凹曲面の反射性の面に音が当たると，凹曲面の焦点となる付近に反射音が集中し，そこから外れた場所では音が極度に小さくなる現象が生じることがある。そのため凹曲面を極力避けるよう心掛けるべきである。図5.19は音の焦点を模式的に示す。

f．室内音響設計

室内音響計画を進めるにあたって最も重要な必要条件は，室内外からの騒音が許容値以下に防止されていることである。そのうえに立って，室内音響設計は次の条件を満たすように進めていく。

表5.1　1席当りの客席部室容積[1]

条件		標準	実　例	
1席当りの室容積 $[m^3]$ （舞台を除く）	コンサートホール	8-12	ムジークフェライン(Wien)	8.9
			カーネギーホール(New York)	8.8
			ベルリンノイエフィルハーモニー(Berlin)	12.0
			デデーレン(Rotterdam)	12.0
	多目的ホール	6-8	東京NHKホール	6.9
			東京文化会館大ホール	7.4
	オペラハウス	6-8	ウィーン国立歌劇場(Wien)	5.5
			ドイツオペラハウス(Berlin)	8.0
			メトロポリタンオペラハウス(New York)	6.5
	邦劇場	5-6	東京国立劇場大劇場	5.2
	講　堂	4-5	東京日生劇場	4.5

①室内全体にわたって十分な音量で，話し声なども明瞭に聞き取れること。
②エコーやブーミング，音の焦点と死点などの音響障害がないこと。
③使用目的と室容積に適した響きを有すること。

①については第一次反射音，室内音圧分布の検討，②については室形の検討，③については残響時間の検討が中心課題となるが，室の主たる使用目的をしっかりと把握し，その種類によって設計上の着目点が異なることを理解したうえで設計を進めていく（p.149参照）。例えば，音楽を主したコンサートホールでは，豊かな残響時間とするために十分な室容積を確保しておく。表5.1は各使用目的別の1人当りの推奨室容積を示す。音楽を中心としたコンサートホールでは10 m^2/人程度，多目的ホールでは6〜8 m^2/人，講堂では4〜6 m^2/人が推奨値である。これらの室容積が確保してあれば無理なく最適な残響時間を得ることができる。また，表5.2は，使用目的別の室内の平均吸音率を示す。平均吸音率は反射性の室で0.20〜0.25，一般の室で0.25〜0.35の範囲で計画することが望ましい。室容積が適切に確保されていれば，これらの値で最適残響時間が得られる。

天井高が高く，室容積の大きい体育館は硬い内装が多く，残響過多になりやすいため，吸音対策や広い床を経由したフラッターエコーの対策の検討が中心となる。小さい室では縮退によるブーミング対策のため室の寸法が倍数比にならないような室形の検討や吸音材の配置計画が中心となる。

5-5．建物内外での音環境計画

a．騒音の基準

わが国では環境基本法16条において，人の健康の保護し，および生活環境を保全するうえで維持されることが望ましい基準として，大気の汚染，水質の汚濁，土壌の汚染および騒音に係る環境基準を定め，行政上の政策目標としている。すなわち，終局的に大気，水，土壌，騒音をどの程度に保つことが望ましいかを示している。もちろん，環境基準は現に得られる限りの

表5.2　室の使用目的と平均吸音率[1]

	室の使用目的	平均吸音率
ホール	コンサートホール	0.20〜0.23
	オペラハウス	0.25
	劇場	0.30
	講堂	0.30
	多目的ホール	0.25〜0.28
スタジオ	ラジオ用音楽スタジオ	0.25
	ラジオ用一般スタジオ	0.25〜0.35
	ラジオ用アナウンススタジオ	0.35
	テレビスタジオ	0.40
	録音スタジオ	0.35
その他	音楽鑑賞用リスニングルーム	0.25
	居間兼用リスニングルーム	0.30
	学校教室	0.25〜0.30
	会議室	0.25〜0.30
	事務室	0.30
	宴会場，集会場	0.35
	体育館	0.30

科学的知見を基礎に定められているものであり，常に新しい科学的知見の収集に努め，適切な科学的判断が加えられ，必要な改定がなされなければならない。

騒音に係る環境基準の改定作業がなされ，表5.3（一般地域）と表5.4（道路に面する地域）のように平成10年9月告示され，厳しい議論[*1]にさらされるなかで平成11年4月から施行された。騒音の評価手法は，中央値（L_{50}）から国際的に広く用いられている等価騒音レベル（$L_{Aeq,T}$）に変更され，時間の区分ごとの全時間を通じた等価騒音レベルによって評価することを原則としている。

一般地域における騒音に係る環境基準の適合状況は，平成12年度調査において地域の騒音状況をマクロに把握する地点で72.8％，騒音に係る問題を生じやすい地点等で67.3％となっている。道路に面する地域では，平成12年度調査に

表5.3 騒音に係る環境基準

地域の類型	基準値	
	昼間	夜間
AA	50デシベル以下	40デシベル以下
AおよびB	55デシベル以下	45デシベル以下
C	60デシベル以下	50デシベル以下

注）
1. 時間の区分は，昼間を午前6時から午後10時までの間とし，夜間を午後10時から翌日の午前6時までの間とする。
2. AAを当てはめる地域は，療養施設，社会福祉施設等が集合して設置される地域など特に静穏を要する地域とする。
3. Aを当てはめる地域は，もっぱら住居の用に供される地域とする。
4. Bを当てはめる地域は，主として住居の用に供される地域とする。
5. Cを当てはめる地域は，相当数の住居と併せて商業，工業等の用に供される地域とする。

表5.4 騒音に係る環境基準（道路に面する地域）

地域の区分	基準値	
	昼間	夜間
A地域のうち2車線以上の車線を有する道路に面する地域	60デシベル以下	55デシベル以下
B地域のうち2車線以上の車線を有する道路に面する地域およびC地域のうち車線を有する道路に面する地域	65デシベル以下	60デシベル以下

備考　車線とは，1縦列の自動車が安全かつ円滑に走行するために必要な一定の幅員を有する帯状の車道部分をいう。この場合において，幹線交通を担う道路に近接する空間については，上表にかかわらず，特例として右表の基準値の欄に掲げるとおりとする。

基準値	
昼間	夜間
70デシベル以下	65デシベル以下

備考
個別の住居等において騒音の影響を受けやすい面の窓を主として閉めた生活が営まれていると認められるときは，屋内へ透過する騒音に係る基準（昼間にあっては45デシベル以下，夜間にあっては40デシベル以下）によることができる。

[*1] 例えば，朝日新聞一連記事（1999.2.1−2.5），社説（新騒音基準：原点に戻って練り直せ，1999.2.2）

おいて基準値を超過していた測定地点は 61.9%，基準値を超過していた住居等は 23.1% となっており，道路交通騒音が厳しい状況にあることを示す。

この環境基準は，航空機騒音，鉄道騒音および建設作業騒音には適用されないが，航空機騒音に係る環境基準，新幹線鉄道騒音に係る環境基準が別に定められ，工場，建設作業や自動車騒音等に関しては騒音規制法による排出基準が定められている。

以上の環境基準等は，主要道路の近接空間における特例を除いて，屋外における測定値であるが，建物の騒音防止設計の目標値としては，室の種類や用途別に建物内部の騒音基準が表 5.5 のように推奨されている。

b．騒音の防止設計

音には，これまで述べてきたような音源から空気中に放出された音のエネルギーが空気中を伝わっていく空気伝播音（空気音）と固体の中を振動として伝わっていく固体伝播音（固体音）がある。設備機器類の振動や落下などによる衝撃が建築物の床や壁に直接加えられると，それらの部位が振動し，その振動エネルギーは建物内の床，壁，柱，天井などを伝わっていくのが固体伝播音である。天井，壁などに伝わってきた固体伝播音は室内の空気を励振し，音となって放射され問題を引き起こす。

隣室での人の会話が聞えたり，道路周辺で騒音が広がっていくなどは空気伝播音の問

表 5.5　建物内部の騒音基準[1]

建築物	室用途	騒音レベル[dB]		
		特急	標準	許容
集合住宅	居　室	30	35	40
ホテル	客　室	35	40	45
事務所	一般事務室	40	45	50
事務所	会議室，応接室	35	40	45
学　校	普通教室	35	40	45
病　院	病室(個室)	35	40	45
戸建て住宅	寝　室	30	35	40
コンサートホール，オペラハウス		25	30	35
劇場，多目的ホール		30	35	40
録音スタジオ，ラジオスタジオ		25	30	35
テレビスタジオ		30	35	40

室の種類	NC 値
放送スタジオ	NC 15〜20
音楽堂	NC 15〜20
劇場(500 席，拡声装置なし)	NC 20〜25
音楽室	NC 25
教室(拡声装置なし)	NC 25
テレビスタジオ	NC 25
アパート，ホテル	NC 25〜30
会議場(拡声装置付)	NC 25〜30
家庭(寝室)	NC 25〜30
映画館	NC 30
病　院	NC 30
教　会	NC 30
裁判所	NC 30
図書館	NC 30
料理店	NC 45
運動競技場(拡声装置付)	NC 50

題である．集合住宅における階上での歩きや子どもの飛び跳ね，便所，浴室や台所の給排水，物の落下が下の階で騒音となる床衝撃音，送風機やエレベーターなどの建築設備の稼働による振動が建築構造体を伝わり，騒音となって問題を引き起こすなどが固体伝播音の問題である．地下鉄など建物外の振動源から地盤を経て建築物に伝播した固体音が室内で問題になる場合もある．

騒音防止にあたっては，まず問題となっている対象が空気伝播音であるか固体伝播音であるかを区別することが重要である．

表5.6は，騒音防止の視野と重点を騒音源別，室用途別，建物別に，音が発生し伝わり受聴されていく経路に沿ってまとめたもので，特に固体伝播音の場合，伝播中の減衰が少なく，まず構造体に振動を伝えない方策が重要になってくる．

表5.6 騒音源別，室別，建物別の騒音防止計画の視野と重点[1]

問題点／対策方法		音源側					伝播系										受音側			
		種別		対策方法			外部対策			建物対策			部分的対策					許容値			
騒音源建物など		空気伝播音	固定伝播音	出力低減	音質調整	時間調整	距離減衰	遮へい減衰	地域計画	配置計画	平面計画	構造計画	外壁の遮音	内壁の遮音	室内の吸音	発生源防振	室などの防振	可聴限界	うるささ	信号雑音比	聴力障害
騒音源の種類	外部騒音源	航空機，空港	◎	◎	◎	△	◎	◎	◎		◎	○					○	◎	○
		道路，高速道路	◎	○	◎	○	◎	◎	◎		◎	○					○	◎	△
		鉄道，地下鉄	◎	○	○		○	○	○		◎	△		○			○	◎	○
		工事，作業	◎	○	○	○	○	△	○	○	◎	△					○	◎	○
		屋外施設，屋外設備	◎	△	○	○	△	△	○	○	◎	△			△	△	○	◎	○
	内部騒音源	空調機械関係室	◎	◎	○	○				○	○	○		◎	△	◎	◎	○	○
		給排水関係室	△	◎	○					○	○	△		◎	△	◎	◎	○	○
		受変電関係室	○	○	○	○				○	○	△		○	△	○	◎	○	○
		エレベーター室	○	◎	△						○	△		○	△	◎	◎	○	
		特別教室，工作室	◎	○	○	△	△	△	◎		○	△		○	△		◎	◎	
受音側の特性	居室	一般事務室	○		△	△		△		○	○	△	○	△	○		△	○	○
		会議室，教室	○		△	△		△		○	○	△	○	○				○	○
		居間，寝室	○	○		△		△		○	○	△	○	○				○	○
		スタジオ，ホール	◎	○	△			△		◎	◎	△	◎	△		○	◎	△	○
		検査室，実験室	◎	○		△		△		○	○	△	○	△		○	◎	○	○
	建築物	工場建築	○	○	◎	○	◎	◎		○	○	△	○	○		○		○	◎
		商業建築	○	△	○	○	△	△		○	○	△	○	△				◎	
		病院建築	○	○	△	△	△	△		◎	○	△	○	△	△		○	◎	○
		ホテル	○	○	△	△	△	△		○	○	△	○	○				◎	○
		学校建築	◎	○	△	△	△	△		◎	○	△	○	○	△			◎	○
		戸建て住宅	◎	○	△	△	△	△		○	○	△	○	○	△			◎	○
		集合住宅	◎	◎	△	△	△	△		○	◎	△	◎	◎	△	○		◎	○
		公会堂建築	◎	○	×	×	△	△	△	◎	◎	△	◎	△		○		◎	

凡例　◎：特に考慮すべきもの　　○：考慮すべきもの　　△：副次的に考慮を扱うべきもの　　×：不可能なもの

c. 遮音の基準

図5.20のようにAとBの二つの部屋が音の透過率τ（透過損失TL），面積Fの間仕切り壁によって接しているとき，音響パワーレベルL_wの音源があるA室と受音側のB室における吸音力，平均エネルギー密度，平均音圧レベルをA_1, E_1, L_1とA_2, E_2, L_2とする。A室から間仕切り壁に入射する音のエネルギーは$cE_1F/4$となり，壁を透過してB室に侵入するエネルギーは$cE_1F\tau/4$となる。これとB室の壁で吸収される音のエネルギー$cE_2A_2/4$とがバランスする。したがって，$E_1/E_2 = 1/\tau \cdot A_2/F$となり，これをレベル表現すると，

$$L_1 - L_2 = 10\log_{10}(E_1/E_2) = 10\log_{10}(1/\tau) + 10\log_{10}A_2/F$$
$$= TL + 10\log_{10}A_2/F \quad [\text{dB}] \tag{5.31}$$

の関係式が得られる。

また，式(5.25)より$L_1 = L_w + 10\log_{10}(4/A_1)$の関係があるので，

$$L_2 = L_w - TL - 10\log_{10}A_1A_2/F + 6 \quad [\text{dB}] \tag{5.32}$$

となる。受音室の音の大きさを下げるには壁の透過損失を大きくするとともに，両室の吸音力を増すことが寄与する。

$L_1 - L_2$を室間平均音圧レベル差と呼び，中心周波数が125 Hzから4,000 Hzまでの六つのオクターブバンドごとに求め，図5.21の5 dBごとの基準折れ線図に当てはめ，壁の空気伝播音に対する遮音等級（D値）を定め，表5.7を用いて評価する。D値が大きいほど遮音性能は良くなる。

一方，床衝撃音に対しては上階の床に置いた標準衝撃源の衝撃により直下室内で発生した騒音のオクターブバンド音圧レベルを測定し，図5.22の5 dBごとの基準折れ線図に当てはめ，床衝撃音に対する遮音等級（L

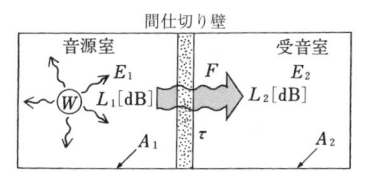

図5.20 隣室間の遮音[2]

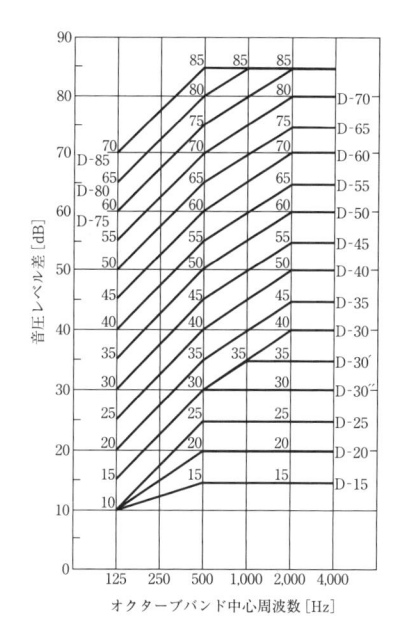

図5.21 音圧レベル差の遮音等級[1]

表5.7 室間音圧レベル差の適用等級とその意味[1]

建築物	室用途	部位	適用等級			
			特級(特別仕様)	1級(標準)	2級(許容)	3級(最低限)
集合住宅	居室	隣戸間界壁 〃 界床	D-55	D-50	D-45	D-40
ホテル	客室	客室間界壁 〃 界床	D-50	D-45	D-40	D-35
事務所	業務上プライバシーを要求される室	室間仕切り壁 テナント間界壁	D-50	D-45	D-40	D-35
学校	普通教室	室間仕切り壁	D-45	D-40	D-35	D-30
病院	病室(個室)	〃	D-50	D-45	D-40	D-35
戸建て住宅	プライバシーを要求される場合の寝室, 個室等	自宅内間仕切り壁	D-45	D-40	D-35	D-30
特級(特別)	学会特別仕様	遮音性能上非常にすぐれている。	特別に遮音性能が要求される使用状態の場合に適用する。			
1級(標準)	学会推奨標準	遮音性能上好ましい。	通常の使用状態で使用者からの苦情がほとんど出ず, 遮音性能上の支障が生じない。			
2級(許容)	学会許容基準	遮音性能上ほぼ満足し得る。	遮音性能上の支障が生ずることもあるが, ほぼ満足し得る。			
3級(最低限)	—	遮音性能上最低限度である。	使用者からの苦情が出る確率が高いが, 社会的・経済的制約などで許容される場合がある。			

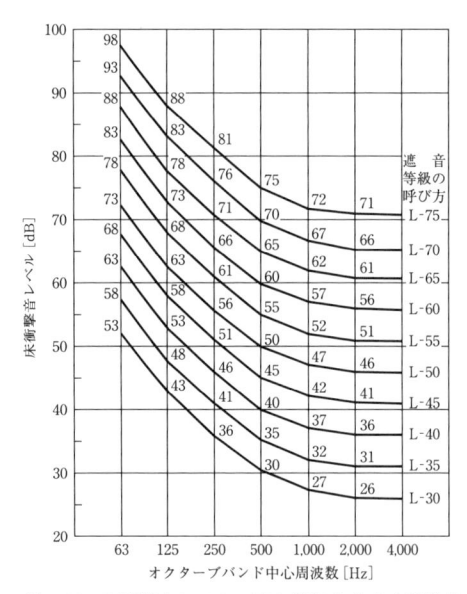

図5.22 床衝撃音レベルの遮音等級を求める基準曲線[1]

値)を定め, 表5.8を用いて評価する。L値が小さいほど遮音性能は良くなる。

d. 最近の話題

● コンサートホールの総合評価[*2]

Beranekは世界中の代表的なコンサートホールやオペラハウスについて, 音質に係る物理量を総合する評価方法により採点し, 音楽家や評論家の判定によく一致したと主張している。このように, 最終的には人によってどのように総合評価されるのであろうかを人の心理評価構造の仕組みから解明

表5.8　床衝撃音レベルの適用等級（日本建築学会基準）[1]

建築物	室用途	部位	特級 (特別仕様)	1級 (標準)	2級 (許容)	3級 (最低限)
集合住宅	居室	隣戸間界床	L-40 L-45*	L-45 L-50*	L-50,55	L-60
ホテル	客室	客室間界床	L-40 L-45*	L-45 L-50*	L-50 L-55*	L-55 L-60*
学校	普通教室	教室間界床	L-45,50	L-55,60	L-65 L-70*	L-70 L-75*

*印は重量衝撃源のみに適用

したり，関連物理量の組合せにより推測しようとする試みは魅力あるものである。しかし，好みを評価するに当たっては必ず個人差の問題に行き着くことになる。

● オープンプラン型教室

多様な教育方法，指導形態に対応する自由度の高い学習空間とするため，オープンプラン型教室が広まっているが，授業活動の展開で発生する音が大きな問題となっている。新しい意欲的な試みに伴って生じる負の課題はいつの時代にも存在する。これを解決していくためには，音響技術的な面だけでなく，空間の適切な運用，教育空間の静かさに対する意識の向上，建築設計者の音環境に対する事前の十分な配慮が求められる。

● 高齢社会*3

人は年齢とともに音の聞えの程度は悪化し，それに伴うトラブルも多い。平成22年には65歳以上の人口は日本全体の20%を超え，さらにふえていくことを考慮すると，高齢者のための音環境のあり方について，健常者を対象とする視点から歩を進めておくべきであろう。また，これらの配慮は若年者にとっても一段と良好な環境を創ることになる。

● 視覚障害者

目からの情報を得ることができない，あるいは少ない視覚障害者は，耳による聴覚，手足による触覚，鼻による嗅覚など他の感覚を活用して行動している。街のささやかな音が健常者には気にもとめられなくとも，視覚障害者にとっては有効な空間認知の情報となる。音だけでなく，街にはさまざまな情報が溢れ過ぎ，必要なものが埋没している。身のまわりを見直し整理する必要がある。

---

*2　前川純一，森本政之，阪上公博：建築・環境音響学　第2版，共立出版，2000
*3　日本建築学会編：高齢者のための建築環境，彰国社，1994

● 低周波音

　100 Hz 以下の音は低周波音といわれ，可聴域より低い 20 Hz 以下の空気振動は超低周波音と呼ばれる．最近では，大型の産業機械や道路の橋梁等から発生する超低周波音が室内の建具を振動させ苦情となる事例が減少し，増加傾向にあるのは発生源が身近な生活の場にも多く存在する可聴域の低周波音が耳につく事例である．一般に周波数の低い音ほど対策が困難であり，効果的な対策技術の確立が求められている．

● 超音波

　20 kHz 以上の音は超音波と呼ばれ，人には聞こえない音である．可聴域の音と異なり，骨や皮膚の振動を通じて大脳に伝達されるといわれる．インドネシアのガムラン音楽，海岸で打ち寄せる波の音などが超音波を豊富に含む音であり，都市の生活環境には乏しい．その心理的，生理的効果については十分に解明されておらず，今後の課題である．

● サウンドスケープ

　耳を澄ますと車の音，人の音，小鳥の声など実にさまざまな音が溢れている．多くは人の生産，輸送，消費，廃棄等の活動に伴うものであり，音の環境は社会レベルの反映といわれる所以である．室内音響，騒音防止も重要な課題であるが，残された豊かな音，広場を演出するさりげない音，日常生活の場を阻害しない身のまわりの音などについても環境デザインのなかで取り組んでいきたいものである．

図表出典
1) 日本建築学会編：建築の音環境設計（設計計画パンフレット 4 ），彰国社，1984
2) 紀谷文樹他編著：建築環境設備学，彰国社，1988

● 第 V 編 ───
総合的環境デザイン

建築を設計する場合の重要な課題の一つは，総合的な環境をデザインすることである。
その基本として，環境要素の複合問題を理解する必要がある。1章は，その解説を試みたものである。
さらに本編の2章以降に示すようなさまざまの課題を知ることによって，人に快適で安全な，より良い建築と都市の環境を実現することができるものと考えられる。

● 第 V 編 ── 序章
複合問題への取組み

　すでに述べてきたように，建築に関わる環境要素としては水，熱，空気，光，音の五つが挙げられる。これらの個々の要素が，人，建築，都市とどのように関係するか，また，おのおのの要素はどのように取り扱われるかについては，すでに前編までに述べてきたので，ここではそれらが二つ以上複合して建築環境設備学分野に関わる問題や現象を取り上げて解説する。また，それらをベースとして，総合的環境デザインへの指向と，いくつかの具体的課題について言及する。

　これらの問題を解決するためには，建築や環境の計画とも密接に関係し，多くの場合には，利害相反するおのおのの要素のバランスを考慮しながら総合的評価を検討しなければならない。ある場合には，一つを採用して他を犠牲にするということを，経済性などの別の基準から判断する場合も起こり得る。例えば，換気は室内の空気の質を保持するためには必要であるが，熱的には損失することになるため，人の健康を考えた室内環境基準という立場と省エネルギーという立場とが相対することになりかねない。

　本編では，複合問題として特徴的ないくつかの話題を次章以下に示すが，これに先だって二つ，または三つの要素が組み合わされた場合の諸問題を概説する。図序.1 は二つの要素の複合する問題を示したものである。これらの大部分は，そのいずれかの要素に重点を置いて，すでに前編までに述べられている。例えば，水と空気の交点には湿気，微生物汚染，気泡流が挙げられている。湿気は結露とも絡み，水と熱，熱と空気

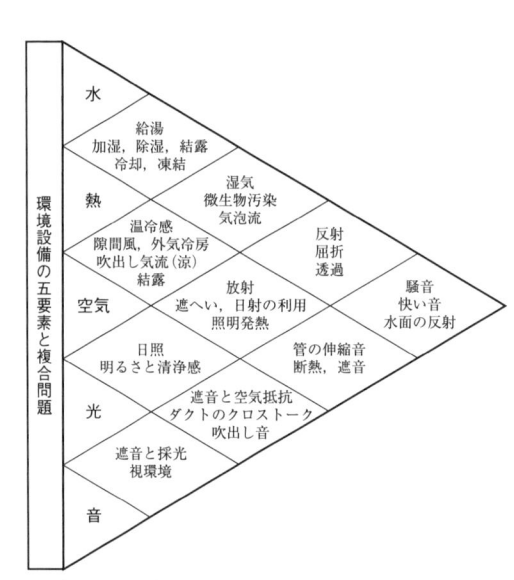

図 序.1　二要素間の複合問題

の交点にも現れる。水と音の交点には騒音，快い音，水面の反射が挙げられている。騒音と快い音については，第 II 編の 6 章のなかに述べられている。水面の反射は，平安時代の寝殿造りの庭の池に船を浮かべて，音楽をかなでて楽しんだことなどに，その応用例がみられる。熱と音の交点では，管の伸縮音，断熱と遮音が挙げられている。管の伸縮音は冷暖房や給湯・排水などの配管で，冷温水が間欠的に流れることによって管が伸縮し，管が床などを貫通している部分で高い摩擦音を発生するものであり，むしろ後述する三要素間の問題としたほうがよいであろう。空気と光の交点にある日照は，熱と光の交点にある遮へいと日射の利用や，光と音の交点にある遮音と採光，および視環境の問題とも関連しており，本編 1 章で窓の問題として詳しく述べられている。

　図 序.2 は，三つの要素が関係する例として，水，熱，空気を中心として各種の問題を示したものである。このほかに水，空気，光の組合せがあり，ビオトープなどが考えられる。水景施設は噴水に光と音の演出を組み合わせて心理的な効果をねらった応用例である。アトリウムは空気や音も関係する場合があろう。街路環境は明るさと騒音と空気汚染が関与するものとして例示している。

　「汚染」という言葉は，わが国では主として空気や水に対する異物による汚れを指すが，これに相当する英語の pollution はもっと範囲が広く，音や光や熱に関したものも，例えば，noise polllution（騒音汚染），thermal pollution（熱汚染）のように，空気（大気）汚染の air pollution と同列においている。すなわち pollution は，人体に生理的にも心理的にも好ましくない悪環境を与える環境条件の総称ともいい得るであろう。

　総合的環境デザインへの指向は，このような汚染（または複合汚染）を排除するとともに，より積極的に環境の質を高め，快適かつ安全な空間を創造しようとすることである。

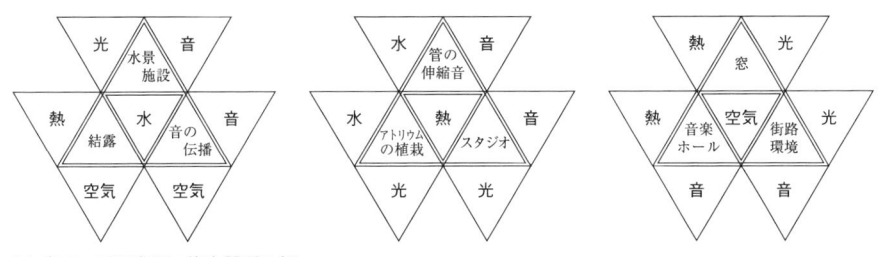

図 序.2　三要素間の複合問題の例

●第Ⅴ編——1章
窓の多様な機能

1-1. 窓の基本要件

窓にはさまざまな機能が要求される。建築基準法や消防法には採光，日射，換気，排煙，消火，防火，避難のそれぞれに有効な窓および窓前空間に関する最低限の規定がある。また，このような法的規制ではないが，窓には，一般的に以下のように多くの具備すべき要件がある。

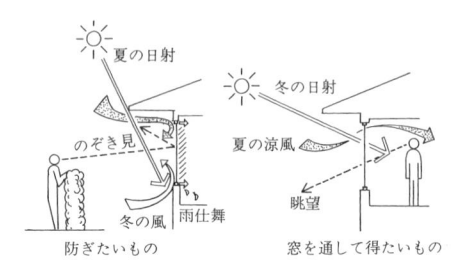

図1.1 窓に要求されるさまざまな機能

① 望ましい室内光環境（昼光率分布や輝度分布など）が実現されること。
② 夏に十分な通風が得られ，冬の換気が確保できること。
③ 日射透過が夏に少なく，冬によく受け入れるような調整ができること。
④ 外界の眺望が得られ，室空間に心理的な開放感をもたらすものであること。
⑤ 十分な断熱性，遮音性，気密性，防露性，水密性，水切り性能を有し，また適宜，室内を外部の視線から遮断できること。
⑥ 保安度および風雨や衝撃に対する強度を有すること。
⑦ 操作および保守が容易で，かつ耐久性を有すること。

なお，窓と環境設備の関わりの歴史については文献[*1]に興味深い記述がある。

1-2. 窓の計画

窓の配置は，採光の面からは天井高いっぱいにとるのが有利である。夏季の通風の観点からは引違いの掃出し窓のように開放できる部分が床面に近い部分が重

[*1] 石原正雄：窓に関する環境調整の歴史的展望（建築環境工学論文集，2号，1980.5）。この論文を，石原は「あけられない窓はすでに150年前，リードによって試みられたが，空調設備の発展に伴い，外部の汚染や騒音を防ぐためにも普及した。しかし最近は省エネルギーや非常事態の対策として，あけられる窓にすべきであるという意見が多くなった。しかし，そのためには外部環境の正常化が前提とならねばならない。（中略）窓は良好な外部環境の下に再び多くの機能をとり戻すべきであろう。それは対策的なものでなく人間の居住環境における，重要な何かを欠落させないための本質的な要請と思われる」と結んでいる。これは，将来も念頭においてよい指摘であろう。

要である。自然排煙（火災の初期において，毒性の強い煙にまかれる危険の防止）の目的からは，居住域に煙が下がることがないように開放できる部分が天井に近いほど有効である。眺望や開放感の面では水平な視線高さの窓面の見通しが重要である。室の通風，換気には給気と排気の2面の開口が必要である。また，以上のような観点からは窓は広いほどよい。

一方，断熱，遮音，視覚的プライバシー，冬期の温熱的快適性（冷放射や賊風の防止），暴風雨時の雨仕舞いなどの面では，窓は弱点となりがちであり，その面積は小さいほうがよい。

以上のような事柄を考慮して，居室などの窓はできるだけ高くとる。北面は腰壁を作業面の高さ程度にとる。南面は，住宅など通風による場合は低いところまで窓（掃出し窓）をとる。オフィスビルなど空気調和設備があり，窓下にペリメーター用ファンコイルを設置する場合には，それに合致する高さの腰壁をとることが多い。

電気照明において，タスク照明（作業面への光）1Wに対して必要な冷房電力は33W，電力資源は150Wといわれる。したがって，自然採光は非常に重要である。電気照明はその変動性，不安定を補う補助的位置づけとして，光量自動調整方式を採用する建物も多くなっている。

窓まわりは雨仕舞い上の弱点の一つである。庇は南面窓の日射調整のほか，開口部の雨仕舞いや耐久性にも有効である。ただし，東西面の夏期の西日などの日射遮へいに対しては，庇は効果が少なく，樹木，可動縦ルーバーや熱線反射ガラスなど別の手段が必要である。

室内側のブラインドやカーテンは，主にプライバシーと採光調整（まぶしさの防止）の目的で設けられるが，日射調整にも有効である。特にブラインド入り二重ガラスは大きな日射熱遮へい能力がある。水平スラットのベネシャンブラインドやライトシェルフは直射日光を室内天井に向けて反射させる。室の奥まで光を導く手段として，最近，積極的に採用される傾向がある。

熱線反射ガラスは日射遮へい能力のほかに昼間の視覚プライバシー防止効果がある。熱線反射ガラスは暗い側から明るい側の物体を見ることができるが，その逆に明るい側からは暗い側の物体は見えず，明るい側の物体が反射して見えるため，ミラーガラスと呼ばれることもある。昼間は外部からは室内の物体が見えないため，視線遮断効果が得られる。しかし，逆に夜間は室内のほうが明るくな

り，不具合が生じる。ブラインドやカーテンなどにより視線遮断装置をとる必要がある。

　二重ガラスは遮音性能の向上を主なねらいとするが，断熱性能も期待できる。一方，ペアガラス（複層ガラス）は，断熱上の有効性は大きいが，遮音上の効果は多くを期待できない。断熱向上，ひいては冬期の窓面冷放射（窓近くでぞくぞくするような寒さ感），賊風（冷気ドラフト，すなわち足元の冷えと隙間風感）の低減には，ペアガラスと並んで雨戸やカーテンが有効である。しかし，カーテンは内断熱を構成し，冬期におけるガラス内側表面結露を増す。一方，ペアガラスと雨戸は外断熱を構成し，冬季結露の防止に有効である。ただし，ペアガラスの場合，その表面は結露しなくても，アルミサッシュなど金属製の枠の部分が結露することがあるので，枠についても断熱仕様のもの（断熱サッシュ）を使う必要がある。

　窓からの侵入騒音は，窓開放では外部騒音レベルに対して室内レベルが 10 ± 5 dB 程度低減する。それが二重ガラスの場合 25 ± 10 dB 程度になる。ここでの ±10 dB は窓ガラス以外の部位の遮音性能に依存する。特に窓の気密化の代償として給気口と排気口との一対の開口が必要になっている。二重ガラスの場合，換気口からの侵入騒音が支配的になることが多い。

　窓の周辺には，外壁とサッシュ，下枠と窓台，腰壁と床，上枠とカーテン（またはブラインド）ボックスおよび天井，バルコニーまわりの処理など各種の納まりが集まる。放熱器（コンベクター，ベースボードヒーター）などは，できれば窓下，それができないところは窓寄り下部に配置する。これは省エネルギーに反するが，窓面の冷放射，賊風および結露防止上重要である。窓など開口部や，それに付随する庇は，意匠に与える影響が大きいので十分な検討が必要である。

　室内の明るさは，その室から見える空の面積にほぼ比例する。また，換気，通風，日照，日射，眺望，開放感，プライバシー，防火，消火，避難などの面で窓前の空間が重要である。また，地下機械室などには二方向避難，換気，採光，ボイラーの給気などを確保するため，ドライエリア（からぼり）を設けることが推奨される。

● 第 V 編 ── 2 章
高気密化と室内空気汚染

　わが国のエネルギー消費は，明治以降の経済発展により，紡績業や銅精錬業，製鉄業，火力発電所などの産業で増大し，第二次世界大戦以降，戦後復興と高度経済成長の過程で著しく増大している。わが国の住宅建設は，戦後復興の過程で数の充足は図られたが，環境とエネルギーについて質の充実を必要としていた。昭和 48 年の第一次オイルショックを経験し，建築の省エネルギーが特に問題となってきた。住宅のエネルギー消費は暖房，冷房，照明，調理などであるが，暖

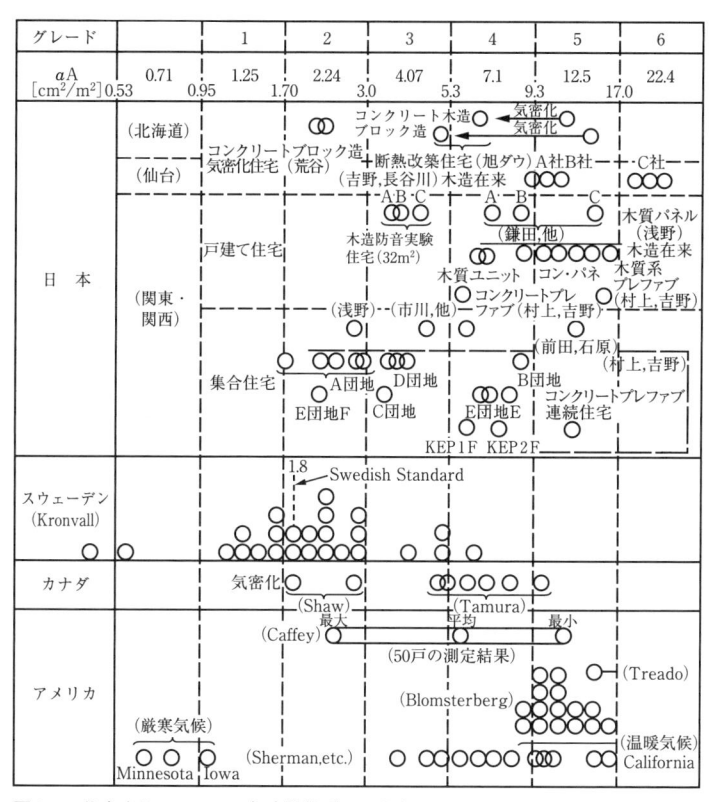

図 2.1　住宅全体についての気密性能グレード表[8]

表 2.1 次世代省エネ基準の概要

地　域		I	II	III	IV	V	VI
年間暖冷房負荷の基準値	MJ/m²	390	390	460	460	350	290
	W/m²K	1.6	1.9	2.4	2.7		3.7
夏期日射取得係数(μ 値)		0.08		0.07			0.06
相当隙間面積(C 値)	cm²/m²	2		5			
防露性能	表面結露	著しく断熱構造を欠く部分をつくらない。さらに,熱橋部の断熱補強。					
	壁体内結露	適切な措置を講じる。					
換気量の確保(回/時)		0.5回/h。ただし,工業化にあってはIおよびII地区は設備換気。					
暖房機器等による室内空気汚染の防止		燃焼系暖房機器などによる室内空気汚染防止のための措置。					
暖房方式に関わるエネルギー効率の確保							
防暑のための通気経路の確保							

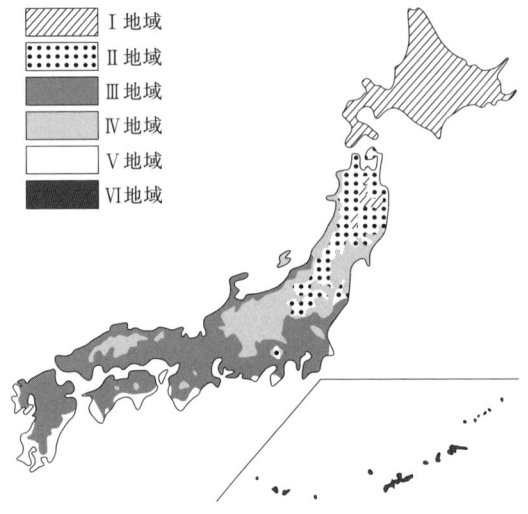

図 2.2 次世代省エネ基準に基づく地域区分

房,冷房のエネルギー負荷に大きく関連するため,壁体の断熱性能の向上,窓ガラスの二重サッシュ化による断熱性能向上,隙間風の防止のための気密化などの対策が図られてきた。図 2.1 に住宅の気密性能グレードと測定例を示す。

　住宅の省エネルギー化は,消費エネルギーの節約や住空間の快適性だけでなく,二酸化炭素の排出を抑えて地球温暖化対策にも貢献している。わが国では,昭和 55 年に省エネルギー法に基づき「住宅にかかるエネルギー使用の合理化に関する建築主の判断の基準」で,住宅の断熱性能の基準として熱損失係数の算定が定められ,6 地域区分に対して基準値が定められた。平成 4 年には「新省エネ基準」,平成 11 年に「次世代省エネ基準」と,内容の見直し,強化がなされている。これらの基準は強制力を伴っていないが,住宅金融公庫の融資や住宅性能表示における温熱環境の項目に利用されている。表 2.1 に次世代省エネ基準の概要を,図 2.2 に地域区分を示す。従来の熱損失係数(Q 値)に加えて,相当隙間面積の基準(C 値),日射取得係数(μ 値),結露の防止の観点から防露性,換気性,暖房

方式が追加された。また熱損失係数も従来より強化されている。

室内空気環境において問題となる物質は CO, CO_2, SO_X, NO_X, O_3 などのガス状物質と浮遊微生物を含む浮遊粉じんなどが代表的であるが，近年では，放射性物質のラドン娘核種，シックハウスや化学物質過敏症などの問題からホルムアルデヒド，揮発性有機化合物などの微量化学物質が取り上げられている。表 2.2 に発生源からみた室内汚染物質を示す。そのうち，エアロゾル粒子である浮遊粉じんはハウスダスト，花粉，真菌などアレルギーの原因となるもの，たばこ煙，アスベストなど肺がんの原因物質，ウイルス，病原菌など感染性のものが含まれているが，一般的に人から発生するもので有害なものは少ない。

いわゆるシックビル症候群については，1980 年頃，アメリカでは全国的に原因不明の不具合を訴える労働者が新設の一般ビルにおいて増加し，労働衛生上の問題として取り上げられるようになった。調査の結果，化学物質その他の明確な汚染源あるいはメカニズムが明らかになったもの，カビなどによるアレルギーによるもの，原因が不明のままのものがあった。

表 2.2 発生源からみた室内汚染物質[2)]

対象物質	発生源	健康影響	室内環境基準
CO_2	人体，燃焼器具	高濃度でない限り直接的な害はないが，環境の総合的指標となる。	1,000 ppm
CO	燃焼器具，大気汚染，たばこ	低濃度でも猛毒である。	10 ppm
NO_X	燃焼器具，大気汚染，たばこ	NO_2 は気管，肺に刺激を与え有毒であるが，NO の害は不明。	
SO_2	燃焼器具，大気汚染	眼，皮膚，粘膜に刺激。	
O_3	複写機，大気汚染	眼，皮膚，粘膜，上部気道に刺激。	
HCHO	合板，接着剤，断熱材，たばこ	眼，皮膚，粘膜に刺激，頭痛，吐き気を起こす。	指針値 100 $\mu g/m^3$
VOC	溶剤の揮発，生物の代謝産物，排気，農薬，塗料，洗剤	物質で異なる。頭痛，めまい，皮膚，粘膜刺激，皮膚の炎症，発がん性のものもある。	トルエン，キシレンなどに指針値がある。
Rn	建築資材(石材，セメント)，土壌	肺がんを起こす。	
臭気	人体，調理，たばこ，その他	不快感を与える。	
浮遊粉じん	外気，人，衣服，燃焼器具，たばこ他	ハウスダストなどアレルギー性のものもある。	0.15 mg/m^3
ハウスダスト	外気，人，衣服，じゅうたん，ペット，ダニ他	アレルギー	
たばこ	喫煙	肺がん，その他	
細菌	外気，人，その他		
真菌	建築材料，外気	アレルギー	
花粉	外気	アレルギー	
アスベスト	断熱材，外気	アスベスト肺，肺がん，その他	

わが国において，シックビル症候群の顕著なものは生じなかった一方，住宅において，省エネルギーの観点から，住宅の高断熱化，高気密化が図られてきた。そのため高気密住宅では，換気量が減少し，室内の汚染質濃度が相対的に高くなってきた。特に化学物質を放つ建材や内装材を使用することにより，新築や改築後の住宅などで，化学物質による室内空気汚染などがあり，居住者にさまざまな体調不良が生じていることが数多く報告されている。それらの症状は多様で，症状発生の仕組みをはじめ，未解明の部分も多く，また，さまざまな複合要因が考えられることから，「シックハウス症候群」と呼ばれている。

　主な症状としては頭痛，喉の痛み，眼の痛み，鼻炎，嘔吐，呼吸器障害，めまい，皮膚炎などが挙げられているが，病気としてのメカニズムと治療法も解明されておらず，医療分野でも対応が整備されていないのが現状である。
このような症状は，新築やリフォーム後に突然発症したという例が多数報告されている。そのなかでも特に主婦層が多いといわれていることから，住環境に大きく起因している可能性が指摘されている。また，発症時期とその可能性については個人差が大きく，それが原因解明の妨げにもなっている。現在，その原因物質として室内空気中に含まれる微量の化学物質が考えられており，特にホルムアルデヒドなどの揮発性有機化合物が取り上げられている。厚生労働省が揮発性有機化合物（VOC）に関連する指針値を発表しているが，そのうちホルムアルデヒドについては，室内環境の基準として $100\,\mu g/m^3$ が採用されている。

参考文献・図表出典
1) 呂俊民：オフィスのエアロゾル，p. 99～105，7-2，エアロゾル研究，1992
2) 池田耕一：住環境におけるエアロゾル汚染，p. 90～98，7-2，エアロゾル研究，1992
3) 入江建久：居住環境におけるアレルゲン・ダストに対する空気清浄対策，p. 5～12，13-1，エアロゾル研究，1998
4) 吉澤晋：第1章 室内環境衛生，空調ダクトの衛生管理，日本ダクトクリーニング協会
5) ウィリアム C. ハインズ（早川一也監訳）：エアロゾルテクノロジー，井上書院
6) （社）空気清浄協会編：空気清浄ハンドブック，オーム社
7) 厚生労働省：シックハウス（室内空気汚染）問題に関する検討会　中間報告書
8) 日本建築学会編：建築環境工学用教材環境編，丸善，1995

● 第 V 編 —— 3 章
人の健康と環境

　健康の保持，増進を図り，健康的な生活を確保するために，現代社会においては広く社会の組織的な取組みと活動が必須である。健康の概念，レベルには時代により変遷がみられる。世界保健機関（WHO）の憲章に「健康とは疾病，虚弱でないというだけでなく，身体的にも精神的にも，そして社会的にも健全な状態にあることをいう。………」と謳われている。健康が心身の事柄のみに限定されず，社会的にも健全な状態にあることが求められている。

　近年における人類を取り巻く環境の変容は著しく，物質文明の発展は加速度的である。人びとは大量に資源を消費し，生活，産業活動に伴う廃棄物の増加は環境を汚染し，周囲の生活環境にとどまらず地球全体の環境にも影響を及ぼしている。酸性雨，オゾンホール，そして二酸化炭素による地球の温暖化などと，それらの影響は拡大し，地球規模に及んでいる。以前には相対的に巨大であった自然環境に人びとは老廃物を遺棄してきた。しかし半減期の長い放射線物質や耐久性のある合成樹脂などと廃棄物は次第に増加し，環境悪化が進んでいる。人類―環境系において生産から処理行程まで，リサイクルを含めた閉鎖回路として一連のプロセスが必要である。制御のとれない，加速度的な物質文明の変化は，人びとの防御，免疫能力を障害し，健康状態に影響を与える[1,2]。

　環境には気象，風土などの自然環境とともに，そこに生息する生物自体の活動も含まれる（図 3.1）。人間の場合，人びとのつくり出した人為的環境，そして人びとが集い，活動の場である社会環境が，近年，ますますその比重を増してきている。他の生物は自らを自然環境に適応させることによって生存してきたが，人間は自然環境を開拓し，環境を人間に適合させることによって繁栄してきたといえる。

　風雨や寒暑などの自然条件は，人間にとって刺激的であり，過剰ストレスとなる環境条件が多い。これに対して，人びとは衣服や建物などによりシェルターとしての保護的な人為的環境をつくり上げてきた。

　自然の刺激的な環境に対し，人類としての生物学的適応のみでなく，日常の生

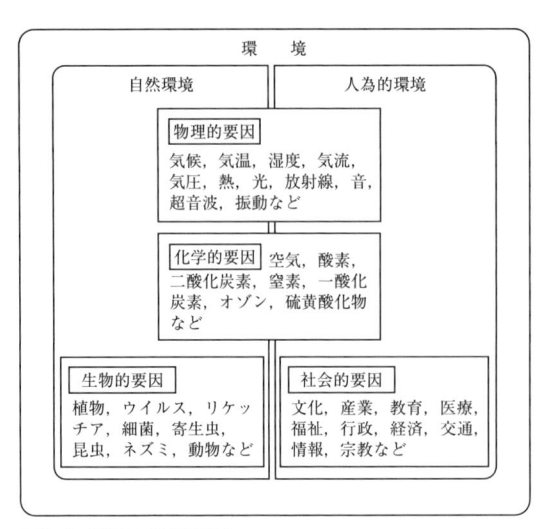

```
環　　境
┌─自然環境──────┬─人為的環境─────┐
│ ┌物理的要因────────────┐ │
│ │気候, 気温, 湿度, 気流,│ │
│ │気圧, 熱, 光, 放射線, 音,│ │
│ │超音波, 振動など         │ │
│ └──────────────────────┘ │
│ ┌化学的要因──────────┐   │
│ │空気, 酸素,             │ │
│ │二酸化炭素, 窒素, 一酸化│ │
│ │炭素, オゾン, 硫黄酸化物│ │
│ │など                     │ │
│ └──────────────────────┘ │
│ ┌生物的要因──┬社会的要因────┐│
│ │植物, ウイルス,│文化, 産業, 教育, 医療,││
│ │リケッチア, 細菌,│福祉, 行政, 経済, 交通,││
│ │寄生虫, 昆虫,│情報, 宗教など         ││
│ │ネズミ, 動物など│                        ││
│ └────────────┴──────────────┘│
└─────────────────────────────┘
```

図 3.1　環境の構成要素[3]

活環境に工学的調節が介在し，その存在が大きくなっている。文化的適応能力である。前者の生物学的能力は，科学文化の発達とともに退行的な面もみられる。一方，近年の科学文明の発達による文化的適応の変化は急激であり，ともすると行き過ぎの面がみられ，自然環境破壊ともなる。

　人は自らの行動性調節や工学的調節によって整えられた環境のなかで，身体的に備わった自律性調節によって生活を営んでいる。人は環境に影響されながら，身体内の内部環境をある範囲の変動にとどめ，恒常性（homeostasis）を保ち，身体機能を円滑に働かせる。恒常性とは，外部環境の変化にもかかわらず，身体機能や体液成分などが，そのときどきの身体状況に応じて変化し，制御され，それらの変動幅が一定の限られた範囲内にあり，内部環境がほぼ一定のレベルに保たれることである。

　人体は呼吸により酸素を得，エネルギー源としての食物，そして水分を摂取し，体内で代謝活動を行う。体内での細胞の働き，組織や臓器の活動，そして，それらを円滑に働かせる酵素活性にとって，体内の環境が一定であることは不可欠である。体内の恒常性維持のために，外部の環境条件の変化を受容し，体内ではそれらの変化を緩和する方向に生体機能が働く。体内の各部位で変化を受容し，それを神経系や内分泌系の伝達によって各調整中枢に伝える。各中枢では，それに対して判断を下し，ふたたび伝達系により筋・骨格系などの各効果器に指令し，反応や動作を起こす。こうしたフィードバック機構によって体内の恒常性が維持される。

　生体機能の恒常性を保つのに，神経系とホルモンの内分泌系は大きな働きをする。ホルモンの分泌は日差変動，季節によっても変動がみられる。しかし生活環境の工学的設備の普及や，肉食，脂肪摂取など食物の洋風化などの食習慣の影響

によって，季節による生体機能の変動に従来と異なった影響が生じている。

日差変動として，サーカディアン・リズム (circadian rhythm) がある。身体機能の基本は，このほぼ24時間の周期であり，体内の内因性リズムをもって変動している。その他の周期の生体のリズム変動として，約1年を周期とするサーカニュアル・リズム (circannual rhythm) などがある。こうしたリズムの変化とともに，加齢による一生をスパンとする生体機能の退行的変化である老化がある。

加齢に伴って一般的に身体活動度は低下し，外部刺激に対する反応にも高齢者の場合には適切さを欠く場合がみられ，ストレスに対して反応が過剰に現れたり，過小であったりする。また反応の現れるまでの時間が延長し，エネルギーなどを予備力として備えておく能力も低下する。

人類は原始時代には厳しい環境に対して，長い年月にわたってその風土に適応することによって生存してきた。風雨や雪などの自然環境は多くの場合，直接的ストレスとなり，人間にとって刺激的である。世界の長寿地域といわれるところの多くが，気候的には年間を通じて温和であり，常春のような気象状態にある。動物実験においても，ストレスとならない条件においては発育も良好で長生きである。厳しい環境に対しては，各個人によりかなり異なった反応がみられ，高齢者は耐性の劣っている場合が多い[3,4]。

科学技術によって環境が人工的にコントロールされ，人びとの生活の多くの部分が至適ないしは快適な環境にあると，それが一般の人びとの生理的適応能力に影響を及ぼし，環境への適応力を減退させることにもなる。

参考文献・図表出典
1) 岡田節人他編：科学/技術と人間，岩波書店，1999
2) アル・ゴア著（小杉隆訳）：地球の掟，ダイヤモンド社，1992
3) 田中正敏他：環境と健康，杏林書院，1999
4) ルネ・デュボス著（木原弘二訳）：人間と適応，みすず書房，1982

● 第V編 ── 4章
シックハウス症候群と湿気問題

　わが国におけるホルムアルデヒドや揮発性有機化合物等の化学物質による住宅などの一般居住環境室内における空気汚染問題は「シックハウス問題」と呼ばれ，きわめて大きな社会的関心を呼び，1997年の6月には，当時の厚生省から異例ともいえる早さで住宅室内におけるガイドライン値がホルムアルデヒドについて設定された。以後，トルエン，キシレン，パラジクロロベンゼン，エチルベンゼン，スチレン，クロルピリホス，ブタル酸ジn-ブチル，テトラデカン，フタル酸ジ-2-エチルヘキシル，ダイアジノン，ノナナール，アセトアルデヒド，フェノブカルブのガイドライン値とTVOC（総揮発性有機化合物）の暫定目標値が示された。厚生労働省は，最終的には40～50物質程度のガイドライン値を設定する予定である。このような状況を受けて，建設会社，住宅メーカー，建材・仕上げ材メーカーなどの建設関連の業界も，この問題が社会的に知られ始めた頃に比べると，驚くほど前向きな姿勢で取組みを開始している。

4-1. シックハウスとは何か

　健康住宅，シックハウス症候群と呼ばれる問題が，いつ頃から，どこでいわれるようになったかは正確にはわからないが，「シックハウス」とか「シックハウス症候群」という言葉が盛んに使われるようになったのはホルムアルデヒドに関する厚生省（現厚生労働省）のガイドライン値が設定されるようになってからである。シックハウスとは「病んだ家」のことで，どのように病んでいるかといえば，建材，家具等から発生するホルムアルデヒドや揮発性有機化合物（以下VOCs）によって室内が汚染されているという意味で「病んでいる」家のことである。そして，そのような家の中にいる居住者に，眼や喉の痛み，頭痛，倦怠感，いらいらなどの不定愁訴が起こる場合もあり，それを「シックハウス症候群」と呼んでいる。この言葉は，1980年代の欧米で大きな社会問題となったシックビル症候群（SBS）をもじった和製英語である。それは通常，日本語で「ビル」というと，「住宅」は範疇に入らないため，住宅におけるSBSであること

をわかるようにしたためと思われる。したがって，欧米人に sick house syndrome といっても直ちには通じない。われわれがイメージするような意味でのシックハウスは problem house（問題住宅あるいは欠陥住宅）と呼んでいるようである。

また，しばしば「シックハウス症候群」の同義語と誤解される用語に「化学物質過敏症」などと呼ばれる言葉がある。これは，一旦高濃度のある種の化学物質に「感作」され，そのような体質を「獲得」して，さまざまな症状（普通の人がシックハウス症候群にかかったときと同じ，もしくはもっと激しい症状）を示すようになった人が，その後，同じ，もしくは類似の化学物質に曝されるたびに，その濃度が，一般の人が反応するよりかなり低い値であっても，同じ症状が繰り返され，その症状が次第にひどくなる病気のことである。この病気は，シックハウスによってももたらされるが，それ以外に看護師や，化学製品製造業等の職業的に高濃度の化学物質に曝される人にも見られるので，必ずしも「化学物質過敏症」＝「シックハウス症候群」といえるものではないので混同してはならない。

4-2．湿気問題

湿気（湿度）それ自体は人間にまったく害がないため，湿気は温熱環境のみの問題と考えられがちであるが，湿度が変化することにより，空気汚染物質としての微生物の成育に影響が現れ，それが間接的に空気汚染につながることがある。

まず第一がカビの生育への影響で，カビの菌糸は湿度が高いほど延びる速度が早いが，湿度が75％になると，その成長速度は半分程度となり，55％以下になるとほとんど延びなくなるという実験結果がある。次に，ダニの生育についても，湿度が約70％以上になるとダニ数が特に多くなるが，50％以下ではダニ数が少なくなっているという実測結果がある。このように，カビとダニに関しては，湿度が高いほど微生物汚染が起こりやすくなる。しかし，湿度が低くなると人体の口腔粘膜乾燥が起こり，吸入した微生物等の粉じんを体外に排出する役目を担っている繊毛の活動が低下し，風邪などの感染に対する防御機能が低下することになることが示されている。さらに，インフルエンザウィルスの活性という点に関する限り，湿度50％から40％になると，死滅率が1桁低くなることがわかっており，湿度の下限値は，望ましくは50％とすべきこと，少なくとも40％を下回らないことが望ましいとされている。これらを考慮すると，湿度はできれ

ば 50%，少なくとも 40% から 70% の間であることは不可欠といえる。

4-3. 結露問題

　空気は，その温度に応じた量の水蒸気を含むことができるが，ある温度の空気中に含まれていた水蒸気は，温度がある一定値より下がると，水蒸気でいられなくなり，水として析出してくることになる。これを結露と呼び，その温度を露点温度と呼ぶ。結露自体は空気質と直接の関係はないが，結露が起こるくらいの湿度が高くなると，カビやダニにとってはきわめて繁殖しやすい環境となる。また結露により生じた水は，ダニの餌となる人のふけや垢を柔らかくすることになり，ダニが餌を食べやすくなる。その結果，ダニがふえ，ダニのふんや死体が乾燥して空気中に舞い上がる量がふえ，間接的に空気汚染物質をふやすことになる。

● 第 V 編 ── 5 章
負荷の変動特性と稼働制御

　ここで考えている負荷とは建築および建築設備にかかる負荷である。すなわちそれらの設計に際して，構造強度や設備容量などを決定したり，運用や維持管理に際して設備機器を運転管理するための基礎となるものである。それらは，例えば風圧力，積載荷重，使用水量，冷暖房負荷，照明負荷などとしてとらえられている。

　これらの負荷の発生は，気候条件によるものと人員数によるものとに大別される。前者は構造，空調設備，照明設備などに関わるものであり，風，温湿度，日照などの気候要素の時系列的な変動特性と，その確率密度関数などによってとらえられる。後者は，主として給排水衛生設備や輸送設備などに関わるもので，人員数の時間的および空間的存在状況や，男女比，年齢構成などが基本となる。

　建築は，人の生活や活動を支えるために存在するものであり，その中において食料，飲料水，清浄な空気などを確保することは基本的なこととなる。しかしながら，都市化が進むなかで，これらを確保することは多くの問題をはらんできている。すなわち，供給源と消費地との隔離による遠隔地からの輸送，外国からの輸入などの横方向の輸送問題が大きなウェイトをもつようになるからである。

　さらに，ひところ超々高層建築や大深度地下空間の利用などの提案が盛んであったが，これらはより厄介な縦方向の輸送問題を生じることになる。超々高層建築であっても，その最上階で生まれた人が一生をそのレベルで生活し，そのレベルで衣食住に関わるもののクローズドシステムが実現できれば，輸送問題は発生しないか，軽減されることになるが，そのようなことは不可能であろう。そして，縦方向に対する人間の能力は意外に小さいものなのである。

　輸送問題を解決するためには，そのような原因をつくらないこと，クローズドシステムを実現すること，および負荷の削減を達成することである。

　負荷については，従来は，ある期間に発生する負荷の最大値を，または棄却率などによる一定値を考える場合が多く，それによって設備機器などが設計されたが，そのために負荷が減じたときには無駄を生じることになった。3 台設置され

た機器が，しばしば1～2台しか運転されないというような状況である。

したがって，今後は負荷の変動に着目することによって，より効率的な運用を実現していくことが求められる。すなわち負荷の変動特性に対応した運用方法の変更や稼働制御ということが課題となる。

例えば季節的，時間的な負荷の変動に対応して，機器の運転計画を変更することとか，受水槽の水位の設定を変更するといったことである。これまでにも深夜電力を使って湯をつくっておいて，翌日の利用にあてるとか，貯水槽の清掃直前には供給を止めて水槽内の水を使い切るといったことは実現されているが，今後は，よりダイナミックな稼働制御を考えるべきである。すなわち過去から現在に至る負荷の変動特性を解析し，これに以後の気候予測，行事予定，人員数の予測などの関連する情報を導入することによって近未来の運転計画を決定し，機器の稼働制御を行うというようなことである。図5.1は，このような観点から排水再利用設備を対象に検討した一例である[*1]。

このような検討によって省資源，省エネルギーとなるような手法の開発を考える必要がある。

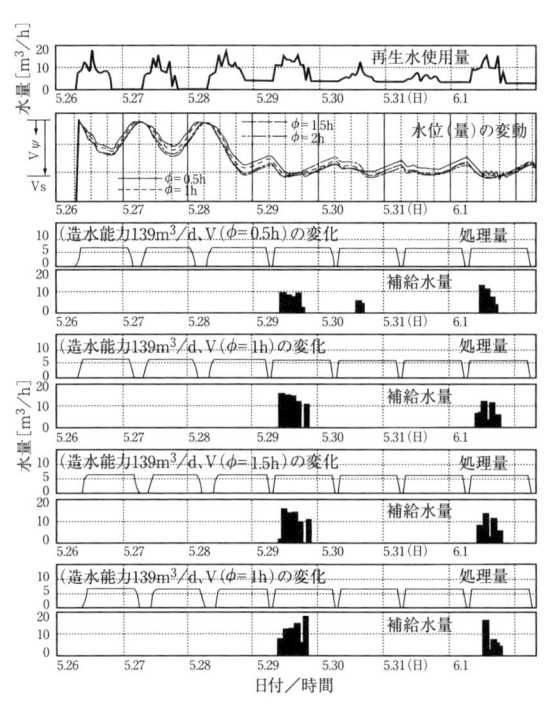

図5.1　再生水受水槽の水位変動による処理装置の運転

[*1] 洪鳳宰，紀谷文樹：複合ビルにおける排水再利用設備の運転状況の解析と適正運転制御の提案，日本建築学会計画系論文集，No.465, pp.43～48, 1994.11

第Ⅴ編──6章
メンテナンスを考慮した環境設備設計

　建築物は社会的基盤を支える資産として，地域の良好な環境形成のために，良好な状態で長く供用されることが求められる。このため，計画，設計の際には，メンテナンスを考慮した環境設備設計の基本方針（設計理念）を確認し実行することが大切である。

　環境設備設計に求められるものは，メンテナビリティおよびフレキシビリティの確保のため，快適な室内環境および外部環境が得られ，かつ使いやすく，しかも維持管理を容易に行うことができることである。さらに，耐用期間中の需要等の変化にも対応できるように配慮する。また，使用される機器，材料，工法等は信頼性を高め，環境の保全と安全性，経済性，耐久性を十分考慮して，良好な性能，品質を確保するとともに，ライフサイクルを通じて費用の軽減が図れるようにすることである。

表6.1　環境設備の更新等，将来の維持保全計画に配慮した要求条件と対応策

メンテナンスの要求条件	メンテナンス性への対応策(例)
①ライフサイクルコスト評価	・省エネルギー，省資源，省力化，長寿命化対策
②空間的変更における追従性の確保	・フレキシビリティ(追従性の)確保
	・基準階小間仕切り対応
	・用途変更対応
③高度な安全性と信頼性の確保	・将来にわたり居住環境(温熱，光，建築空間環境)の質の向上
	・個別空調の対応(1スパンごと，1モジュールごと)
	・在室人員増加対応(新鮮空気の増量やトイレ器具類のゆとり確保)
	・高齢者および障害者対応
	・漏水対策，耐震対策，騒音・振動対策，臭気対策
	・防災対策，防犯対策
	・停電対策
④拡張，更新に対する柔軟性の確保	・負荷増大への対応(電力，発熱)
	・予備設備スペースの確保
	・予備配線ルートの確保
⑤維持保全の効率化	・維持管理，保存性能の効率化(BMS，BEMSの充実)
⑥更新時の施工性向上	・共用部からの更新対応
	・道連れ工事の削減
	・建物を使用しながらの更新対応
	・無資格者にも容易な拡張，更新性
	・テナント入退去工事の影響の最小化対応
	・機器搬出入ルートの確保
⑦地球環境保全対策	・CO_2削減，脱フロン化
	・廃棄物の削減，リサイクル化

これらを実現するためには，建築物完成後の用途変更等も予測して，更新，改修に配慮したゆとりの確保が重要である。対象として，敷地，階高，床荷重と機械室，電気室，便所，湯沸室の各スペースおよびダクト，配管や電気の各シャフトスペースのゆとりを確保して，有効な配置計画を行う必要がある。さらに，運営・管理計画には建築情報・管理システムを導入し，BMS（Building Management System），BEMS（Building and Energy Management System）を活用することが望ましい（表6.1）。

特に，安全性と信頼性を十分配慮した設計とするため，設計者は，①設計図書に要求すべき性能，機能を明確に記載しておく必要がある（あいまいな表現は誤解を生じる），②設計図書に示されたシステム，機器，材料がどのような条件（予見できる範囲）のもとで，その性能や機能の発揮を求めているかを告知する義務がある（設計条件を明確にする），③製造または施工に際し，性能や機能が実験等でしか確認できない場合には，建築主の承認を得て実験や試験を行うことを明示する。一方，製造者は，要求された性能，機能を発揮するために条件がある場合には，「欠陥」を回避するための，その条件を明示する義務がある。

建築物が完成して建築主に引き渡される際，その建築物の企画・設計から完成までの全情報が建築主に的確に伝達されないと，運営に支障が発生することになる。支障を防止するための諸事項を「企画・設計から完成時までの情報・意図伝達書」というかたちでまとめ，管理者の手元に常時保管されている必要がある。

維持保全計画を立案する際には，定期的な点検，修繕，オーバーホール，部品交換等，保全に要するコストが明確にできないと不完全な計画になる。このコストを算出するためには，建築・環境設備の機器や材料の各部材の耐久条件を明らかにしておく必要がある。

環境設備が良好な状態で長く供用されるには維持保全の効率的な実行と，劣化に対しての適切な処理が必要である。経年的に使用される環境設備システムの機器や材料には社会的劣化や物理的劣化が発生するので，メンテナンスを考慮した設計が必要である。

空気・水環境設計で重要な事項としては，以下のことが挙げられる。

1) 空気環境設備

　①外気取入れ口について：取入れ外気は，居室内の空気環境を良好に保持するため，清浄であることが要求される。取入れ口は交通量の多い道路面は避

け，できるだけ汚染源から離れた高い位置に設置する。また，周辺環境，諸設備の影響，隣接ビルの排気口等について十分に考慮する。
②空気環境設備システムについて：居室内空気環境が管理基準を満たし，日常の維持管理に支障を来たさないものとする。また，省エネ機器を導入する場合は，必要外気導入量を確保する措置を講ずる。
③空気清浄装置について：空気清浄装置の除じん効率は，空調環境設備システム，設計在室者数，1人当りの発じん量等から算出し，装置が管理基準を満たすか否かを確認する。また，日常の点検，装置の取替え等の管理を必要とするため，十分な広さを確保する。
④加湿装置について：空気環境項目のうち，相対湿度が管理基準を満たすようにする。装置は必要加湿量および噴霧量を算出する。使用する加湿水は，水道法に規定する水質基準に準ずるものとする。
⑤送風機の性能：送風機の選定は，良好な居室内空気環境を保持するため，設計風量が，用途および在室者数等を勘案し，外気導入量，還気量等を考慮して設計されているかを確認する。

2) **給水設備**
①貯水槽の設置場所：貯水槽は，槽内飲料水の汚染防止を図るため，衛生的な場所に設置しなければならない。また，貯水槽は定期的な点検と清掃を必要とすることから，作業が容易かつ安全に行うことができる設備構造とする。
②貯水槽の容量：水の使用量は建築物の用途や在室者数により大きく異なる。容量決定には1人当りの水の使用量等を勘案し算出する。
③給水管以外の配管：飲料水の汚染防止の観点から，貯水槽内および直上部には給水管以外の配管設備を設けてはならない。

3) **排水設備**
①槽内の排水滞留は悪臭や害虫等の発生源となることから，容量は極力小さくする必要がある。容量は給水時間，流入排水量等を勘案して決定する。

4) **ごみ集積場所**
①ごみの排出量は，ビルの用途や使用形態により異なる。また，リサイクルが推進されるよう十分な広さや区画等を確保する。
②ごみ集積場には，適正な管理を行うための給排水設備，空調・換気設備等を設置する。

● 第 V 編——7 章
防災と情報

　「災害」とは，異常な自然現象や人為的原因によって，人間の社会生活や人命が受ける被害（広辞苑による）のことである。災害は地震，風雨，火山噴火などの自然現象に人間の活動が加わって発生，展開するが，災害の力が人間による災害発生抑止能力，すなわち防災力を上回る場合に顕在化する。建築や都市空間には災害によるさまざまな外力が働いている。私たちの生活は高度な技術に支えられて，一見安全性が高くなっているように思われがちであるが，高層化，高密度化した今日の都市では災害に対する脆弱性が増大しており，防災対策を講じる必要性が大きくなっている。防災対策はハードな対策とソフトな対策とに大別される。地震や水害，火災などに対して，構造物の耐震性を高め，堤防の建設，不燃化を進めることなどはハードな対策であるのに対して，危機管理体制の整備，防災に関する情報の管理および活用により被害を低減することなどがソフトな対策である。従来の防災対策は比較的ハード中心に行われてきたが，近年，ソフトな対策も重視されている。それは，ハード面の防災対策には多くの経済的負担と時間がかかること，また災害対応において最終的には人が重要であり，人が災害に対してどのように対応するかは，日常から接している災害情報，および非常時に得ることができる情報によって大きく左右されるので，いかに情報を防災に役立てるかが重要であると認識されるようになったからである。

　さまざまな情報を防災に役立てるためには図 7.1 のような流れが必要である。すなわち，災害危険に関するもの，防災対策に関するもの，過去の災害経験などの多様なデータの集まりを活用する主体，災害の時系列的なフェイズごとに必要な「情報」，空間スケールや位置と関連づけた「情報」などに構造化することで「知識化」する。それらの情報間の相互関連等を分析するなど，解析を加えることでそれを成長させるという，より高度な知識化も可能である。さらに，この「知識」を生かしながら，人が実際に適切な防災対策や防災行動をとることができる「知恵」の獲得を支援することである。

　災害情報を活用する主体には，自治体の意思決定者や災害現場で対応にあたる

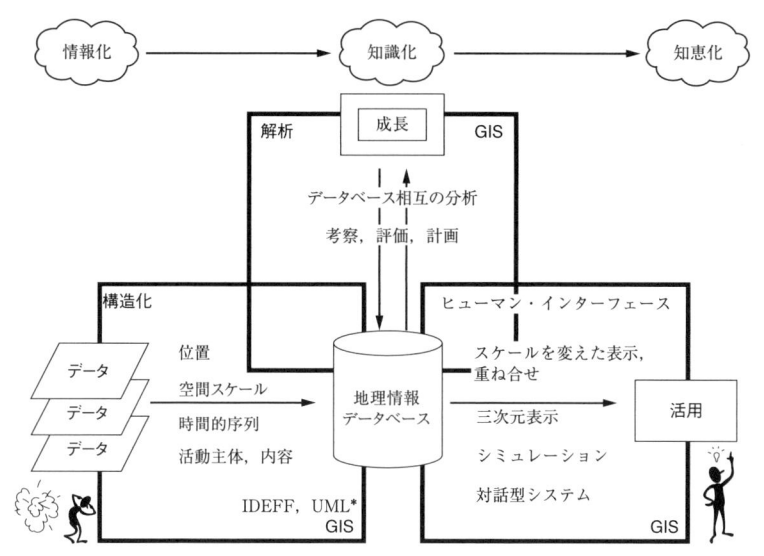

図7.1 防災情報システム構築のイメージ　＊ソフトウェアの設計図や企業の業務プロセスなどを統一的に表記する標準化記述法

防災担当者，地域の住民などさまざまな立場の人がいる。災害の時間的なフェイズは，事前対策，緊急対応，復旧・復興対策に分けることができる。そして災害は空間的な広がりもった一定の場所で起こる現象なので，災害関連情報の多くは空間的な広がりや位置と関連づけた構造化が有効である。その際，コンピューターを用いて，デジタル化された基盤地図の上に位置情報をもった対象物のさまざまな属性データを付加したデータベースを構築でき，それを解析，表示できる「地理情報システム（GIS：Geographic Information System）」が有用である。

事前対策に役立つ情報の例としては，災害対策を講じる前提となる災害リスクの情報が挙げられる。本来，防災対策には，災害によって生じる被害の大きさと，その確率から定量化されるリスクが前提となる。そのリスクが許容できるレベルか否かを判断し，許容できなければ何らかの対策を講じることになる。自治体の地域防災計画の前提となる被害想定もこのリスク把握の一環である。しかし現実には災害現象が不確定な要素を多く含むため，リスクの定量的把握を正確に行うのはむずかしいので，災害リスクに関連するさまざまな情報を利用しやすいかたちで整理しておくことが望ましい。その際，地理情報システムを利用すれば，地盤，地形，建築物，道路，防災施設，危険施設など，災害危険要因，災害抑制要因の情報をデータベース化して，自治体の防災担当者が日常から容易に利

用，分析，更新ができる．これらの情報は防災マップなどのかたちで地域住民に公開することも容易になる．緊急対応情報システムの例としては，災害の状況に関するリアルタイムのモニタリングを行い，迅速で適切な対応を支援するものが挙げられる．具体的には地震による震度の計測，その結果のいち早い伝達システム，雨量情報，大気汚染状況の計測，監視システムなどがある．復旧・復興時には，ライフライン等の復旧，避難生活，その他さまざまな情報を扱うこと，地域のきめ細かい情報を受信，発信することが必要となるので，そのためのプラットフォームとなるシステム，受信，発信手段の整備が必要である．

　知識化されたものを「知恵」として生かすためには，そのためのヒューマン・インターフェースが重要である．今後ますます情報技術が発展するとともに，いろいろなシステムの開発，実用化が可能な分野である．災害に関する情報の重要性は災害を実際に体験した者でなければなかなか理解しにくいが，それを未経験の人びとも含めて広く共有することが重要である．そこで，多様な人びとに理解しやすいかたちでの提供，災害現象がある程度直感的に理解できるような提供が望まれる．そのために地理情報システムがもつ地理的な情報のさまざまなスケールでの表示，重ね合せ，三次元表示の機能の活用も一助となる．また，文章だけでなく，映像も交えて過去の事例や体験を再現する災害事例データベースシステム，災害の状況を動的に描き，疑似体験できるようなシミュレーションシステムなども考案されている．これらのシステムは利用する人が能動的にその情報に関わり，判断結果などが評価，助言を受けられる対話型，双方向型のシステムにすることでより効果を発揮する．

　以上のようにデータを構造化することで活用型データベースを構築し，それを用いてさまざまな立場の人が事前および緊急対応，復旧・復興の各フェイズに適切に対応できるための支援システム，防災関係データの「情報化」→「知識化」→「知恵化」を実現する総合的な防災情報システムの構築が求められている．

参考文献
・村上處直：都市防災計画論－時・空間概念からみた都市論，同文書院，1986
・川崎昭如：地理情報データベースによる都市防災情報システムの構築に関する研究，横浜国立大学博士論文，2003
・George Cho：*Geographic Information Systems and the Law*, John Wiley & Sons, 1998

● 第 V 編 ── 8 章
都市・建築と緑の効果

　都市や建築物を緑化することによって，さまざまな効果がもたらされることは，すでに多くの識者によって語られてきた。改めて，これまでの知見を都市や建築に限定することなく，広い視野で具体的な空間や事象に関連させて取りまとめると表8.1のように整理される。ここでは，緑の効用を，その内容によって便宜的に，心に効く，体に効く，環境に効く，防災に効く，経済に効く，景観に効く，の6項目に大別してみた。

　これらの効用の多くは，植物あるいは，その集合体である緑が存在することで，また，それらが生理作用を営むことによってもたらされる。つまり植物は光合成，蒸散，栄養分の吸収，開花など，生き物であるがゆえにさまざまな生理・生活活動を行なう。これらの活動に伴って結果として，水，熱，空気，音，風，土壌などの環境を改善する効果を発揮する。具体例を挙げると，栄養分の吸収作用に伴う水質浄化，蒸散作用に伴う気化熱の吸収，その結果として多少，大仰な話であるが，都市のヒートアイランド現象の緩和，樹木や樹林が存在することによる防風・防音効果，あるいは茎葉の緑や開花の彩りによる視環境の改善など，表8.1に示すような広範な効用となる。最近では植物による汚染された水質，空気質，土壌質の浄化作用（ファイトレメディエーション：Phytoremediation）が注目されている。

　従前から，これらの緑の効用を積極的に環境整備の計画に活用しようとする考え方，手法が機能植栽（植物が単独あるいは集団で存在することによってもたらされる機能効果を積極的に環境計画に活用しようという意図のもとに行われる植栽）と呼ばれてきた。

　機能植栽の考え方を主導したアメリカの造園家，ロビネッティーは彼の著作のなかで，機能植栽は建築的機能植栽，工学的機能植栽，気候調節機能植栽，審美的植栽の四つに，その内容によって種別されるとした。

　わが国において，この機能植栽の考え方を具体的に導入し，具現化された空間として高速道路が挙げられる。その路傍，休憩施設等において，道路内外の景観

表8.1 植物の環境改善効果の例
●心に効く
庭,公園,森の緑―いやし,安らぎ,ほっとする
テーブルの花―夫婦円満の秘訣
会議場の花や緑―緊張の緩和
盆栽―ストレスの解消
病院の花や緑―薬よりも効く,看護婦のストレス解消
室内の緑―テクノストレスの解消
ディズニーランドの花―楽しさ倍増,気分の高揚,恋の花
超高層の室の緑―安心感
南極観測基地の観葉植物―憩い,慰め
花の香り―安らぎ,季節感
●体に効く
室内の緑―眼の疲れをいやす,マイナスイオンの発生
公園の緑―疲労の回復
芝生―糖尿病の治療
園芸作業―リハビリ効果
●環境に効く
屋敷林―防風,防寒
都市の緑―大気浄化,乾燥の防止
屋上や屋根の緑―ヒートアイランド現象の緩和
斜面の樹木―CO_2の固定,地球温暖化の防止
水辺の緑―水質浄化
室内の緑―空気浄化,乾燥の防止
●防災に効く
街路樹,公園の緑―延焼の防止
ブロック塀の蔓植物―地震時の倒壊防止
工場の緑―作業の安全性を高める
高速道路の緑―安全性の確保
法面の緑―侵食,崩壊防止
森林―保安林
●経済に効く
テーマパーク,レストラン,商業施設の花や緑―集客効果
屋上や壁面の緑―省エネ効果
森林の公益的機能―約70兆円
●景観に効く
遊休農地,休耕田の花―景観形成
水田,茶畑―国土美化

表8.2 高速道路における機能植栽の種類
●機能の種類
視線誘導
線形予告
明暗順応
遮光
立入り防止
緩衝
緑陰
休憩
遮へい
景観調和
強調
眺望
指標
防災
法面保護
自然環境調和
生活環境調和

の向上,周辺環境との調和を図る,走行上の安全性と快適性を高めるなどを目的として,実に17種類にも及ぶ機能植栽が実施されている(表8.2参照)。今後,都市や建築の環境設備においても機能植栽の考え方を積極的に導入すべきといえる。

一方,植物は成長する素材でもあり,生長,繁茂することによって,うっとうしい,暗いなどの視環境を悪化させることもある。特に近年のように,都市の緑にヒートアイランド現象の緩和や,CO_2の吸収固定など環境物理的な効果が期待されると,緑の量の追求に重きが置かれるようになり,結果として種々のマイナス効果がもたらされるようになる。藪化した公園緑地が犯罪の場になるなどは,その典型である。

緑は人間にとっても環境にとっても功罪の両刃をもつことを十分に認識すべきである。昔から農家のまわりをぐるりと囲む屋敷林も,その機能として防雪や冬の冷たい季節風を防ぐなどの重要な役割を果たしてきた。一方,枝葉の過繁茂により日照を阻害し,結果として,くる病

や結核の罹病率が高まるというマイナス事象を生み出していたことなどが，その典型である。建築の壁面全体を覆う蔓植物も，防暑，保温等の熱環境改善効果は抜群であっても，ときには室内に湿気をもたらしたり，お化け屋敷状となり，景観を阻害することさえある。

また，植物は生き物であるがゆえに病気や虫害にも侵される。植物に被害がもたらされるだけではなく，人の目にも見苦しく映り，ときには人を加害するおそれさえある。植物の生育が低下することによって各種の緑の機能を減ずることになる。

都市，建築空間への緑の導入は絶対善と思われがちであるが，必ずしもそうではないケースもある。いたずらな緑の量の追求も禁物である。緑の多面的機能を発揮させるためにも十分に育成管理し，健全生育の状態を保つことが何よりとなる。

時流として，屋上緑化が声高に叫ばれている。東京都の義務化以降，屋上緑化が建築の許認可にあたって，環境配慮をクリアするための，ある種の免罪符的な位置づけとなっていることは問題である。実際，その建築物の屋上を緑化してもどのような意味があるのか，あるいは植物の生育環境としてはきわめて劣悪な条件下であり，植物の健全生育が明らかに期待できないような箇所にも無理やり緑化の図面が描かれている例もある。屋上の敷地の20%を草でも木でも何でもよいから一応緑化すればよいということで，より単価の安い工法が導入される。当然のことながら，結果として貧弱な生育状態となり，見るも無惨な状況をつくり出す。熱環境の改善効果も期待できず，何のための屋上緑化なのかわからない空間もふえてきている。

緑は都市や建築を潤し，各種の環境を改善修復する効果も期待できるが，その有り様によっては，ときには都市や建築を不快なものにする存在にもなる。

● 第Ⅴ編——9章
ライフサイクルエネルギーと地球環境

9-1. 建築のライフサイクル

　建築のライフサイクルというと，建物が竣工してから解体されるまでと狭く考える場合もあるが，この前後を含めて，建築用資材の原料採取から解体後の廃棄物等処理まで包含して広く把握するのが通例である。

　次に，建物のライフサイクルをいくつかの段階に分けてみると，下記のような七過程に区分できる。

　①資源採取から資材製造と加工，②資材や廃棄物運搬，③施工，④運用，⑤保守，⑥大規模改修，⑦解体と廃棄物処理

　一般に，建築施工企業は③の過程と，⑥，⑦過程を担当し，建物の保有者は主として④と⑤の過程を管理している。一方，設計業務では，①の過程から⑦の過程に至るライフサイクル全体を対象として配慮することが重要となってきた。

9-2. ライフサイクルエネルギー

　建物のライフサイクルで使用されるエネルギー量を考えてみよう。このためには，前述した七過程に区分して解析することで，どこで多量のエネルギーが使われるのかがはっきりわかる。

　ライフサイクル各過程で必要とするエネルギー量を，化石燃料から排出される二酸化炭素量に引き直して解析した結果を図9.1に示すが，運用過程での使用が圧倒的に大きな比重を占めている。そして，これに次ぐものが資材製造過程である。この理由としては，一般に建物の使用期間が長期であるために，日常の冷暖房や照明のためのエネルギー使用量が積み重なって，一度だけ発生する鉄やセメントの製造エネルギーに比較して数倍となってしまうことである。

　したがって，建物のライフサイクルエネルギーを抑制するには運用段階のエネルギーを抑制するのが最も効果的である。このためには省エネルギー設計を導入し，また竣工後の運用過程でも省エネルギー運転を実施することが重要となる。しかし世の中には，しばしば「省エネビル」といわれながら，性能が悪い建物も

少なくない。また本当に性能の良い「省エネビル」でも，運転方法次第で簡単にエネルギー浪費型ビルに変身してしまうだけに注意が必要である。

9-3. 地球環境問題と持続可能な発展

視点を変えて，建物を取り巻く周囲の状況を眺めてみると，20世紀中期には地域環境（公害）問題，末期からは地球環境問題が人類共通の大きな課題となってきた。これらの諸問題の関係を図9.2に示した。

このうち，地球環境問題としては地球温暖化やオゾン層破壊，熱帯林減少など数種類の国際的広域環境問題が取り上げられている。なかでも地球温暖化は，人類が化石エネルギーを多量に使うことが主たる原因であり，今のままで推移すると，近い将来に人類の生存に大影響を与える災害や紛争が発生すると予測されている。

これらの問題を回避するためには，持続的な発展（サステイナブル・ディベロップメント）が必須とされている。すなわち，時間の経過とともに枯渇する物質に依存せず，消費した分が常に生産されるような，永久に持続的に入手可能な資源採取が求められ，この条件を満たしつつ社会の発展を進めることが要求され始めている。

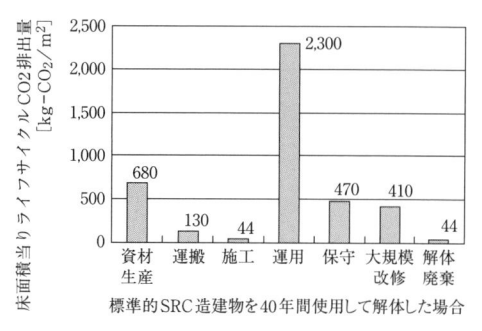

図9.1 建物のライフサイクルCO_2排出量

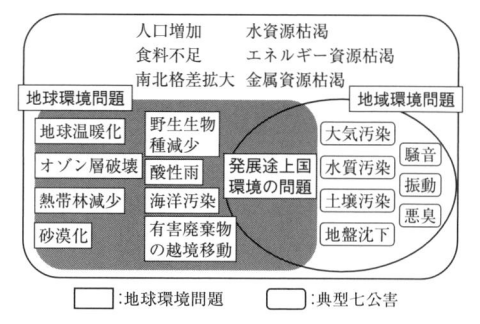

図9.2 21世紀の各種の環境問題

9-4. 持続可能なエネルギー

それでは，どのような物質が持続可能なのか。例えば，木材は樹木を伐採して製造されるが，伐採後に植林して手入れをすれば，時間がくれば樹木が生長し，ふたたび伐採が可能となる。樹木が生長する速度に合わせて需要量を制御できれ

ば，材木は永久に利用できる持続可能な資材となる。一方，一般の鉱物資源は，完全リサイクル状況にならない限り，いずれは枯渇する運命にある。

　持続可能なエネルギー源とは何か。太陽エネルギーは地球上に供給される持続可能なエネルギー源である。現在，われわれが大量に使用している化石燃料は，太陽エネルギーが数億年かけて製造してきた遺物である。しかし，われわれは，これを数百年で使い切ろうとしている。したがって，現在のペースでの化石燃料利用は持続不可能な状況である。原子力も，高速増殖炉技術が完成すると数百年間持続可能といわれているが，技術開発が頓挫しており，現状技術では数十年で核燃料不足に陥る。

　今後，半永久的に使用可能なエネルギー源は太陽エネルギーの直接利用，水力や風力に転換された後の利用，さらに数年から数十年で転換されるバイオマス（樹木や穀物などの植物）燃料等であり，これらは自然エネルギーとも呼ばれている。

　では，持続可能なエネルギー源のみで，われわれの生活が現状維持できるのであろうか。残念ながら現時点では不可能である。また核融合発電が成功すれば，ほぼ無尽蔵に近くエネルギー供給が可能となるが，50年後に技術が完成するか，見通しは不透明である。

9-5．環境の世紀に適合した建築

　われわれが現在建設している建物は，今後1世紀近く利用されることが見込まれる。建物が存続するこの21世紀は「環境の世紀」とも呼ばれており，あらゆる政策決定や意思決定段階で，環境配慮が強く求められるようになってきた。

　建物が環境と調和を取りながら存続するためには，建物が使われる限り必要となるエネルギー源として，持続可能な自然エネルギーへの転換，また化石燃料を使う場合には消費量の抑制，また建物本体に固定される資源量の節約や解体後の再資源化，さらには建物の長寿命化等，いずれもが必要不可欠な条件である。

　また建物の寿命を決定してきた要素は，物理的強度の不足以上に，時々の社会が建物に要求する用途や使用状況の変化への追従困難性が挙げられている。したがって，これから建築される建物については，学校が老人ホームに変化し，事務所が住宅に改修されるような，将来の社会の要求変動に追従可能な柔軟性のある建築も必須条件となってきている。

●第Ⅴ編――10章
都市エネルギーシステムの適用と課題

10-1. 都市活動を支えるエネルギーシステム

　現代の都市活動は大量のエネルギー消費を伴うものである。「都市エネルギーシステム」という言葉には明確な定義が見当たらないが，ここでは，まず，都市活動を支えるためのエネルギーシステムを総称するものとして考える。都市のエネルギー消費の削減が地球環境問題やヒートアイランド問題の改善に寄与する点を考えれば，都市エネルギーシステムの重要性は容易に理解されよう。以下では，現状の都市エネルギーシステムの代表として地域熱供給とコージェネレーションを概説する。

a. 地域熱供給

　一箇所または数箇所の熱供給プラントから配管を通して複数の建物に冷水，蒸気（または温水）を送って冷房，暖房，給湯等を行うことを地域熱供給という。欧米では19世紀後半から火力発電所の排熱を利用した事例等があり，わが国でも1970年の大阪万国博覧会の会場に地域冷房が導入された後，普及しはじめたものである。熱供給プラントの加熱能力が21 GJ/時以上の場合には，公益事業として熱供給事業法の適用対象となるが，そのような施設は，2002年3月末現在，計画中のものを含めて日本全国で149件ある。

　熱供給プラントではボイラー，冷凍機，ヒートポンプ等の設備機器の集約による大規模かつ高効率の熱製造が行われるため，地域熱供給の利点としては，エネルギー有効利用，環境保全，都市災害の防止，都市美観の向上等が挙げられる。また，熱製造の際，電力，ガス，石油，石炭等のほかに，各種工場のプロセス排熱や清掃工場におけるごみ焼却排熱等の高温排熱，河川水や下水および冷房排熱等の低温排熱等の未利用エネルギーの活用も可能となる。

b. コージェネレーション（Co-Generation）

　単一の一次エネルギーから複数のエネルギーを発生させることをコージェネレーションといい，通常，燃料を用いた発電を行い，発電に伴って発生する排熱を冷房，暖房，給湯，プロセス蒸気等の熱需要に利用することが多い。コージェネ

レーションにより生成されるエネルギーが建物側の需要と対応することが省エネルギーの達成条件となり，熱需要の大きい建物用途のほか，最近では地域熱供給プラントへの導入も多い。わが国では1980年代後半から導入事例が増加しており，1995年の電気事業法改正後は小規模システムの開発も進められてきた。2002年3月末現在，民生用と産業用を合わせて3,852件（発電容量6,049 MW）の事例があり，日本全国の電力用発電設備の約2%を占めている。

これまでに導入されたコージェネレーションシステムは，ガスエンジン等の原動機を駆動させて発電し，排熱を回収利用するものが主であるが，近年では，水素と酸素の化学的反応を利用して発電する燃料電池も次世代のシステムとして注目されており，実用化に向けた技術開発が進んでいる。

10-2. エネルギーネットワークの構築

都市エネルギーシステムを広義にとらえて，都市におけるエネルギーの供給から消費に至るプロセス全体を意味するものとしよう。地球温暖化に向けた対策として新エネルギー法（新エネルギー利用等の促進に関する特別措置法）では，太陽光，風力，廃棄物，バイオマス，未利用エネルギー等を供給側の新エネルギーとして取り上げ，積極的な導入を促進している。このほかにも水力，地熱等の再生可能エネルギーもあるが，これらの供給側のエネルギーは都市の中に偏在しており，必ずしも需要地と一致しないことが多い。今後は供給側から需要側までを一体的に計画，整備し，都市全体のエネルギー効率を高めることが重要と考えられており，現在，エネルギーのカスケード利用を考慮したネットワークの構築が検討されている。また，エネルギーの需要側では，天然ガスコージェネレーション，燃料電池，クリーンエネルギー自動車の導入が進められているが，需要総量の抑制や需要変動の平準化等のように需要側をコントロールすることによる都市エネルギーシステムのより効率的な運用（DSM：Demand-Side Management）も重要な課題である。

●第Ⅴ編――11章
アメニティと建築環境設備学

11-1. アメニティとは

　アメニティという言葉は，一般には「快適性」と解釈され，ホテルに備えられているアメニティグッズや2階建て新幹線の名称である「Max (Max Amenity Express)」に用いられているように，快適性を向上させるようなものや空間，サービスに用いられる言葉として定着している。環境省では「アメニティ」に「快適環境」という言葉を当てているが，アメニティの意味は，上記の事例や「快適」という言葉の付加価値的な印象より，もっと本質的で幅広いものである。

　アメニティは，ラテン語の「アマーレ」(amare, 愛する) という語源から派生した言葉といわれており[1]，豊かな緑，さわやかな空気，静けさ，清らかな水辺，美しい町並み，歴史的な雰囲気など，ハードとソフトを兼ね備えた身のまわりのトータルな環境の快適さを示すものとされている[2]。また解釈も，環境保全，……らしさ，総合的な環境の質，総合快適性，愛着，いやし，やすらぎ，居心地などと，さまざまな言葉が用いられている。イギリスの都市計画におけるアメニティの概念には，環境衛生，快適さと生活環境の美しさ，保存が含まれているとされ[3]，公衆衛生という環境設備の本質的な役割が備わっている。保存については，自然保護運動や歴史的建築物の保存運動，景観論争に見られるような，生活環境を守ろうという人びとの活動に現れている。このように，人が身のまわりの環境に対して抱くさまざまな思いが「アメニティ」という概念であり，「あるべきものがあるべきところにある」[1]状態を常に人は求めているといえる。

11-2. 都市・建築におけるアメニティ

　建物を建てて人が暮らすということは，気候や外敵など外界の厳しい環境から身を守ることで，総合快適性を高めることであり，アメニティの基本として位置づけられる。そのなかに水，熱，空気，光，音という環境五要素（あるべきもの）が，どのようにあるべきかを考えることが建築環境設備学の課題である。

　アメニティは総合的なものであり，人びとに共通する概念ではあるが，その一

方で地域差や個人差が大きいものである。また，自分自身が置かれた状況によっても変化するものである。例えば，どのような公園がアメニティであるかを人びとに聞いたとすると，広場で人が遊べるところと答える人もいるし，豊富な緑のなかで散歩するのがいいと答える人もいる。また，人が入り込まずに野生生物が暮らす場所にすべきだという人もいる。水辺に対して中に入って遊ぶことを望む人がいれば，人はそこを眺めるだけで入り込むべきではないということを望む人もいる。室内においては，十分に冷房が効いた場所を，ある人は涼しいと感じ，ある人は肌寒いと感じることがある。また，水をふんだんに使うことでアメニティを得る人がいる一方で，節水を心掛けることで経済的な利益を受けたり，地球環境にやさしい生活をしていると考えることでアメニティを得る人もいる。音楽をかけながら仕事をしたほうが心地よいと感じる人がいれば，音楽をかけない静かな環境を望む人もいる。照明は，天井から白色で十分な明るさであったほうがいいと思う人がいれば，間接照明で，心を落ち着けてゆっくりとくつろぎたいと思う人もいる。たばこは喫煙者のアメニティ向上に役立つであろうが，非喫煙者にとってはとても不快なものである。これらのようなことが固定された評価にはならず，個人のなかでも季節や時間帯，場所，その日の気分，そして滞在時間などで異なってくるという感覚を，人は生活の経験から得ているはずである。

　ところが，数学や物理学の体系を基本とし，かつ，それぞれの要素や設備によって独自の基準をもつ工学的なアプローチでは，これらを見落としがちなものである。温熱環境においてはSET＊（標準新有効温度）など数値的に快適性を求めようとする指標があるが，アメニティは人が抱く全体的な感じであり，その数値だけに頼って計画・設計をした場合，ほかのあらゆる要素を見失う可能性があることに留意しなければならない。制御技術の進展によって，手を近づければ水が出る自動水栓や最適な温度や風量を保つ空調，光によって自動制御されるルーバーなどがつくられてきているが，自分で制御できないという状態はディスアメニティ（アメニティではない状態）につながる可能性があることを考慮しなければならない。また，操作できたとしても操作方法がわかりにくい機器は，制御できない状態と同じようなディスアメニティ要素をもっていることになる。

11-3．建築環境設備学が取り組むべきアメニティの向上

　本来はアメニティ向上のために取り組まれるべき技術が，人間のアメニティ向

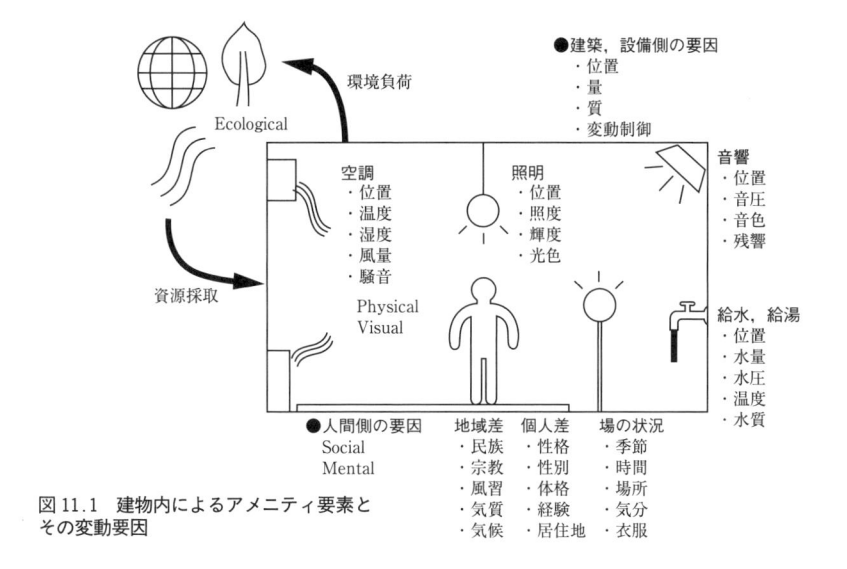

図11.1 建物内によるアメニティ要素とその変動要因

上に対する要求を阻害する要因になる可能性があることを上で述べた。では，建築環境設備学はアメニティに対して何もすることがないかといえば，そういうことではない。むしろ，アメニティを向上させるためのあらゆる条件をチェックする必要がある。都市計画または農村計画レベルにおける環境計画の五条件としてPVESM（Physical：生産性，安全性，利便性　Visual：景観性，美観性　Ecological：自然性，生態系保全　Social：社会性，時代性，地域性　Mental：精神性，感動性）が提案されている[3]。建築環境設備学が取り組むべきアメニティ向上策も，これに沿って考えることができる。Physicalにおいては本質的な環境の質，Visualにおいては美観性やわかりやすさ，Ecologicalでは省資源，地域の環境をこわさないなどの配慮，Socialでは時代性や多様性，Mentalでは全体的な感じや満足感を考慮する必要がある。このような環境の質をチェック項目としてスコア化するなどして，トータルな環境の質を使用者に開示することが今後の建築環境設備学に必要とされることであろう。

参考文献
1) 酒井憲一：100億人のアメニティ，ちくま新書142，筑摩書房，1998
2) EICネット：環境用語，アメニティ，http://www.eic.or.jp/
3) 進士五十八：アメニティ・デザイン ほんとうの環境づくり，学芸出版社，1992

●第Ⅴ編──12章
総合的環境デザイン

12-1. 多感覚に訴える環境デザイン

　日本庭園を歩くと，なぜか心が落ち着き，ゆったりとした気分になる。庭園には灯籠や石組みなどさまざまな意味が込められた要素が配置され，それを読み取るためには予備知識が必要であるが，それを知らない海外からの訪問者でも庭園を楽しむことができる。庭園が文化の違いを超えて，より直接的な感覚レベルでの美的体験が可能だからであろう。それは視覚的な美しさだけではなく，さまざまな感覚を通して環境から受け取られる刺激による総合的な体験である。

　この日本庭園における多感覚の体験について，代表的な回遊式庭園である桂離宮を夏に訪れたときの記憶から綴ってみると以下のようになる。

　「京都の中心から西へ，桂川を渡り桂離宮の笹垣沿いの道路から参観者の通用門に向かう。炎天下のアスファルトの路面から柔らかい砂利に変わり（足元の触覚），松の並木の落とす陰が肌に優しい（皮膚感覚）。車道の喧騒から離れて竹の葉が風にそよぐ音が聞こえるようになる（聴覚）。参観者入口から園内に入ると，背丈ほどの生垣で囲まれ，正面のわずかな隙間から池を垣間見ることができるのみである（視覚）。そこから小石を敷き詰めた御幸道（足元の触覚）を行き，土橋を渡る。アーチ状に中央が高くなっている土橋を上ると（運動感覚），視野が急に開けて隠されていた庭の全体像が初めて見える（視覚）。御幸道から右に折れて（運動感覚）真っ直ぐのびる紅葉道の先に，これから向かう茶室，松琴亭の屋根を垣間見て（視覚）左へ曲がると（運動感覚），蘇鉄などの樹木で囲まれた閉鎖的な空間に至る（視覚）。そこにある外腰掛けに座ると，ほのかな草の香が漂っているのに気付く（嗅覚）。」

　このような多感覚を通した総合的な環境デザインは今日ではなかなか見られない。どうして

写12.1　桂離宮の苑路のテクスチュア

も視覚が偏重されてしまい，聴覚や嗅覚を通して受け取る環境からの刺激に対しては，騒音や悪臭といったネガティブな面が強調されてしまいがちである。しかし近年，都市環境から失われつつある視覚以外の豊かな体験の復権を目指す新しい視点として，聴覚については「サウンドスケープ」[1]を，嗅覚については「スメルスケープ」[2]をキーワードとして，都市の環境体験が議論されるようになってきている。

写 12.2 駅舎の点字ブロックと触地図

　視覚障害者にとって，このような非視覚的な情報が環境認知の助けになることはいうまでもない。点字ブロックによる足元からの触覚的な情報だけでなく，街に分布する音やにおいが，その特徴によって色付けされてランドマークとなり，経路探索の手がかりを提供している。例えば靴や鞄店の皮のにおい，側溝や下水道の流水の音，自動販売機の音など，われわれが意識しない対象である。なかでも日頃あまり気にされない嗅覚の働きとして，特定のにおいが，ある場所の記憶を呼び起こすことがある。しかもその記憶は非常に長く保持され，においが引き金になって，まったく忘れていた昔の空間体験がかなり鮮明に思い起こされる。この意味で，街のにおいが均質ではなく，場所ごとに特徴をもっていれば，その場所での過去の出来事について生き生きと思い出させてくれる装置になり得る。この点から，ハンディキャプト（身体障害者）のためのバリアフリー・デザインとしてだけではなく，誰にとっても有効な，過去の体験の記憶が保持される環境をつくるユニバーサル・デザインにつながる。

　聴覚や嗅覚による情報は視覚に比べて曖昧である。それがあるメッセージをもち得るには複数の感覚のチャンネルを通して伝えられる冗長な情報である必要がある。ちょうど庭園を体験する際に受け取る多感覚による情報のようなものであろう。環境のデザインは，注意を引く個々の物のデザインだけではなく，さまざまな感覚を通して受け取られる総体としての環境情報を考慮する必要がある。

参考文献
1) シェイファー，M. 鳥越けい子他訳：世界の調律—サウンドスケープとはなにか，平凡社，1986
2) ポーティウス，J.D. 米田巌，潟山健一訳編：心のなかの風景，古今書院，1992

索 引
(和文：50音順)
(欧文：アルファベット順)

● あ ー お

明るさ……………………79
アスベスト………………72
圧力損失係数……………196
孔あき板…………………232
アパレント・ブライトネス………80
アフォーダンス…………42
阿呆煙突…………………101
アメニティ………………48, 114, 281
暗所視……………………78
アンビエント照明………220
硫黄酸化物………………132
石原正雄…………………27
イタイイタイ病…………57
板状材料…………………231
一様輝度天空……………216
一酸化炭素CO…………72
一石四食…………………100
一般感覚…………………59
イルミネーション………144
色温度……………………83
印象………………………87
飲水思源…………………102
ウイルス…………………191
ウィーン条約……………128
ウェーバーの法則………79
ウェーバー-フェヒナーの法則………48, 79
雨水の地下浸透…………113
雨水利用…………………112
内断熱……………………179
うつ熱症…………………65
運転計画…………………266
運動感覚…………………284
エアフローウィンドウ…184
永久日影…………………142
衛生保持機能……………154
腋窩温……………………61
エコー……………………238
エコシティ………………126
エコポリス………………126
エネルギー源……………62
エネルギー代謝率(RMR)………71
演色性……………………85

塩素 56
鉛直面照度 208
大沢一郎 33
屋上緑化 275
オクターブバンド音圧レベル 230
奥行感覚 81
汚水処理 162
汚染物質の拡散 132
オゾン層の破壊 127
オゾン層破壊物質 128
オゾン層保護法 128
音環境 89
音のエネルギー密度 227
音の大きさ 90
音の三要素 90
音の焦点と死点 240
音の高さ 91
音の強さ 226
音の強さのレベル 227
オフサイト資源 98
オープンプラン型教室 247
音圧 226
音圧レベル 227
温覚 68
音響エネルギー密度レベル 227
音響設計着目点 148
音響パワーレベル 228
音源定位 93
温室効果 127
音速 226
温暖化 259
温度識別能力 65
温熱感覚 67
温熱性発汗 62
音量感 92

●か — こ

外殻部 61
快適環境 14, 281
快適水質に関する項目 55
快適性 87
快適な環境 261
概念駆動型処理 89

外部費用 106
開放系 16
化学的調節域 64
化学物質 202
化学物質過敏症 73, 257, 263
核心部 61
確率密度関数 265
可視光線 120
可照時間 138
ガスエンジン 280
ガス検知管 205
化石燃料 100
風の道 113
画素内緑比率 121
可聴範囲 90
稼働制御 266
感覚心理面 59
換気回数 202
換気の駆動力 192
環境 259
環境悪化 259
環境衛生 14, 30
環境基準 129, 241
環境共生性 106
環境共生都市 126
環境計画の五条件 283
環境心理学 48
環境制御 25
環境設備設計 267
環境デザイン 248
環境要素 14, 250
換気量 202
換気量の測定 204
杆状体 77
乾性沈着 132
間接照度 211, 213
間接照明 218
完全黒体 175
乾燥断熱気温減率 133
気温減率 133
機械換気 187
危機管理 270
棄却率 265
気候・温度調節機能 154

気候調節機能植栽	273	減能グレア	85
聞こえ率	147	コインシデンス効果	233
基準昼光率	223	好意率	147
基礎代謝量	62	高煙突技術	101
基底膜	90	恒温	22
輝度	209	恒温適応域	65
輝度分布	214	公害	277
機能植栽	273	公害対策基本法	129
基盤地図	271	光化学オキシダント	131
吸音率	231	光化学スモッグ	118
吸収	209	工学的機能植栽	273
供給インフラ	98	降下ばいじん	131
強制対流	171	交感神経系	54
京都議定書	127	工業用水	155
局所換気	199	高周波点灯形	218
局部照明	220	恒常性	61,80,260
居住域	253	恒常性維持	44
キルヒホッフの法則	176	光色	86
緊急対応	271	硬水	55
均時差	140	厚生労働省指針値	203
近赤外線	120	構造化	270
均等拡散面	210	光束	207
空気	70	光束発散度	208
空気浄化装置(フィルター)	190	光束法	222
空気伝播音(空気音)	243	高断熱・高気密	180
空気伝播音に対する遮音等級(D値)	249	構築環境	26
クリーンルーム	191	公転	138
グレア	85	高度	138
計画原論	35	光度	208
蛍光ランプ	217	行動性調節	63,260
形状抵抗係数(局部抵抗係数)	193	行動調節	22
形態係数	175,213	行動の影響	95
形態の知覚	81	高度浄化水	103
経路探索	285	光幕反射	85
下水道	111	高齢者	247
結露	172,264	氷蓄熱	114
ケルビン	83	国土交通省基準値	203
健康	259	後工業化社会	19
建築化照明	219	コージェネレーション	279
建築環境工学	12	個人差	46
建築環境システム	99,106	固体伝播音(固体音)	243
建築基準法	142	固有周波数	235
建築的機能植栽	273	コールド・ショック	179
建築物衛生法	186	コンジョイント分析	225

コントロール意識 …………………………49

●さ ー そ

災害 ………………………………………270
災害リスク ………………………………271
再生水 ……………………………………112
最適残響時間 ……………………………238
彩度 …………………………………………83
細胞外液 ……………………………………53
細胞内液 ……………………………………52
サウンドスケープ …………………248, 285
サーカディアン・リズム …44, 61, 88, 261
サーカニュアル・リズム ………………261
サステイナブル・ディベロップメント …277
雑音 ………………………………………229
雑用水道 …………………………………112
残響 ………………………………………237
残響感 ………………………………………92
産業公害 …………………………………101
残響時間 …………………………………237
酸性雨 ……………………………………131
酸素 O_2 …………………………………71
産熱と放熱のバランス ……………………61
紫外線 ……………………………………120
視覚 …………………………………59, 284
時角 ………………………………………140
視覚障害者 ………………………………247
時間 …………………………………………43
時間負荷 …………………………………163
色覚 …………………………………………82
色相 …………………………………………83
色度図 ………………………………………82
資源一過型都市 …………………………101
資源・環境問題 ……………………………98
視細胞 ………………………………………77
静かさ ………………………………148, 151
次世代省エネ基準 ………………………256
次世代省エネルギー基準 ………………181
自然 …………………………………………17
自然エネルギー …………………………278
自然換気 …………………………………187
自然環境 …………………………………259
事前対策 …………………………………271

自然対流 …………………………………171
自然の物質循環リズム ……………………18
自然の連鎖回路 ……………………………16
自然排煙 …………………………………253
持続可能都市 ……………………………106
持続可能な発展 …………………………277
室間平均音圧レベル差 …………………245
シックハウス ………………………257, 262
シックハウス症候群 …………………72, 262
シックビル症候群 …………………257, 262
実効値 ……………………………………227
室指数 ……………………………………222
湿性沈着 …………………………………132
室定数 ……………………………………237
湿度の下限値 ……………………………263
室内音圧レベル …………………………236
室容積 ……………………………………241
至適温熱条件 ………………………………64
自転 ………………………………………138
島日影 ……………………………………142
視野 …………………………………………78
遮音に関する質量則 ……………………233
社会環境 …………………………………259
嗅覚 ………………………………………284
周期 ………………………………………226
周期的複合音 ……………………………229
終日日影 …………………………………141
自由大気層 ………………………………133
充填断熱 …………………………………180
周波数 ……………………………………226
重力換気(温度差換気) …………………194
主観的至適温熱条件 ………………………64
縮退 ………………………………………236
シュテファン-ボルツマン定数 …………175
シュテファン-ボルツマンの法則 ………175
受容器 ………………………………………59
循環型都市 ………………………………101
循環血流量 …………………………………66
瞬時負荷 …………………………………163
順応 ……………………………………44, 78
省エネルギー ……………………………256
衝撃音 ……………………………………229
上手な暮らし ……………………………106
情緒的被害 …………………………………95

照度	207	精神物理学	48
照度の逆二乗則	211	生体リズム	87
照度の余弦則	211	生物学的適応	259
照度分布	214	生命維持機能	154
蒸発	62	生理的至適温熱条件	64
静脈系インフラ	98	赤外放射カメラ	177
照明方式	220	舌下温	61
照明率	222	接地気層	133
触覚	59,284	前工業化社会	19
所要照度	221	先行効果	93
処理方式	162	全体換気	199
自律性	103	全天空照度	213,216
自律性調節	63,260	全般照明	220
シルエット現象	86	騒音	93
人為的環境	259	騒音規制法	243
真菌	190	騒音に係る環境基準	242
人工光源	217	騒音評価尺度	150
新省エネ基準	256	騒音レベル	93
親水	114	(相関)色温度	86
新鮮空気	74	総吸音力(等価吸音面積)	232
身体的影響	95	総合実効面積	198
真太陽時	140	総合的プランナー	12
審美的植栽	273	総合透過損失	234
心理的効果	155	相当隙間面積	256
心理的な反応	87	賊風	254
水系感染症	57	外断熱	179
水景施設	115	外張り断熱	180
水質レベル	160	ゾーン	91
錐状体	77		
垂直層流型	191		
垂直ルーバー	183	●た ー と	
水頭	166	第一次産業革命	99
水道基準	55	第一次反射音	238
水道基準の健康に関連する項目	57	第一種換気方式	199
水平層流型	191	体液	52
水平面照度	208	体液循環	53
睡眠妨害	95	体温調節系	63
スチーブンスの法則	79	大気汚染	128
ストロボスコピック現象	86	大気汚染物質広域監視システム	132
スメルスケープ	285	大気汚染防止法	129
生活用水	155	大気境界層	133
正弦波	229	大気顕熱	118
生産的至適温熱条件	64	大気層	133
精神性発汗	62	大気放射冷却	119

対向流熱交換	63
大産業都市	100
第三種換気方式	199
代謝系	104
大腸菌	57
体内時計	87
体内の水平衡	51
第二次産業革命	99
第二種換気方式	199
対比	80
太陽位置	138
対流	62
対流熱伝達率	174
大量消費・大量廃棄	101
多元給水	162
多孔質材料	231
タスク・アンビエント照明	220
タスク照明	220, 253
脱水状態	52, 54
建物内部の騒音基準	243
たばこ	75
断熱材	172
地域熱供給	279
地域熱供給システム	102
地域防災計画	271
知覚循環	45
地球温暖化	127
地球環境	39
地球環境時代	13
地球環境問題	277
蓄熱	173
地軸	138
窒素酸化物	131
中空二重壁の透過損失	234
昼光	215
昼光光源	215
昼光の色	217
昼光率	223
中心窩	77
中心周波数	230
中性温域	64
超音波	248
聴覚	59, 284
聴覚器官	89

聴覚神経路	95
聴覚野	95
調湿作用	178
聴取妨害	95
超低周波音	248
眺望	253
直射日光	215
直接照度	211
直接照明	218
直達日射	120
直腸温	61
地理情報システム(GIS)	271
痛覚	68
通風	252
通風計画	202
通風率	203
低圧ナトリウムランプ	217
庭園	284
低音域共鳴透過周波数	234
低周波音	248
ディスアメニティ	282
低体温	65
データ駆動型処理	89
データベース	271
天球	138
天空光	215
天空放射	120
天空率	213
点光源	211
電磁波	120
電飾	144
天頂	138
伝導	62
等温線	117
透過	209
同化	80
等価騒音レベル	228, 242
透過損失	232
透過率	232
投光照明	144
動静脈吻合	63
同調因子	87
等ラウドネス曲線	91
道路照明	142

特殊感覚……………………………59
都市インフラ………………………98
都市エネルギーシステム …………279
都市型公害 ………………………101
都市管理 …………………………102
都市気候 …………………………117
都市砂漠 …………………………121
都市大気汚染問題 ………………100
都市の風 …………………………134
戸田正三……………………………34
ドライエリア ……………………254
トリハロメタン……………………58
トルエン……………………………72
トロンブウォール ………………174

●な－の

ナイトパージ ……………………174
内部結露 …………………………180
軟水…………………………………55
難聴…………………………………95
賑やかさ …………………………151
二酸化炭素 CO_2 …………………71
二次生成粒子 ……………………131
日影図 ……………………………141
日常生活 …………………………150
日赤緯 ……………………………140
日射吸収率 ………………………176
日射遮へい ………………………183
日射取得係数 ……………………256
日射熱取得率 ……………………183
日照時間 …………………………138
日照問題 …………………………138
日本標準時 ………………………140
入浴時の湯温………………………54
ニューコメンの蒸気機関…………99
音色…………………………………91
熱虚脱………………………………66
熱痙攣………………………………66
熱射病………………………………66
熱収支メカニズム ………………120
熱衰弱症……………………………66
熱線吸収ガラス …………………184
熱線反射ガラス ……………184,253

熱損失係数 ………………………256
熱帯夜 ……………………………123
熱中症 …………………………54,66
熱伝導 ……………………………171
熱伝導率 …………………………171
熱容量 ……………………………173
燃焼器具 ……………………………76
燃焼水 ………………………………51
燃料電池 …………………………280
農業用水 …………………………155

●は－ほ

バイオクリーンルーム …………191
廃棄物 ……………………………259
倍距離 6 dB 減衰 …………………230
配光 ………………………………218
配光曲線 …………………………218
排水再利用 ………………………112
掃出し窓 …………………………253
白濁調光ガラス …………………184
白熱電球 …………………………217
薄明視………………………………78
パーソナル・スペース……………46
波長 ………………………………226
発汗…………………………………53
パッシブデザイン ………………185
バリアフリー・デザイン ………285
ハロゲン電球 ……………………217
反射 ………………………………209
斑状歯………………………………55
搬送機能 …………………………154
非圧縮性 …………………………165
ビオトープ ………………………114
日影曲線 …………………………140
日影時間 …………………………141
日影時間図 ………………………141
光害 ………………………………145
光環境の質 ………………………224
光の均一性…………………………87
庇 …………………………………183
比視感度……………………………78
微生物の成育 ……………………263
非層流型(乱流型)…………………192

293

必要換気量	74, 200
ヒートアイランド	101
ヒートアイランド現象	113, 117
ヒートブリッジ（熱橋）現象	172
ヒートポンプ	114
被曝量	73
皮膚感覚	284
皮膚の温度受容器	67
皮膚の冷受容器	67
標準比視感度	78
表色系	82
ビリングスの視点	29
フィックの法則	177
フィードバック機構	260
フィン効果	172
風圧係数	194
風害	135
風速分布	134
風力換気	194
フォン	91
負荷	265
不快グレア	85
負荷パターン	165
不感蒸泄	51, 62
副交感神経系	54
複層ガラス	254
ブーゲの式	216
藤井厚二	35
浮腫	52
復旧・復興対策	271
物質移動	177
物質循環系	17
物質伝達率	177
プッシュ-プル型フード	200
フッ素	55
物理的調節	64
ブーミング	239
浮遊粉じん	131
浮遊粒子状物質	131
ブライアン・ベリー	19
ブラインド入り二重ガラス	253
フラッターエコー	239
フリッカ	86
プル型フード	200

プルキンエ現象	78
プールの水温	54
文化	46
文化景観	46
文化的適応能力	260
分散型電源	106
粉じん	75
ペアガラス	254
平均演色評価数	85
平均吸音率	232, 241
平均太陽時	140
平均透過率	234
閉鎖系	17
ベース照明	220
ヘーゼン-ウイリアムスの式	167
ベルヌーイの式	167
ベルヌーイの定理	193
変温	22
変動特性	163, 265
変動要因	163
方位角	138
防災情報システム	272
防災マップ	272
防災力	270
放射	62
放射束	207
放射率	175
法線面照度	208
保守率	223
保水性舗装	114
ホメオスタシス	44
ポール照明方式	143
ホルムアルデヒド	72, 186

●ま ― も

摩擦抵抗係数	193
マスキング	91
窓面冷放射	254
マニングの式	167
マンセル表色系	83
水環境計画	156
水処理	162
水の機能	154

水の存在形態 ……………………155
水俣病 ………………………………57
ミラーガラス ……………………253
未利用エネルギー ………………279
無指向性点音源 …………………230
明視性 ………………………………84
明視の四条件 ………………………84
明所視 ………………………………77
明度 …………………………………83
メル …………………………………91
面光源 ……………………………213
網膜 …………………………………77
木製サッシュ ……………………182
モダリティ …………………………47
モデリング …………………………86
森林太郎 ……………………………30
モンテカルロ法 …………………214
モントリオール議定書 …………128

● や ― よ

夜景 ………………………………144
有害大気汚染物質 ………………132
床衝撃音に対する遮音等級（L 値）…245
ユニバーサル・デザイン ………285
よい音 ……………………………149
よい響き …………………………148
予熱形 ……………………………218

● ら ― ろ

ライトアップ ……………………144
ライトガイド ……………………220
ライトシェルフ ……………220, 253
ライトダクト ……………………220
ライフサイクルエネルギー ……276
ラジオシティ法 …………………214
ラピッドスタート形 ……………218
ランベルトの余弦則 ……………210
立体角 ……………………………208
立体角投射の法則 ………………213
立体角投射率 ……………………213
リードの思想 ………………………29
リモートセンシング画像 ………121

流量係数 …………………………197
両耳聴 ………………………………92
緑被分布図 ………………………121
緑被率 ……………………………123
理論空気量 ………………………201
理論廃ガス量 ……………………201
臨界帯域幅 …………………………92
ルイスの関係 ……………………177
ルッツ ………………………………19
ルーフポンド ……………………174
冷覚 …………………………………68
レイトレーシング法 ……………215
レイノルズ数 ……………………193
冷房病 ………………………………66
連続の式 …………………………166
老人性低体温症 ……………………65
露点温度 …………………………264
路面輝度 …………………………142
ロングパスエコー ………………238

● わ ― ん

ワイリーの式 ……………………168

● A ― Z

A 特性 ………………………………93
BEMS ……………………………268
Beranek …………………………246
BF 型 ……………………………200
BMS ………………………………268
CFC ………………………………128
CIE …………………………………82
CIE 標準晴天空 …………………216
CIE 標準曇天空 …………………216
C 特性 ………………………………93
DSM ………………………………280
Eyring ……………………………237
extensive な対応 …………………101
FF 型 ………………………………200
Guideline …………………………187
HASS 102 ………………………202
HCFC ……………………………128
HEPA フィルター ………………191

HIDランプ……………………217	PAL……………………………178
intensiveな対応………………101	PM 2.5…………………………131
IPCC……………………………127	Sabin…………………………237
Knudsen………………………238	SET＊(標準新有効温度)………282
Low-Eガラス…………………182	Standards……………………187
MRT……………………………179	vapor barrier…………………179
MSS(マルチスペクトラルスキャナー)…121	VOCs……………………………72
NCS表色系………………………84	XYZ表色系………………………82
OMソーラー……………………174	

編・著者紹介 (執筆順)

紀谷文樹 (きや ふみとし)
1938年埼玉県に生まれる。1963年東京工業大学理工学部建築学科卒業。1965年東京工業大学大学院理工学研究科修士課程建築学専攻修了。1964～2009年武蔵工業大学，東京工業大学，および神奈川大学教授を経て，東京工業大学名誉教授。工学博士，一級建築士，建築設備士
空気調和・衛生工学会学会賞(1967, 1973, 1976, 1981, 1983, 1987年)，同篠原記念賞 (1992年) 受賞，同功績賞 (2004, 2006, 2008, 2010, 2011年)，厚生大臣表彰 (1997年)

堀江悟郎 (ほりえ ごろう)
1917年大阪府に生まれる。1940年京都帝国大学 (現京都大学) 工学部建築学科卒業。1980～1987年関西大学工学部建築学科教授。工学博士
1999年死去，享年81歳。

関根 孝 (せきね たかし)
1928年東京都に生まれる。1949年東京物理学校 (現東京理科大学) 理化学科卒業。建設省建築研究所設備計画研究室長，防火研究室長を経て，1979～1994年職業能力開発総合大学校 (旧職業訓練大学校) 教授，2010年死去，享年82歳。
空気調和衛生工学会賞受賞(1965, 1967年)。科学技術研究功績者表彰 (科学技術庁，1978年)。勲五等瑞宝賞受章 (1998年・秋)。

木村千博 (きむら ちひろ)
1958年神奈川県に生まれる。1982年日本女子大学家政学部住居学科卒業。1984年日本女子大学大学院家政学研究科住居学専攻修士課程修了。2000年横浜国立大学大学院工学研究科計画建設学専攻博士課程後期単位取得満期退学。横浜国立大学大学院工学研究院建築環境工学研究室技術補佐員を経て，現在日建設計総合研究所研究員。工学博士

大野隆造 (おおの りゅうぞう)
1949年愛知県に生まれる。1972年東京工業大学工学部建築学科卒業。1976年東京工業大学大学院理工学研究科建築学専攻修士課程修了。1980年ウィスコンシン大学大学院修士課程建築学専攻修了。1982年東京工業大学大学院理工学研究科

博士課程建築学専攻修了。現在東京工業大学名誉教授。工学博士，一級建築士

田中正敏（たなか まさとし）
1936年生まれ（新潟県村上市出身）。1964年新潟大学医学部医学科卒業。1964～75年防衛庁陸上自衛隊勤務（中央病院，朝霞駐屯地，衛生学校）1966年明治大学第二工学部建築学科卒業。1970年国立公衆衛生院医学専攻科修了。1972年東京医科歯科大学大学院医学研究科博士課程衛生学専攻修了。ケベック大学研究員（カナダ）およびノッティンガム大学（イギリス）研究協力員，フランス国立科学研究センター客員教授，昭和大学医学部助教授，福島県立医科大学教授，福島学院大学教授，同大学特例教授を経て，現在福島県立医科大学名誉教授。医学博士，医師，一級建築士，労働衛生コンサルタント
上條奨学賞研究業績（1983年），第5回彰国社懸賞プロジェクト次席（1971年），空気調和・衛生工学会学会賞（1994年）ビル管理教育センター表彰（1999年），緑十字賞 中央労働災害防止協会（2000年），日本生理人類学会（2002年），内閣平成19年桜を見る会（2007年），顕彰日本生気象学会50周年（2011年）

朴　俊錫（ぱく じゅんそく）
1968年ソウルに生まれる。1991年韓国漢陽大学工科大学建築学科卒業。1994年韓国漢陽大学大学院建築学専攻修士課程修了。1998年東京工業大学情報工学研究科専攻博士課程修了。国立保険医療科学院建築衛生部研究官を経て，現在韓国漢陽大学工科大学建築工学部助教授。工学博士
日本空気清浄協会会長賞（2003年），日本建築学会奨励賞（2003年）受賞

中村芳樹（なかむら よしき）
1956年兵庫県に生まれる。1980年大阪大学工学部建築工学科卒業。1986年東京工業大学大学院社会開発工学専攻修士課程修了。現在東京工業大学大学院人間環境システム専攻教授。工学博士
Lux Pacifica Poster Prize（1993年），照明学会論文賞（2002年）受賞

田村明弘（たむら あきひろ）
1945年韓国プサン近郊に生まれる。1968年横浜国立大学工学部建築学科卒業。1970年横浜国立大学大学院工学研究科修士課程建築学専攻修了。現在横浜国立大学大学院工学研究院教授。工学博士

水野　稔（みずの みのる）
1943年岐阜県に生まれる。1966年大阪大学工学部機械工学科卒業。1968年大阪大学大学院工学研究科機械工学専攻修士課程修了。1971年大阪大学大学院工学研究科博士課程機械工学専攻単位修得退学。大阪大学大学院工学研究科教授を経て，現在大阪大学名誉教授。工学博士
空気調和・衛生工学会論文賞（1985, 1993, 1998, 1999, 2001年）受賞

小瀬博之（こせ ひろゆき）
1970年千葉県に生まれる。1993年東京工業大学工学部建築学科卒業。1995年東京工業大学大学院総合理工学研究科社会開発工学専攻修士課程修了。1998年東京工業大学大学院総合理工学研究科人間環境システム専攻博士後期課程修了。東洋大学工学部専任講師，准教授を経て，現在東洋大学総合情報学部教授。博士（工学）
空気調和・衛生工学会第19回篠原記念賞（2010年）受賞

梅干野　晁（ほやの あきら）
1948年神奈川県に生まれる。1971年東京工業大学工学部建築学科卒業。1973年東京工業大学大学院理工学研究科建築学専攻修士課程修了。1976年東京工業大学大学院理工学研究科建築学専攻博士課程修了。現在放送大学客員教授，東京工業大学名誉教授。工学博士，一級建築士
日本建築学会賞（論文, 1992年，技術, 2007年），空気調和・衛生工学会論文賞（1990, 1991年，2019年，教育賞（業績）），日本太陽エネルギー学会論文賞（1994年）など受賞

藤井修二（ふじい しゅうじ）
1949年東京都に生まれる。1978年東京工業大学大学院理工学研究科博士課程修了。東京工業大学助手，助教授を経て，現在東京工業大学名誉教授。工学博士
日本エアロゾル学会理事，ISO/TC 209委員
日本空気清浄協会会長奨励賞（1998年，1999年，

2000年)，日本エアロゾル学会井伊谷賞（1996年)，日本空気清浄協会会長賞（1991年)，東京都感謝状（1997年）受賞

成田健一（なりた けんいち）
1956年東京都に生まれる。1979年広島大学総合科学部総合科学科卒業。1981年広島大学大学院環境科学研究科修士課程環境科学専攻修了。1986年広島大学大学院工学研究科博士課程後期環境工学専攻単位取得退学。広島大学助教授を経て，現在日本工業大学工学部建築学科教授。工学博士

小竿真一郎（おざお しんいちろう）
1947年群馬県に生まれる。1970年日本大学理工学部建築学科卒業。1973年日本大学大学院理工学研究科建設工学修士課程修了。1974年国立公衆衛生院環境科学科卒業。現在日本工業大学工学部生活環境デザイン学科専任講師

寺尾道仁（てらお みちひと）
1940年東京都に生まれる。1965年東京工業大学理工学部建築学科卒業。1969年東京大学大学院工学系研究科建築学専攻修士課程修了。1970年東京大学大学院工学系研究科建築学専攻博士課程中途退学。東京大学助手（生産技術研究所)，神奈川大学工学部（建築学科）教授を経て，現在神奈川大学名誉教授・客員教授。工学博士，設備設計一級建築士，騒音制御工学会認定技士
空気調和・衛生工学会論文賞（1979年)，日本騒音制御工学会功労賞（1996年）受賞

池田耕一（いけだ こういち）
1947年東京都に生まれる。1970年早稲田大学理工学部建築学科卒業。1975年東京大学大学院工学系研究科建築学専門課程博士課程修了。国立公衆衛生院建築衛生学部建築衛生計画室研究員，カナダ国立科学研究所建築研究部門研究協力員を経て，2002年4月国立保健医療科学院建築衛生部部長。2009年4月日本大学理工学部建築学科教授。現在に至る。2004年5月社団法人空気調和衛生工学会技術Fellow，工学博士
日本建築学会奨励賞（1990年)，日本空気清浄協会会長奨励賞（1997年)，空気調和・衛生工学会論文賞（1997年)，ビル管理教育センター顕彰（1998年)，日本建築学会賞（2002年)，日本空気清浄協会会長賞（2008年)，日本建築学会英文誌年間最優秀論文賞（2012年）受賞，瑞宝小綬章受章（2018年)，室内環境学会名誉会員（2018年）

関 五郎（せき ごろう）
1943年茨城県に生まれる。1966年工学院大学工学部建築学科卒業。2004年広島大学大学院工学研究科社会環境システム専攻博士課程修了。博士（工学)，技術士（衛生工学部門)，一級建築士，建築設備士
空気調和・衛生工学会賞（1981年）受賞

佐土原 聡（さどはら さとる）
1958年宮崎県に生まれる。1980年早稲田大学理工学部建築学科卒業。1982年早稲田大学大学院理工学研究科建設工学専攻修士課程修了。1985年早稲田大学大学院理工学研究科建設工学専攻博士課程単位取得退学。現在横浜国立大学大学院都市イノベーション研究院教授（学府：都市科学部建築学科担当)。工学博士
日本建築学会賞（2013年）受賞

近藤三雄（こんどう みつお）
1948年神奈川県に生まれる。1971年東京農業大学農学部造園学科卒業。現在東京農業大学名誉教授。農学博士
日本造園学会賞（1988年)，日本緑化工学会功績賞（2014年)，日本造園学会上原敬二賞（2019年）等受賞

酒井寛二（さかい かんじ）
1941年大阪府に生まれる。1965年大阪大学大学院工学研究科機械工学専攻修士課程修了。大林組地球環境室長を経て，中央大学大学院国際会計研究科元教授。工学博士，技術士（機械部門）
空気調和・衛生工学学会賞（1984年）受賞

湯淺和博（ゆあさ かずひろ）
1961年神奈川県に生まれる。1985年東京工業大学工学部建築学科卒業。1990年東京工業大学大学院理工学研究科博士課程建築学専攻修了。現在東京工業大学環境・社会理工学院建築学系准教授。工学博士

建築環境設備学　新訂版

1988年 3月30日　第1版　発　行
2003年12月10日　新訂第1版　発　行
2022年 1月10日　新訂第1版　第4刷

編　者	紀　谷　文　樹
発行者	下　出　雅　徳
発行所	株式会社　彰　国　社

著作権者との協定により検印省略

自然科学書協会会員
工学書協会会員

Printed in Japan

162-0067　東京都新宿区富久町8-21
電話　03-3359-3231　（大代表）
振替口座　00160-2-173401

©紀谷文樹　2003年　装丁：長谷川純雄　　製版・印刷：真興社　製本：中尾製本

ISBN 4-395-00540-3 C3052　　https://www.shokokusha.co.jp

本書の内容の一部あるいは全部を、無断で複写（コピー）、複製、および磁気または光記録媒体等への入力を禁止します。許諾については小社あてご照会ください。